キリスト教と寛容

中近世の日本とヨーロッパ

編者
浅見 雅一
野々瀬 浩司

慶應義塾大学出版会

目次

第Ⅱ部　ヨーロッパにおける寛容

序章　キリスト教における「寛容」とは

浅見雅一

はじめに

現在、世界各地で宗教間の対立などの問題が起きている。宗教が異なる、または同じ宗教でも宗派が異なる、という理由から起きた戦争やテロが頻繁に報道されている。その度に、お互いに宗教的に寛容になれないものかといわれる。しかし、その宗教的「寛容」とは、いかなるものであるのか。

日本語の「寛容」は、一般に明治時代に“(仏) tolérance”“(独) Toleranz”“(英) tolerance”の訳語として使われたといわれるが、本来は「耐える」または「我慢する」を意味していた。英語の“tolerance”が言葉として成立したのは一五世紀前半であると考えられている。「寛容」は、日本語として古来存在する言葉であるが、宗教的「寛容」は、一六世紀のヨーロッパの宗教改革から強く意識され始めた概念であり、ある宗教の他宗教または他宗派に対する「寛容」を指している。[1] 他宗派は、「異端」と読み替えることがあり得る。また、キリスト教側からだけでなく、対峙する存在からも「寛容」は問題になる。対峙する存在にとっては、「寛容」はキリスト教の「受容」に繋がり得る。つまり、キリスト教が布教地の宗教を受け入れるのか、または布教地の宗教がキリスト教を受け入れるのか、という問題に区分される。それ故、「寛容」には相互性があるといえる。

キリスト教は、異教世界である布教地において時に迫害を受けるが、キリスト教の側にある存在にとっての

「寛容」だけでなく、対峙する存在、時には迫害者にとっての「寛容」についても、キリスト教にどこまで「寛容」であることが可能だったのか、その反対に「寛容」であることが不可能であったならば、なぜそうだったのか考えてみたい。なお、「寛容」の発展概念として「融和」が想定できる。一方、対立概念として「不寛容」があるが、この理由も考察の対象となり得る。「寛容」の帰結として、宗教の受容とそれに伴う「変容」の問題も派生すると考えられる。

「寛容」の意味

「寛容」がキリスト教の概念と密接に関わりながら派生しているとしても、現代日本語ではどのような意味に取られているのか。ひとまずキリスト教から離れて、現代日本語の「寛容」がいかなる意味であるのかを日本語の辞書類から見てみたい。

『日本国語大辞典』（第二版、小学館）は、「寛容」とは「心がひろくて、他人の言動をよく受け入れること。他人の罪科をきびしくとがめだてしないこと。また、そのさま」としている。『広辞苑』（第六版、岩波書店）は、「①寛大で、よく人をゆるし受け入れること。咎めだてしないこと。②他人の罪科をきびしく責めないというキリスト教の重要な徳目。③異端的な少数意見発表の自由を認め、そうした意見の人を差別待遇しないこと」としている。この説明は、『日本国語大辞典』と類似している。『新漢語林』（第二版、大修館書店）は、「①心が広く人の過ちを許すこと。②広い心で人の言うことを聞き入れること。③ゆったりとしてこせつかないこと」としているが、③は国語辞典には見られない説明である。一方、諸橋轍次《もろはしてつじ》『大漢和辞典』（大修館書店）は、「心ひろくよく衆を入れる」とのみ定義しており、以上の説明とは少し趣を異にする。和英辞典では、上記の意味に加えて「ゆるす」または「耐える」に相当する意味が加えられることが多いようである。[2]

以上の説明からは、ある傾向を読み取ることができる。「寛容」は、日本語や漢語の辞書では、おおむね他人との関係から説明されている。まず、他人を咎めない。次に、他人をゆるす。そして、他人を受け入れる。「寛容」の要素をあえて段階的に述べるならば、その三点に集約されているといえよう。

百科事典としては、『ブリタニカ国際大百科事典』は、「寛容とは、元来は、異端や異教を許すという宗教上の態度についていわれたのであるが、やがて少数意見や反対意見の表明を許すか、否かという言論の自由の問題に転化し、ついには民主主義の基本原理の一つとなった」と、宗教上の概念から発生したことを指摘している。『日本大百科全書』（小学館）には、田丸徳善氏によって次のように説明されている。

> **寛容**　特定の宗教、宗派やその信仰内容・形式を絶対視して他を排除することなく、異なった立場をも容認すること。寛容される側からすれば信教の自由に相当する。寛容は単に個人の徳目（心の広さ）ではなく、むしろ社会的な次元にかかわり、宗教と政治ないし国家との接点で生じてくる問題である。歴史上、寛容もその反対の非寛容も多くの実例があるが、一般に同一の社会（地域）内に複数の宗教が並存するようなところでは寛容の傾向が強く、いずれかの宗教が優位にある場合、非寛容への条件が与えられているといえよう。

ここでは「寛容」が宗教の問題として定義されており、個人の問題ではなく社会の問題として説明されている点が特徴的である。特定の宗教が特定の地域または社会において他の宗教や宗派を受け入れるか受け入れないかの問題であるとされ、並存する複数の宗教の優劣がついた状態で「寛容」か「非寛容」かが分けられると説明されている。

ディディエル・ジュリア『ラルース　哲学辞典』（弘文堂、一九九八年）には、「寛容」とは「われわれのものとは異なる考え方や行動の様式、および感情を受け入れようとする傾向」とある。続いて「寛容」概念の歴史的経緯が説明されている。「ゆるす」という言葉は使われていないが、一般に考えられる寛容の意味を端的に示している。それでは、受け入れようとする対象は何か。ヘンリー・カメン氏は、寛容思想を歴史的に俯瞰する前提として、「寛容 toleration」は広義では「宗教において見解を異にする人々にたいし自由を与えることを意味するものと理解される」と説明している。[3] これは確かに一般的理解であるが、上智大学・独逸ヘルデル書肆共編『カトリック大辞典』Ⅰ（冨山房、一九四〇年）は、その対象をより明確に説明しており、「寛容」とは「本来は悪に対する寛容の意。狭い意味では宗教上の寛容」と定義している。学校法人上智学院・新カトリック大事典編纂委員会編『新カトリック大事典』Ⅱ（研究社、一九九八年）には、「いずれに真理があるかは重要ではない」（高柳俊一）と付言されている。他者を「受け入れる」または「ゆるす」ことが寛容であるならば、その他者とは「悪」であることになる。すなわち、他宗教や他宗派を受け入れることは宗教的に「悪」を受け入れることになるのである。『日本大百科全書』では寛容は社会の問題とされていたが、『ラルース　哲学辞典』を始め前掲の辞書類では個人の問題を含む、または個人の問題から発生するとされている。この点は、むしろ国語辞典や漢和辞典の示す意味に通ずるところがある。

イエス・キリストの言葉から

それでは、キリスト教における「寛容」とは、どのようなものなのか。「寛容」は、上記のように、いくつかの要素を含んでいるが、『新約聖書』にはイエス・キリストが「寛容」に直接言及した箇所は見られない。[4] イエスは、tolerantia という言葉を知らなかったので当然ではあるが、それでも『新約聖書』においてイエスの言葉で「寛容」を説明していると見られるのは「求めなさい」と「敵を愛しなさい」である。このうち「求めなさい」については、イエスの次のような言葉がある（以下、新共同訳『聖書』を利用）。

「求めなさい。そうすれば、与えられる。探しなさい。そうすれば、見つかる。門をたたきなさい。そうすれば、開かれる。だれでも、求める者は受け、探す者は見つけ、門をたたく者には開かれる。あなたがたのだれが、パンを欲しがる自分の子供に、石を与えるだろうか。魚を欲しがるのに、蛇を与えるだろうか。このように、あなたがたは悪い者でありながらも、自分の子供には良い物を与えることを知っている。まして、あなたがたの天の父は、求める者に良い物をくださるにちがいない。だから、人にしてもらいたいと思うことは何でも、あなたがたも人にしなさい。これこそ律法と預言者である。」（「マタイによる福音書」第七章第七節―第一二節）

求めれば与えられる。神は、あなたに望んでいるものをお与えになる。父は子に望んでいると思われるものを選んだうえで与える。これと同じである。だから、あなたは人に対しても同じようにしなさい。つまり、神と「あなた」との関係を「あなた」は人と築きなさいというのである。親が子に必要なものを斟酌して与えること、これこそが愛ではないか。もうひとつの「敵を愛しなさい」は、さらに重要である。イエスは、次のように述べている。

敵を愛し、あなたがたを憎む者に親切にしなさい。悪口を言う者に祝福を祈り、あなたがたを侮辱する者のために祈りなさい。あなたの頬を打つ者には、もう一方の頬をも向けなさい。上着を奪い取る者には、下着をも拒んではならない。求める者には、だれにでも与えなさい。あなたの持ち物を奪う者から取り返そうとしてはならない。（「ルカによる福音書」第六章第二七節―第三〇節）

イエスのいう「敵を愛しなさい」が難しいことは自明である。それでは、敵を愛することができないとしても、隣人を愛することならばどうであろうか。イエスは、次のように述べている。

ファリサイ派の人々は、イエスがサドカイ派の人々を言い込められたと聞いて、一緒に集まった。そのうちの一人、律法の専門家が、イエスを試そうとして尋ねた。「先生、律法の中で、どの掟が最も重要でしょうか。」イエスは言われた。「『心を尽くし、精神を尽くし、思いを尽くして、あなたの神である主を愛しなさい。』これが最も重要な第一の掟である。第二も、これと同じように重要である。『隣人を自分のように愛しなさい。』律法全体と預言者は、この二つの掟に基づいている。」（「マタイによる福音書」第二二章第三四節—第四〇節）

隣人を愛することは主を愛することに次ぐ位置にあるというのである。神を愛することが重要なのはともかく、なぜ隣人を自分のように愛することが「寛容」に繋がるのか。イエスは、これを直截的には述べていないので、近似の言説から探りたい。イエスの言葉として「あなたがたの父が憐れみ深いように、あなたがたも憐れみ深い者となりなさい」とある（「ルカによる福音書」第六章第三六節）。イエスは、相手が望まないものではなく望むものを与えることを教えているが、これは「憐れみ」についてもいえる。イエスは、その帰結として次のように述べている。

「人を裁くな。そうすれば、あなたがたも裁かれることがない。人を罪人だと決めるな。そうすれば、あなたがたも罪人だと決められることがない。赦しなさい。そうすれば、あなたがたも赦される。与えなさい。そうすれば、あなたがたにも与えられる。押し入れ、揺すり入れ、あふれるほどに量りをよくして、ふところに入れてもらえる。あなたがたは自分の量る秤で量り返されるからである。」（「ルカによる福音書」第六章第三七節—第三八節）

人を罪人だと決めつけないこと。それは人を裁かずに赦すことに繋がる。これが「寛容」の精神である。イエスが述べているように、「寛容」とは相手の負い目を「ゆるす」ことになる。『新約聖書』ではそのような図式になっていないが、負い目は罪の意識と換言できるであろう。イエスの言葉は、人を裁くことを否定するものである。「人を罪人だと決めるな」とは、社会の問題ではなく、個人の心中の問題である。それ故、イエスの言葉によれば、「寛容」は社会の問題である以前に個人の心中の問題であることになる。仮に「寛容」を社会の問題として捉えるとしても、個人の心中の問題が社会の問題に拡大したものと考えるべきであろう。

カトリック教会においてイエス・キリストの「ゆるし」を秘跡として行っているのが、「悔悛の秘蹟」である。現在これは「ゆるしの秘跡」と呼ばれ、司教または司祭が悔悛者の告解に「ゆるし」を与えることを重視しているが、前近代には「ゆるし」だけでなく罰を与えることも考慮されていたので、裁判の性格がある秘蹟であるとされた。この場合の罰には教会への労働奉仕や罰金の支払いなどがあるが、秘蹟の問題としては、それ以上の罰を与えるとしても小破門（部分破門）。教会からの完全排除となる大破門（完全破門）に対して、部分的かつ期限つきで救済処置が取られるもの）に処すに留まり、それよりも重大な宗教上の罪は異端審問所において裁かれることになる。ただし、本来的には、このようなことは上記のイエス・キリストの言葉とは相反するものである。

キリシタン時代の寛容

キリシタン時代には、イエスのこの教えはどのように扱われていたのか。フランシスコ・ザビエル（一五〇六―五二）にとって、来日前に日本の最も重要な情報は宗教事情であったが、この問題は彼に続く宣教師にとっても同じである。日本には仏教や神道が存在したが、キリシタン時代、これらを受け入れることができるかどうかが議論された。キリスト教の「寛容」を考える際、キリスト教と仏教・神道などの異教との関係、そしてキリスト教と日本の社会・政権との関係を捉えることが必要となる。祖先崇拝も偶像崇拝に含まれるので本来ならば容認できないはずだが、日本ではザビエルの時代からすでに対応に苦慮している。その半世紀近く後、日本人の祖先崇拝については、日本準管区長ペドロ・ゴメス（一五三五―一六〇〇）がこれを肯定的に捉えている。

キリシタン宣教師達は、キリシタンの教えと日本の在来宗教の差別化を図ったことが知られている。例えば、キリシタン時代には洗礼志願者に受洗に至るまで七段階の教えを説く段階的布教方法が採られていた[5]。最初の三段階は「準備福音宣教」と呼ばれたが、その第三段階には日本の諸宗教に対する論駁があり、仏教や神道に救いはないことを示していた。布教上、仏教用語を転用することが日本人の誤解を招いたので、キリスト教用語の訳語には仏教用語を使用せず、ラテン語やポルトガル語など原語を使うことが基本原則となった。他宗教と混同されることを回避するために、他宗教との差別化を図ることでキリスト教それ自体を説明しようとしたのである。つまり、異教の社会にありながらも、理論的にはキリシタンの宗教的「寛容」は異教に対して存在し得なかったのである。

イエズス会は、布教の際に「適応 accomodatio」という概念を重視してきた。イエズス会士達は、布教地に文化的、社会的要素に自らを「適応」させることを試みてきたのである。「適応」のもうひとつの要素は、キリスト教の要素で布教地に説くことが適切でないと判断されたことを省略することである[6]。この方法は、適切に運用されなければ、キリスト教の教理を変化させてしまうことに繋がる。そのため、「適応」には地域差が存在することになる。イエズス会は、「適応」に基づいて異教のシステムを導入したが、日本においても異教の存在は基本的に許容できないものであった。例えば、キリシタンが神社仏閣に放火や破壊を行っていたことが報告されている。日本の政権としては、キリスト教は戦国時代に日本に伝わったので戦国大名との関係ということになる。イエズス会は、「上からの布教」を基本方針としていたので、キリシタン宣教師にとっては、日本という異教世界における為政者の異教の信仰をいかに解釈するかが問題となった。キリシタン大名の事例としては、大村純忠（一五三三―八七）は、キリシタンに改宗することで実利を得ようとしたが、大友宗麟（本書第一部第五章参照）は、キリシタンに宗教的に関心を持ちながらも日本の神仏信仰から容易に脱却できなかった。[7]

織田信長は、一向宗に対する姿勢に見られるように、宗教的「寛容」を持ち合わせていなかったといえよう。しかしその一方で、イエズス会から見て、信長の宗教的不寛容は問題にもならなかった。信長は、キリシタンには好意的であるが、これには比叡山延暦寺や一向一揆との対決姿勢が基底にあるのかも知れない。豊臣秀吉は、伴天連追放令において、キリシタンが神社仏閣を破壊することを問題にしている。一五八七年の伴天連追放令の発布には、キリシタンが体制にとって危険だからというだけでなく、のちに長崎を直轄領としているように、ポルトガル貿易を独占する意図があったからであると考えられている。秀吉は、一五八六年のサン・フェリーペ号事件の後、翌年には長崎の西坂において二六人のキリシタンを処刑している。

宗教的「適応」と宗教的「寛容」について見るならば、イエズス会は日本において仏教への適応を試みている。キリシタン教会内の役職の「同宿」は仏教用語からの転用であることが知られている。教会用語については、仏教用語の転用に留まらず、仏教の発想を取り入れたものがある。先のキリシタンの教えの段階的布教方法を七段階としたのは仏教の影響によるといわれている。ただし、「適応」と「寛容」は異なる概念である。キリシタンの仏教に対する「適応」は実践されているが、仏教に対する「寛容」は見られない。ここにキリシタン布教の矛盾を見て取ることができる。

「寛容」における「ゆるし」

イエズス会は、創設当初から「ゆるす」ことに関する論理を組み上げている。悔悛の秘蹟において、司教や司祭は、信者に「ゆるし」を与えることができる。一六世紀のトリエント公会議においてこれは再確認されている。悔悛の秘蹟における具体的事例は良心問題と呼ばれるが、これは神学上の議論というよりは日常生活に密着したものである。倫理の問題は、基礎神学としての倫理神学と倫理上の例題としての良心問題に大別されるが、トマ

図1　マルティン・デ・アスピルクエタ（Martin de Azpilcueta, *Manuele Confessariorum Poenitentium*, Venetiis, 1603）

ス・アクィナス（一二二五―七四）の『神学大全』第二部の二に代表される基礎神学としての倫理神学を長年研究しても、実際の司牧に役立たないことは当時すでに指摘されていた。イエズス会は、早くから基礎神学と良心問題の調和と統合を図ろうと腐心していた。一五世紀以降、イベリア半島を中心にカトリック教会では複数の良心問題の手引書（事例集）が作成されており、マルティン・デ・アスピルクエタ（一四九三―一五八六　図1）の『聴罪司祭と悔悛者の手引書』（コインブラ、一五四九年）は、何回も版を重ね、改訂版までも出版された代表的著作として知られている。[8]

日本人は、無知から罪を犯すことがある。しかし、それが罪となることを日本人はいかなる方法によろうとも知ることができなかった。そうした「克服不能な無知」によって罪を犯した場合は、罪とは見なされない。巡察師ヴァリニャーノは、日本人が罪を犯すのは、「克服不能な無知」によるとする。つまり、日本人は、それが罪になるとは知らなかったので、罪にならないというのである。彼は、「克服不能な無知」は神が日本人に与えたものであると説明した。「克服不能な無知」によって、知り得なければ罪にはならない。すると、日本人を無知のままにしておけば、彼らが罪に問われることはなくなる。この無知が神から与えられたものだからである。同じ無知であっても、人が努力すれば知り得た無知は「克服可能な無知」と呼ばれ、それによって罪を犯した場合、責任は犯した者にあるとされる。このように、無知が問題となるのは、当時のカトリック教会のあり方と密接に関係している。前近代においては、良心問題などを実際に理解しているのは、悔悛の秘蹟を担当する司祭だけで十分であり、一般信徒は必ずしも知る必要はないとされていた。[9]

「寛容」の対象は、カトリック教会の問題としては、イエズス会内部の問題、カトリック教会内部の問題、さらに当時分裂したキリスト教会内部の問題に分類できる。このうち、カトリック教会の内部の問題としては、ポルトガル系のイエズス会とフランシスコ会などスペイン系托鉢修道会との議論がある。布教地である日本にはヨーロッパの原則を適用するのか、あるいはイエズス会的「適応」を実践するのか。スペイン系托鉢修道会は、おおむねヨーロッパの原則を日本にも適用すべきであると考えていたが、イエズス会は、異教世界への「適応」を考慮していた。[10] こうしたことがスペイン系托鉢修道会との論争を引き起こしている。イエズス会の「適応」とは、教会法の適用を部分的または時間的に「留保」することである。部分的留保とは、教会法をすべてにわたっては適用させないことである。これには布教地による地域差があり、インドの場合と日本の場合では、「適応」の様相が異なっている。例えば、偶像崇拝は、インドにおいては許容されなかったが、日本においては条件付きで許容されている。時間的留保とは、布教地の特殊性を考慮して、教会法の適用を時間的に遅らせることである。これは、地域的に公布を遅らせることで可能となる。[11] 例えば、信者にそれが罪となると教えなければ、信者は「克服不能な無知」によってそれが罪となることを知り得ない。ただし、「適応」の種類と「留保」の内容は日本とインドでは異なっている。宗教的「留保」は、インドよりも日本の方が質量ともに圧倒的に多い。

ヴォルテール（一六九四―一七七八）は、一八世紀前半に雍正帝《ようせいてい》がイエズス会士を中国から追放したのは、雍正帝が不寛容だったからではなく、イエズス会士が不寛容だったからであると述べている。[12] 中国では、イエズス会は、ドミニコ会との間で典礼問題を引き起こしている。ヴォルテールは、中国ではイエズス会がスペイン系托鉢修道会と対立していたので、為政者から不信感を持たれたことを示している。つまり、中国ではカトリック教会内の不寛容が迫害を引き起こしたというのである。ただし、ヴォルテールの言葉とは裏腹に、中国における迫害は実際にはイエズス会の責任ばかりとはいえないものである。

ところで、江戸幕府のキリシタンに対する基本方針は弾圧であった。秀忠の時代からキリシタン迫害が本格化している。イエズス会は、迫害についてバレト写本「サントスの御作業」やキリシタン版『サントスの御作業の内抜き書き』(加津佐、一五九一年)では「悪魔の仕業」であると説明している。[13] 江戸幕府のキリシタンに対する「不寛容」は、改めて言うまでもない。それでは、キリシタンから日本の政権に対する「寛容」は、存在したのか。キリシタンから見て、迫害者が常に「不寛容」であったわけではない。日本巡察師フランシスコ・ヴィエイラ(一五五五—一六一九)は、一六一六年に来日前のマカオにおいて江戸幕府によるキリシタン迫害が「神が与えた試練」であると説明している。[14] それまでは、イエズス会にとって迫害は「悪魔の仕業」と見なされていたが、ヴィエイラ以来、迫害は弛緩した日本教会に対して「神が与えた試練」に転化している。迫害は、迫害者の意思による偶発的なものではなく、神の意思に基づく必然的なものであったことになる。神の意思を迫害に組み込むことによって、迫害者である日本の為政者が恨みなどの対象ではなくなるのである。それと同時に、迫害は、日本の「国是」によるものであったとする議論が生まれている。国是によって迫害がなされたのであれば、それは容易に回避できることではない。イエズス会は、キリシタンの迫害が日本の「国是」であると見ることによって、必ずしも迫害者の悪意によって成立するものではないとした。しかも個人レベルではキリシタンに対して決して不寛容なばかりではなかった。自分がキリシタンになる意思はなくても、隣人としてのキリシタンを受け入れる余地は存在したのである。このように、個人レベルでは「寛容」が存在しても、「国是」は個人レベルの「寛容」を超えたものとして作用している。つまり、「国是」としてのキリシタンの迫害は、個人の意思や感情を超えたものとして存在しているのである。

イエズス会内部の問題としては、異教世界である日本に対する武力征服論が生じている。キリスト教の正統戦争論の一部に組み込まれるような議論がなされたのである。キリスト教を布教するためとはいえ、異教世界を武力征服することがゆるされるのか。イエズス会士の間では、マカオからポルトガルの軍隊を、マニラからスペインの軍隊をそれぞれ日本に引き込んで日本を武力で征服できるかどうかが議論された。実現の可能性はともかく、これにはスペイン系イエズス会士が主に積極的だったようである。この議論は、日本を中国布教の足掛かりとするために征服すべきであるという中国布教論とセットで議論されている。[15]

この問題には、カトリック教会の強制改宗権論が関係している。[16]これは教会が異教徒にキリスト教の信仰を強制する権利を持つかどうかというものである。イエズス会の神学者フランシスコ・スアーレス（一五四八―一六一七　図2）は、異教徒に対する強制改宗は可能であると述べている。スアーレスの議論は、当時の最新の神学理論として日本にまで伝わっている。日本準管区長ゴメスは、巡察師ヴァリニャーノの意向を受けて日本向けの神学の確立を試みたことで知られている。ゴメスは、一五九三年執筆の「講義要綱」において、スアーレスの強制改宗権論を批判しており、たとえ布教のためという目的が正しくても、手段が正しくなければ容認できるものではないと主張している。カトリック教会は、オランダやイギリスなどプロテスタント諸国と競合していたが、イギリスは、スアーレスによってカトリック教会からの破門の適用が可能であると見なされた。それは実際には執行不可能であるとはいえ、カトリック教会は死罪に相当すると見なしたのである。

図2　フランシスコ・スアーレス（Thomas Pink, ed., Francisco Suarez, S. J., *Selections of Three Works*, 2015）

むすび

迫害の基本は、相手の存在を認めないことである。つまり、敵対する相手を処刑することによって、その相手を根絶させることである。キリシタン時代の迫害は、当初この論理に基づいて行われてきたといえよう。京都所司代の板倉勝重（一五四五―一六二四）は、京都所司代という立場からキリシタンを処刑せざるを得ないのであれば、せめて彼らの望む形にしてやろうと考え、一六一九（元和五）年には処刑に十字架を使用している。相手の存在は容認できないが、彼らの論理は斟酌しているのである。ところが、このように対処すると、迫害という自らの行為さえ相手の論理に陥ってしまう。つまり、自らの存在が相手の論理に組み込まれてしまうのである。「一六二〇年の日本年報」において、後任の長男重宗（一五八六―一六五七）は、父勝重が京都の放火犯としてキリシタンを処罰したために自分が汚名を着せられたと考え、処刑を喜んで受け入れるが故にキリシタンを処刑すべきではなかったと述べている。[17] この後、幕府は、キリシタンの処刑を行っていくが、やがてキリシタンが「転ぶ」よう仕向けることに方針転換していく。幕府は、キリシタンに宗教行為を禁止し、自らの宗教を否定するよう強要した。一般信徒には内心の問題に踏み込むことはできなかったが、聖職者には結婚を強要することで聖職の放棄を確実なものとした。幕府は、キリシタンの論理に組み込まれることを回避するために、彼らの存在は容認するが彼らの論理は認めないことにしたのである。

江戸幕府の不寛容は、必ずしも相手、すなわちキリシタンの存在を認めないことではない。相手の論理を認めないことである。それによって、自らの存在までもが相手の論理に組み込まれることを回避したのである。このことが迫害以上にキリシタンに大きな衝撃を与えた。「寛容」であることは、自分と敵対する相手、または自分と利害が対立する相手を「ゆるす」ことである。「ゆるす」とは、こうした相手の存在を認めることにほかならない。ただし、相手の論理を認めることではない。キリシタンが迫害者に示した解釈は、迫害者もまた神意を体現しているとするものであり、こうして迫害者の存在を「ゆるし」ているのである。その一方で、迫害を国是としながらも、その国是に従うことはない。キリシタン迫害という相手の論理を自分達の論理に置き換えると、迫害による処刑はすなわち殉教になる。つまり、自分と敵対する相手、または対立する相手の存在を、自己の論理に包含することによってはじめて、相手を「ゆるす」行為は完結する。これは、相手の論理を自己の論理に読み替えることによって成り立つものである。

本書の構成について述べておきたい。本書は全体を二部に分け、第I部は日本における寛容を、第II部はヨーロッパにおける寛容をテーマにそれぞれ七章を配した。第I部は、元和の大殉教を題材に迫害を受けた側の寛容、島原の乱における「立ち帰り」の不寛容、さらに仏教思想における不寛容を論じた。続いて、イエズス会の京都布教、大友宗麟が受容したキリシタンの寛容思想、キリシタン教会の婚姻という順に個別の問題を配し、最後に第II部への接続を考慮して日本と関係のあったオランダの寛容思想を取り上げた。第II部は、最初にレッシングとモンテーニュという二人の著名な思想家の寛容思想の議論を置いた。続けて、各国の状況として、ユダヤやイスラームと対峙したスペイン社会、カトリック教会を離脱したイングランド国教会、マイノリティであった再洗礼派を取り上げた。さらに、クリュニー修道院長ペトルス・ヴェネラビリスを通して見た中世ヨーロッパの寛容思想、イスラームから見たイエス・キリストの位置を検討した。最後に、本書の議論の総括を行ったうえで、寛容を考えるための視角の提示を試みた。

註

1　深沢克己・高山博編『信仰と他者──寛容と不寛容のヨーロッパ宗教社会史』（東京大学出版会、二〇〇六年）。

2　『新和英大辞典』（第五版、研究社）は、“broad-mindedness, magnanimity, tolerance, indulgence, generosity, leniency, forgiveness, forbearance”としている。ちなみに、『現代日葡事典』（小学館）は、“A generosidade, abertura, a compreensao, a indulgencia, a magnanimidade, a liberalidade, a tolerancia”としており、『日西辞典』（白水社）は“tolerancia, indulgencia, generosidad”としている。

3　H・カメン（成瀬治訳）『寛容思想の系譜』（平凡社、一九七〇年）。なお、「寛容」に対するカメンの議論は広範囲にわたるが、「ゆるし」の問題としては捉えられていない。

4　『新約聖書』では、イエス・キリストよりも聖パウロが「寛容」に相当する言葉を使っているが、そうした言葉は英語でいえば“gentle”や“gentleness”に対応するものである。

5 ロペス・ガイ（井手勝美訳）『（改訂版）初期キリシタン時代の準備福音宣教』（キリシタン文化研究会、一九八〇年）。
6 浅見雅一『キリシタン時代の偶像崇拝』（東京大学出版会、二〇〇九年）。
7 渡辺澄夫『豊後大友氏の研究』（第一法規出版、一九八一年）。
8 浅見雅一「キリシタン時代における良心問題の手引書について――マルティン・デ・アスピルクエタとその周辺」（松田隆美編『書物の来歴、読者の役割』慶應義塾大学出版会、二〇一三年）。
9 悔悛の秘蹟を担当できる司祭が不在の場合、「完全なる痛悔」を行うことによって、司祭が現れる時まで罪のゆるしを留保できるとした。「完全なる痛悔」が日本において「こんちりさん」と呼ばれるものである。
10 高瀬弘一郎『キリシタン時代の文化と諸相』（八木書店、二〇〇一年）。
11 安廷苑『キリシタン時代の婚姻問題』（教文館、二〇一二年）。
12 ヴォルテール（中川信訳）『寛容論』（中央公論新社、二〇一一年）、四一―四二頁。
13 「サントスの御作業」および『サントスの御作業の内抜き書き』において「天狗」または「天魔」とされているものが、『日葡辞書』によれば「悪魔」である。
14 高瀬弘一郎訳『イエズス会と日本』一（岩波書店、一九八一年）第三五番、四三〇―四三八頁。
15 高瀬弘一郎『キリシタン時代の研究』（岩波書店、一九七七年）。
16 ロペス・ガイ（井手勝美訳）『十六世紀キリシタン史上の洗礼志願期――キリスト教と日本文明との最初の出合い』（キリシタン文化研究会、一九七三年）、および井手勝美「日本準管区長P・ゴメスの強制改宗権論批判――『神学綱要』第一部・第六十八章」（同著『キリシタン思想史研究序説』ぺりかん社、一九九五年）を参照のこと。
17 Archivum Romanum Societatis Jesu, Jap. Sin. 59, f. 201v. 以下は刊本からの翻訳であって同文書からの翻訳ではないが、ほぼ同内容である。松田毅一監訳『十六・七世紀　イエズス会日本報告集』第Ⅱ期第三巻（同朋舎出版、一九九七年）、一一五頁。

第Ⅰ部

日本における寛容

第一章　元和の大殉教と宣教師の寛容

山本　博文

はじめに

元和八（一六二二）年八月五日、長崎で「元和《げんな》大殉教」と呼ばれる大殉教事件が起こっている。また、翌年一〇月一三日、江戸でも大殉教事件が起こっている。徳川家康の晩年、キリシタン禁令が発布され、第二代将軍徳川秀忠はこれを受け継ぎ、元和八、九年に厳しい態度でキリシタン禁制を実現しようとしたものであるが、実はこの二つの大殉教事件は一連のものではなく、それぞれに事情を異にするものだった。

本章では、これら大殉教事件がいかにして起こり、それに対して宣教師や信徒らがどのような態度を取ったかを明らかにしていきたい。

最初に前提として、江戸幕府がなぜキリスト教禁止令（禁教令）を出したかを概観しておく。幕府は、慶長一七（一六一二）年三月、直轄領に禁教令を出し、翌一八年一一月一二月、これを全国に拡大した。同年一二月一八日、駿府にいた金地院崇伝は、江戸に向かった。徳川家康が江戸で越年するためである。家康は、宣教師を追放するための奉行を大久保忠隣に命じ、崇伝には追放文を書くよう命じた。同月二四日、崇伝は下書を執筆した。[1]追放の理由は日本は神国であるというもので、それを縷々説明していくが、キリスト教について次のように書いていることは注目される。[2]

刑人有るを見れば載ち欣び載ち奔り、自ら拝し自ら礼し、是を以て宗の本懐と為す、邪法に非ずして何ぞ哉、処刑された信者の遺体を崇めるキリスト教信者たちの行動が、「邪法」の証拠とされたのである。為政者としては、死を恐れず、むしろそれを望む姿に半ば恐怖に近い思いを懐いていたのではないだろうか。

慶長一九年六月、家康は伏見奉行山口直友に五〇人の兵士を付けて長崎に派遣した。長崎に信者の暴動が起こっているとの報告があったからである。たまたま到着したポルトガル船の船長は、追放令を解除してもらうため、船の書記ら六人を駿府に派遣した。彼らは家康と会見することができたが、家康の言動は次のようなものだったという。[3]

国主は自分の前で私たちに話しが及ぶと、憤慨してしまい、至聖の私たちの宗団に対して数多くの悪口を放って、たとえば私たちが原理について語った事柄に関して私たちを非難したうえで、もしもこの教えが広まりすぎたりすれば、時が経つにつれて自分の臣下たちが自分に服従したがらなくなるであろうこと、私たちが太閤様の時代に修道院を一つだけ要求したのに、後になって日本中に散らばってしまったこと、もしも長崎に修道院を一つだけ認めるだけにしたとしても、私たちがまた同じことをやるであろうこと、それゆえに自分の領国には一人の司祭さえも残らないことがよいことだと思っていること、などを付け加えて言ったという噂である。

家康には、自分の側近にキリスト教信者が多数おり、棄教するように命じても頑として応じなかったことが近い経験としてあった。また、かつて三河時代に一向宗の一揆に苦しめられたこともあった。そのため、主君よりも神（デウス）を上に置くキリスト教徒は許せなかったのだが、家康がポルトガル船の書記の会見を許したのは、いまだ長崎でのポルトガル船との貿易に魅力を感じていたからである。この家康の路線は、第二代将軍秀忠の時代にそのまま受け継がれることになる。

徳川秀忠のキリシタン禁令と平山常陳事件

元和二（一六一六）年四月一七日、家康が駿府で没した。全権を握った第二代将軍秀忠（一五七九―一六三二）は、「たとえ如何なる事情があろうとも、領国中にも家臣の中にも一人でもキリシタンがいてはならぬ」という厳命を下したとされる。[4] 発令は一六一六年九月とされているから、日本暦では元和二年七月二〇日から八月二〇日にあたる。

これまでは、諸大名の家臣のキリシタンを禁じるものだった。しかし秀忠は、大名領内に民衆も含めて一人のキリシタンもいてはならぬと命じたのである。日本側の史料を参照すると、元和二年八月八日、安藤対馬守重信・土井大炊助利勝・酒井備後守忠利・本多上野介正純・酒井雅楽頭忠世の全年寄が連署する奉書によって、「バテレン門徒禁止」を島津家久に告げている。[5] 内容は、一つ書きではないが、①バテレン門徒禁止、②黒船・いぎりす船は長崎・平戸へ回航、③唐船は領内で商売自由、の三項目である。

これは、キリスト教禁令を徹底させるために、黒船（ポルトガル船）は長崎、オランダ・イギリス船は平戸で管理することを命じたもので、これ以後、平戸藩以外の大名領内でヨーロッパ諸国の船と自由な貿易はできなくなる。キリスト教とは関係のない唐船との貿易が許可されていることは、これが外国貿易の統制を意図したものでないことを示していると考える。キリスト教禁止を口実として貿易統制を行おうとしたという議論もあるが、先の「一六一八年度日本報告」によると、秀忠は大名家臣や大名領の領民のキリシタンまで禁止しようとしていたので、単なる口実とみることはできない。

イエズス会の宣教師は、先に述べたように一八人が残っていた。このことが人々の噂に上ったため、イエズス会は確かに宣教師が去ったことを示そうと、さらに五人の会士をマカオへ帰らせた。秀忠を刺激しないためである。

秀忠の命令は、のちさらに厳しいものとなり、司祭をすべて死罪に処するとの命令が付け足された。[6] 秀忠は、司祭を死罪にする法令を発するにあたってその旨を伝えている。これは注目すべきことで、いきなり宣教師を捕らえて処刑しようとしたわけではない。おそらく自発的に国外に出ることを期待してのものだろうが、一応の手続きはとったとも言える。これ以後、秀忠の命令に従わず日本に留まっている宣教師は、明白な法令違反として処刑されることになる。

秀忠の方針によって、キリシタンに対する大名領の迫害はさらに厳しいものとなった。たとえば大村藩主大村純頼は、秀忠の命令を忠実に実行することによって、自らがキリシタンに厳しく対処していることを示そうとした。このため、フランシスコ修道会のペドロ・デ・ラ・アスンシオンとイエズス会士ジョアン・バウティスタという二人の宣教師が、諫早と五島で捕縛された。純頼は、二人を斬罪に処した。一六一七年五月二二日（日本暦元和三年四月一八日）のことである。

一六一〇年代から二〇年代にかけて、オランダ連合東インド会社は、香料群島におけるオランダの覇権確立を主要な目的としていた。平戸に寄港していたのも、日本との貿易よりオランダ海上勢力の軍事行動を支える中継基地としての戦略的な評価が優先していた。そして、一六二〇（元和六）年一二月、オランダとイギリスは共同して極東水域を航行するイスパニア・ポルトガル両国の船舶とマニラに航行する中国船を攻撃対象として活動することになった。[7]

これに対してポルトガル人と中国人は、それぞれ幕府にオランダ・イギリス両国の海賊行為を提訴した。当時、幕府首脳部は、マカオのポルトガル船に多大な貿易投資を行っていたから、これは幕府に取り上げられ、（元和七年）五月二二日付け「覚」五ヵ条が江戸で平戸松浦氏に発給された。[8]

日本人の売買・武器輸出の禁止に加えて、オランダ・イギリス両国の海賊行為の禁止が命じられている。注目すべきなのは、キリシタン禁令の記載がなく、また長崎における唐船とポルトガル船の貿易は家康の時と同じく継続するよう命じられていることである。秀忠とその幕閣は、キリシタン禁令は現状のままでよいと考え、長崎での貿易も制限するつもりはなかった。そのため、その貿易を阻害するオランダ・イギリス両国の「日本ちかき海上」における海賊行為は禁止しなければならなかったのである。

禁令の第五条は、当時問題となっていた平山常陳事件に関わるものである。これは、元和六年、台湾を出航した平山常陳の朱印船がイギリス船に拿捕され、キリスト教宣教師二名が乗船していることが発覚した事件である。イギリス船は通常通り海賊行為を行ったにすぎなかったが、たまたま宣教師が乗船していたことから、これを自らの行為の正当化に利用しようとした。二名はオランダ船に引き渡され、平戸に入港した。二名の宣教師は、マニラから乗船したアウグスチノ会のペドロ・デ・スニガとドミニコ会のルイス・フローレスの二人だった。どちらもイスパニア系の托鉢修道団の会士であり、スニガはかつて日本に来たことがあって、顔見知りもいた。

平山常陳船は渡航朱印状を携行していたが、オランダ人は、渡航朱印状の行き先がコーチシナであるのに対しマカオに行っていたこと、積荷はポルトガルの貨物であり、スペイン人を乗せていることを幕府に訴えた。オランダ・イギリス両商館は、スペイン人宣教師密航事件であることを強調し、朱印船の海外渡航を許すかぎり宣教師の密航を食い止めることはできない、と主張したのである。これは、ポルトガル人やスペイン人を中傷して日本市場から蹴落とそうとするとともに、その頃活発となっていた朱印船貿易を抑止しようとするものであった。[9]

この年一一月六日、平戸の松浦邸で平山常陳らの審理が始まった。審理は、平戸藩主松浦隆信と長崎奉行長谷川権六が行うことになった。実は、二人の間では利害の対立があった。松浦隆信は、平戸に商館を持つオランダ・イギリスの両商館と親しく、平戸藩の利害は両商館の利害と密接に結びついていた。

一方、長谷川権六は、自らもルソン貿易に参加しており、マカオやマニラと貿易を行う長崎の商人の利害を代表する存在だった。そのため権六は、かつて日本にいたスニガが司祭であることを知っていたにもかかわらず、あくまで知らないふりをした。

元和七年一〇月、平戸藩主の前で審理が行われることになった。オランダ人は、二人の司祭に自白させようと苛酷な拷問をくりかえしていたが、効を奏していなかった。唯一証拠となるのは、オランダ人を買収した時、その金を調達するため長崎のキリシタンに送った書簡だったが、これも二人の身分を立証するものではなかった。

審理は、一〇月三日から四度に及んで行われた。権六は、スニガたちを擁護し、オランダ人やイギリス人が彼を宣教師だと言うのは悪意から出たものだ、と非難した。しかし、次第に権六に不利な形勢となり、権六は幕府の法廷で審理することを松浦隆信にはかったが、隆信は二人が確かに宣教師であるとして拒んだ。

審理の過程で、証人として、大村の牢獄に捕らわれていたカルロ・スピノラらが平戸に召還された。スピノラらはスニガらが宣教師であることは否認したが、召還された者の中には背教者トマス荒木がいた。彼は、一六〇五年頃ローマに渡り、そこで司祭に叙任された。帰国後、長崎で捕らえられ、棄教した背教者である。彼は、スニガが司祭であることを証言した。このためスニガはついに自白することになり、いったんは俗人と認められていたフローレスも自白することになった。

審理が終了して一年ほどがたった元和八年七月、将軍秀忠は、朱印船に宣教師が乗っていたこと、およびキリシタンが牢獄破りを行ったことから、長崎奉行長谷川権六に「ジョウチン船長と、その船に乗って渡航した二人の修道士、それに牢獄に入れられている同船のキリシタンの全船員、乗客たちを長崎へ護送して火焙りの極刑にするよう」命じ、「それと同時に、各地の牢獄に囚われているヨーロッパ人と日本人の修道士全部、さらに過去数年間にキリシタン信仰のために殉教した夫や両親の、未亡人や子供に至るまで、すべて極刑にするよう」命じたという[10]。しかしこれは、イエズス会士の聞いた話であって、後半の部分は事実かどうかはわからない。

平戸に赴いた権六は、一五人の者に「キリシタンであるか否か、また何処から来たのか、いつ洗礼を授かったか」を尋ね、「キリシタン（信仰）を棄教するなら、自らは将軍様から権能と職権とを与えられている（故）その名によって、誓って生命は助けよう」と言った。しかし一同は断固として、「どのようなことがあっても決してイエズス・キリストの信仰を棄てるつもりはない」と答えた。[11]

　これを信じるとすれば、秀忠の命令はそれほど厳格なものではなかった可能性がある。口先だけでも教えを棄てると言えば、この段階では許されたのかもしれない。しかし、これについてはキリシタンの方が拒絶した。

　権六の言葉は、嘘ではなかったに違いない。彼はスニガらを擁護していたし、むやみに日本人キリスト教徒を殺したくはなかったのである。しかし信徒たちにとって権六の言葉は、悪魔がささやく「甘い言葉」と理解された。信徒たちは信仰を棄てると言うだけで命が助かったかもしれない。しかしキリスト教の教えにおいて、それは神を裏切ることだった。そのため、尋ねられなければ答えないとしても、尋ねられれば自らの信仰を告白したのである。

　自白し、処刑が決まった時、フローレスらは、「自分たちはいかなる理由によって死刑に宣告されたのだろうか」と尋ねた。これに対し、「汝らは国主の法令に背いてイエズス・キリストの掟を説くために日本国へ渡来したためであり、また他の者に対しては、国主の命令に背いて同類の人々を日本国へ渡航させたためである」と返答された。彼らは「自分たちがイエズス・キリストのために死刑を宣告されたことを知って信じ難いほどの喜悦に浸った」という。

　これまでこうした記述は、イエズス会が殉教を美しいものに描くために創作されたものだと見なされていたようだが、当時の宣教師や信徒たちが殉教を最高の栄光だったと考えていたことは確かである。助かる可能性を断固として棄て、斬首や火焙りの場でもまったくうろたえることもなく殉教していく多くのキリシタンの姿を見ていると、彼らが殉教を本当に喜んで迎えたと考えてもよいように思われる。

　元和八年七月一三日（西暦一六二二年八月一九日）、彼らは、長崎郊外の殉教の場に護送された。そこは先の尖った杭が円形に打ち込まれ、矢来《やらい》で取り囲まれていた。フローレス、スニガ、平山常陳の三人のために十字架が立てられ、周囲には大量の薪が積まれていた。長崎で薪を扱う商人は薪を売ろうとせず、これを調達するにも苦労したという。これを見ようとして、陸からも海からも大勢の者が集まっていた。変装してその場にいたドミニコ会士によると、その数は三万人を超えていたという。[12]

薪に火が付けられる前に、矢来の中で他の一二人の者が斬首された。『十六・七世紀イエズス会日本報告集』ではこの一二人が平山船の乗組員だとしているが、『日本の聖ドミニコ』では、乗組員のほかフローレスを救出しようとして捕らえられた五人のキリシタンが入っているとしている。

この時、スニガは、修道会の父聖アウグスチノの名を呼んで援けを求め、フローレスは、「父は我等と共にここにいらっしゃる」と言った。三人の中ではまず地面に倒れたのがフローレスで、次いで常陳が死に、スニガが最も長くかかった。それは風が背中の方から炎を吹き付けるだけで、両脇から焼かれることがなかったからである。そのため、彼の苦しみが一番長引いた。処刑が終わると、斬首した一二人の首は高い台の上にさらされ、胴体は火刑になった三人の遺体とともに刑場に放置された。聖遺物となったそれらの遺体を入手しようと大勢のキリシタンが押し寄せたが、番人によって追い払われた。権六は、彼らの遺体をそのままにして引きあげた。もちろん監視の者は付け、オランダ人に正しく処刑が行われたことを見せるためそうしたのだった。

五日間オランダ人が来なかったため、監視人は引きあげた。そこでキリシタンたちは、遺体を収容するため、その場に行った。変装したドミニコ会の三人の司祭は、フローレスの遺体の大部分をドミニコ会のために収容した。残りの部分や他の人々の遺体は信者たちが分配して家へ持ち帰り、教会が取り壊された後、教会の代わりにしている自分の家の祭壇に安置した。[13]

スニガの遺体は、完全な姿で敬虔に刑場から入手された。彼はノバ・エスパーニャの総督だったヴィラマンリケ侯爵家の二男だったので、身分の高い殉教者として特にその遺体が大切にされたためだった。彼の遺体はマニラへ運ばれ、さらにスペインに送られて「特別の栄誉と祭儀によって勝利祝福の埋葬が行われる」ことが予定されていた。[14]

元和の大殉教（図1）

長崎では、元和五（一六一九）年から、密告者への報奨金を得るため徒党を組んで宣教師やキリシタンを摘発する集団があらわれていた。彼らは「非常に有害な刺客や浮浪人の群れ」で、徒党を組み、至る所で怪しいと目をつけた家々の戸を蹴破り、無断で踏み込んで、隅も暗い所もくまなく探し回った。

これに対して長崎の民衆は、その集団の頭を「ユダ」と呼び、一味の者を貸家から追い出し、金銭を払おうとしても拒否した。彼らは何も売れず何も買えないようになった。

たとえば彼らに呼ばれた理髪師は、近所の者から、「あのような不誠実なユダに労力を提供することは止めたがよい。さもないと今度は、これまで通りの人を傭うことも賃金を受けとることもできなくなるであろう」と忠告され、髪を結うのを拒否している。[15]

長崎に帰った長谷川権六は、密告によって捕縛されていたキリシタンは放免したが、修道士のレオナルドと宣教師に宿を貸した四人のキリシタンは火焙りとした。その後、長谷川は、さらに宣教師に宿を貸した一一名のキリシタンを斬首に処した。

先にも紹介したように、秀忠は、平山常陳らの処刑を命ずるとともに、「各地の牢獄に囚われているヨーロッパ人と日本人の修道士全部、さらに過去数年間にキリシタン信仰のために殉教した夫や両親の、未亡人や子供に至るまで、すべて極刑」にするようにも命じていた。この直接の原因は、ドミニコ会の一会士が、同僚の修道士を脱獄させる計画を立て、この修道士と同時に他の多くのキリシタンをも一緒に脱獄させるという事件があったからである。秀忠は、「修道士たちが信仰を説くために国土に侵入したことで、またキリシタンたちがその牢獄

図1　1622年、長崎元和大殉教図（ローマ・ジェズ教会 Chiesa del SS. Nome di Gesù all' Argentina, Roma - Italia. Proprietà: Direzione Centrale per l'Amministrazione del Fondo Edifici di Culto del Ministero degli Interni, Stato Italiano - Italia.）

を破ったことで彼らに対して激しい怒りを燃え上がらせ」たのだという。[16] 捕らえた全キリシタンの極刑は必ずしも秀忠の当初の方針ではなかったと言うことができる。

しかし、いったん秀忠からこのような命令が出たからには、長谷川権六としても捕らえたキリシタンをそのままにはしておけない。おそらく彼の保身のためもあり、これまで大村の牢に収容されていたイエズス会士カルロ＝スピノラ（図2）を始めとする二一名の司祭や修道士とキリシタンに宿を貸した四人の宿主を長崎に護送させ、処刑するよう命じた。さらに、長崎の牢に収容されていた三〇名も同時に処刑することも命じた。この時の殉教者は五五名に及び、後に「元和大殉教」と称されることになる。

大村の牢にいた二五人が長崎に向かう途上、無数の群集が集まってきた。みな激しく慟哭し、自分をキリシタンにしてくれたそれぞれの司祭に合図を送り、またその名を呼び、あるいは袖を引っ張ったり、抱きついたりして悲嘆の声をあげた。司祭たちは、笑みを浮かべ、彼らを慰撫し、「善なるデウスは新たな司祭たちを送って彼らの聖なる望みを援護し給うであろう」と言って彼らを安心させ、「各々死に至るまで真実のキリシタン信仰をたえず堅持するように」と言って彼らを励ましました。

処刑場に到着すると、刑吏たちは、各人にそれぞれに火刑にされる十字架を指し示した。司祭たちは、柱の前に跪き、堅くそれをつかみ、柱を抱擁して接吻した。

刑吏は、長崎の牢にいた三〇人が到着する前に、司祭たちを十字架に縛り付け始めた。

まず、キリシタンの宿主四人が柱に縛り付けられた。次いで、司祭たちが柱に縛り付けられた。司祭たち二〇一名の内訳は、カルロ＝スピノラほかイエズス会士が九名、ドミニコ会士が八名、フランシスコ会士が四名であった。

司祭たちが柱に縛り付けられ、火刑の準備がととのった頃、長崎の牢から刑場に三〇人が護送されてきた。刑場に着いた三〇人は、矢来の中に入れられると、それぞれの刑柱に縛り付けられた司祭や修道士の傍らに散っていった。

図2　カルロ・スピノラ
（António Francisco Cardim, S. J., *Elogios, e ramalhete de flores borrifado com o sangue dos religiosos da Companhia de Iesu*, Lisboa, 1650. ポルトガル国立図書館 Biblioteca Nacional de Portugal 所蔵）

元和大殉教を報告した「一六二三年八月一六日付、マニラ発信、（一六二二年の）日本殉教報告」には、「どの薪にも点火された時、殉教者たちはデウスへの喜悦の情に溢れ、まなざしを天へ向け、固い大理石像のように静かに身じろぎもせず火に耐えない者は一人もいなかった」と書かれている。[17]

司祭たちは、火に焼かれながら、一時間半から二時間にわたって生きながらえ、その責め苦に耐えた。ドミニコ会のモラーレスは、火が遠く離れていたので、より火勢の強いところに近づき、他の者を励ました。火勢が強まるに連れて何人かが絶命したが、なお長時間にわたって生き、苦痛に耐えた者もいる。

薪が燃えつきると、見物していたキリシタンたちは、殉教者の遺体や刑柱を集めようと矢来の中に殺到した。警備の役人は、彼らを棒で打って妨害した。長谷川権六は、大きな穴を掘らせ、多くの薪を入れて火を焚き、そこに殉教者の遺体や刑柱の残りを投げ込み、灰になるまで焼き尽くした。そしてその灰は、多数の袋に詰め、船に積んで、町から遠く離れた海中に灰を散布した。言うまでもなく、聖遺物がキリシタンの手に渡らないようするためであった。

江戸の大殉教

翌元和九（一六二三）年一〇月一三日には、江戸の芝で五〇人のキリシタンが火刑になった。この大殉教の契機となったのが、家康の側近であるにもかかわらずキリスト教の信仰を棄てなかったため駿府を追放された一四人の一人ジョアン原主水《はらもんど》の従者の密告だった。彼とその仲間は、町奉行のもとへ出頭し、原主水が他の多くの者と共にまだキリシタン宗門を信仰し続けていると訴え出た。その際に彼らは他の幾人かの名前を挙げ、その中に司祭たちもいた。

町奉行が名前のあがった者を捕らえると、彼らは隠し立てもせず、キリシタンであることを認めた。町奉行は拷問してイエズス会司祭ジロラモ・デ・アンジェリス（図3）の居所を白状させたが、アンジェリスは居所を転々としていたので捕らえることはできなかった。これを知ったアンジェリスは、信者を救うために自首して自分の生命を投げ出すことを告げた。それを聞いた者は、大きな声で泣き出し、自分も一緒に死ぬという者もいた。アンジェリスは、それを思い止まらせた。修道士シモン遠甫《えんぽ》にも同様に諭したが、シモンは一緒に自首することを言い張ったので、二人で奉行所に自首した。

鎌倉では、フランシスコ会の司祭フランシスコ・ガルベスが捕らえられた。ガルベスとともに捕らえられた鎌倉出身のヒラリオ孫左衛門は、親族から「そのような窮地にあるのだから、言葉の上だけでもよいから、キリシタンではないと言えばよい」と勧められた。しかし孫左衛門は、それに腹を立て、「たとえ生命にかかわるようなことになろうとも、言葉でも行動でも、デウスに対する信仰を否定するようなことは決してあり得ない」と答えた。こうして、孫左衛門は、妻とともに捕らえられた。

その後、迫害は激しさを増し、役人たちは力づくで家々に踏み込み、キリシタンとわかると奉行所へ連行した。奉行は即座に彼らを投獄し、短い期間に五〇名の者が投獄された。

上洛していた秀忠は、江戸に帰って来た時、江戸のキリシタン問題の成り行きについて報告され、今後の指示が求められた。秀忠は、「それはその権限のある新将軍に求めたほうがよい」と答えた。家光は、司祭もキリシタンもすべて生きながら火焙りの刑に処すよう命じた。[18]

同年一〇月一三日、五〇人の者たちは、芝で火刑に処せられることになった。この知らせを受けたアンジェリス司祭は、「再現できないほど嬉しそうな顔」をしていたという。修道士シモンも、フランシスコ会のガルベス司祭も同様だった。

アンジェリス、ガルベス、原主水の三人は、馬に乗せられ、他のキリシタンたちと刑場に送られた。刑場には五〇本の刑柱が立ち、そのうちの三本だけは町に近いところに離れて立てられていた。刑場の広い野原や近くの丘は、見物人で埋め尽くされた。中には大名ら

図３　ジェロニモ・デ・アンジェリス（António Francisco Cardim, S. J., *Elogios, e ramalhete de flores borrifado com o sangue dos religiosos da Companhia de Iesu*, Lisboa, 1650. ポルトガル国立図書館 Biblioteca Nacional de Portugal 所蔵）

図４　元和キリシタン遺跡（東京都港区三田三丁目七番）

の姿も多く見られた。刑場に掲げられた高札には、「これらの者たちはキリシタンであることにより、死罪に処す」と書かれていた。

アンジェリスら三人を除いた四七人は、刑柱に縛り付けられ、薪に火がつけられた。彼ら三人を残したのは、残酷な四七名の者の火刑を見て、キリスト教を棄てるのではないかと期待されたためだった。火が燃え始めると、殉教者たちは大きな声で聖母マリアの名を呼んだ。アンジェリスは、「キリストへの信仰のために死ぬことこそが真の信仰で、それ以外はすべてまやかしで価値のないものである」と説教を続けた。四七人のキリシタンたちは、大きな声で聖母マリアを称え、火の中でも決して身体を曲げたり、悲鳴を上げたり苦痛の表情を浮かべることなく、毅然として刑に耐えた。

火刑を見ている者は、「犯した罪によって有罪の判決を受けた者は決まって命乞いをしようとするものであるのに、生来の心の強さだけでそのようにできるわけはない」と言い始めた。

四七人が死んだ後、アンジェリスら三人は、馬から下ろされ、刑柱に縛り付けられた。薪に火がつけられる前、三人は互いに別れの言葉を交わし、熱情と友情をもって互いを勇気づけた。火は勢いよく燃え上がり、彼らの姿は炎に隠されて時々しか見えなくなった。死を恐れず、最後まで説教しようとする宣教師たちを見て、見物人の心には、「死んでいった者たちの強さや心の広い毅然とした態度は十分賞賛に値しうるものではないか」という思いが浮かんだという。[19]

イエズス会士の報告によるものだから、この推測が当たっているかどうかはわからない。しかし、処刑がこのように行われたのが事実であり、また司祭たちのそれまでの行動を考えると、彼らが死に対して毅然と向かっていったことは確かで、実際に殉教することを喜ぶ気持ちもあったと思う。まして実際にその光景を目にした者であれば、もともと日本人が死に対して毅然とした態度を取る者に対しては賞賛することを惜しまない性質を持っていたから、宣教師やキリシタンたちの姿に感動し、賞賛の声をあげたことは事実だと思われる。

むすび

元和八年の長崎における元和大殉教、そして翌年の江戸の大殉教によって、日本におけるキリスト教会の組織はほぼ壊滅し、以後は信者の摘発と潜入する宣教師の捕縛が行われることになる。注目すべきなのは、江戸大殉教を報告する「一六二四年度日本年報」に次のような記述があることである[20]。

　直接に天下の管轄下にあった市では、キリシタンの迫害は、その信仰に対して日本の支配者が憎しみを抱いていたことから、すでに十二年前から全土にわたって激しく行われていたのに、私たちの聖なる教義については いっさい黙認されているような状態にあったことである。〔中略〕統治者（秀忠）は彼の息子に新たに位を譲ったのを機に、前から持ち続けていたキリシタンや、特に司祭に対する憎しみに駆られて、聖なる信仰を打ち砕くには適した方法であると思ってか、突然日本の法律を改めてしまった。これらの法律の最も重要なものの一つが、キリストを信仰することを禁ずるものであった。

これまでイエズス会の日本報告は、秀忠の厳しいキリシタン取り締まりについて述べ、「江戸の将軍が私たちの聖なる信仰を憎悪したことが、日本のほとんどすべての大名にも、それぞれの領国で同様に振る舞わせることになった」としていた。しかし、元和の江戸大殉教は新将軍家光の指示によって行われ、以後、黙認されていたキリシタンの摘発が激化する。ここに秀忠の方針と家光の方針の大きな違いを見ることができる。

秀忠時代は、実態としてはキリシタンが表面に出なければあえて摘発しないという方針だったと考えられる。元和の大殉教も、いわば平山常陳事件という偶然から起こったもので、一時の怒りから元和大殉教にまで至ったものだった。しかし家光は、探索して見つけ出し、火焙りに処すという政策を推進している。そして、秀忠死後は、さらに厳しい政策をとり、朱印船の海外渡航の禁、海外在住の日本人の帰国禁止、諸藩に潜伏するキリシタンの捕縛などを推し進める。秀忠時代と家光時代はキリシタン対策において表面上は同じでも、内実は大きく違った政策をとっていたと考えるべきだろう。

一方、キリシタンの弾圧に対する宣教師や信者の行動は、具体的に述べてきたので繰り返すことはしないが、彼らは弾圧を恐れず、むしろ殉教を望むような姿勢を見せていたことが注目される。殉教を喜んで受け入れ、迫害者に対して寛容の態度で接することは、キリスト教の本質の一つだったと見てよいだろう。

註

1 副島種経校訂『新訂本光国師日記』第二（続群書類従完成会、一九六七年）、一八三頁。
2 石井良助校訂『徳川禁令考』前集第五（創文社、一九五九年）、二六七一号文書。
3 「一六一四年度日本年報」松田毅一監訳『十六・七世紀イエズス会日本報告集』第Ⅱ期第二巻（同朋舎出版、一九九六年）一八九頁。
4 「一六一八年度日本報告」前掲『十六・七世紀イエズス会日本報告集』第Ⅱ期第二巻、三三二頁。
5 『大日本古文書　島津家文書之六』二二九一号文書。
6 「一六一八年度日本報告」前掲書、三三三頁。
7 加藤榮一『幕藩制国家の形成と外国貿易』校倉書房、一九九八年。
8 松浦史料博物館所蔵文書。

9　岡田章雄『日欧交渉と南蛮貿易』岡田章雄著作集Ⅲ（思文閣出版、一九八三年）、二〇九頁。
10　前掲『十六・七世紀イエズス会日本報告集』第Ⅱ期第三巻、一七六頁。
11　「(一六二二年の）日本殉教報告」前掲『十六・七世紀イエズス会日本報告集』第Ⅱ期第三巻（同朋舎出版、一九九七年）、一七六頁。ホセ＝デルガード＝ガルシーア編（佐久間正・安藤弥生訳）『日本の聖ドミニコ――日本の聖母管区の歴史』（聖母の騎士社、一九九〇年）、二七六頁にも同様の記述がある。
12　前掲『日本の聖ドミニコ』二七八頁。
13　同右、二七九―二八〇頁。
14　前掲『十六・七世紀イエズス会日本報告集』第Ⅱ期第三巻、一七八頁。
15　同右、四―六頁。
16　同右、一七六頁。
17　同右、一八三頁。
18　同右、二一六頁。
19　同右、二一九頁。
20　同右、二〇九頁。

第二章　島原の乱と「立ち帰り」
――一揆とキリシタン信仰

神田　千里

はじめに――「立ち帰り」運動としての島原の乱

島原の乱（島原・天草一揆）は江戸時代初期に起こった大規模な民衆の蜂起として知られる。寛永一四年（一六三七）一〇月、九州の島原藩と唐津藩天草領の住民が広域にわたる村々を糾合して武装蜂起を行い、一時は、島原一揆は島原城を、天草一揆は富岡城を包囲するほどの勢力を示した。しかし共に藩の城を攻略するには至らず一二月、一揆は島原地域の古城原城に籠城する。当初江戸から派遣された幕府軍と九州大名の連合軍に頑強な抵抗を示したため、とうとう総勢一二万に及ぶ幕府軍・大名連合軍による包囲・兵粮攻めを受け、翌一五年二月末に原城は落城し、一揆方は大規模な殺戮を受けた。

この島原の乱は、藩の重税賦課、苛酷な年貢取立という苛政に抵抗した百姓一揆である、というのが通説である。寛永一四年一〇月の蜂起は史料上「キリシタン」の蜂起と記されているが、その推進力は藩の重税賦課など苛政であり、キリシタンの信仰は彼らの結束の紐帯となったに過ぎないとされてきた。

しかし単に百姓一揆とはいえないのは、一揆参加者に独特の宗教的行動がみられることである。島原藩・天草領の住民は、当時禁止・迫害されていたキリシタンに「立ち帰る」（信仰を取り戻す）と藩代官や檀那寺の僧侶

図１　天草四郎陣中旗。原城の戦いで一揆方が使用したと伝える（『天草・島原の乱』八代市立博物館未来の森ミュージアム編集・発行、2002年、22頁）

らの面前で宣言し、寺社を焼き、僧侶や「異教徒」（非キリシタン）の殺害を企図し実行に移した。蜂起に際して指導者に擁立された天草四郎（一六二三？―三八）を天人とする情宣がなされ、終末意識に囚われていた住民らに受け入れられていった（図1）。その行動の特異性、特に宗教上の不寛容さがひときわ目をひく。

もちろん藩が重税を課したのは事実である。周知のように当時は三年越しの飢饉であり、にもかかわらず年貢未納の住民を水責めにするような苛酷な年貢徴収が行われたことも史料から確認できる。だからこのことが住民の藩権力に対する反感を高めたことは間違いない。しかし単に藩へのこうした反感の高まりのみでは、上記の不寛容な宗教的行動が説明できないことも明白である。島原の乱には通常の百姓一揆にはみられない宗教的推進力が存在した。この点を最も明確に示すのは、蜂起にともなう住民たちの「立ち帰り」である。以下、こうした島原の乱の宗教的特質を考えていきたい。

宗教的情宣・布教と「立ち帰り」

島原の乱は天草大矢野村の千束島にいた五人の牢人が、天草上津浦にいた宣教師が追放される際遺したとされる予言を情宣したことから始まったとの証言がある（『山田右衛門作口書写』）。予言とは、寛永一四年頃に「天の使い」ともいうべき人が現れ、奇跡が起こり、天変地異が起こり、人々がキリシタンとなり、大火災に見舞われるであろうというもので、牢人らは天草四郎がまさしくこの「天の使い」だとして人々に帰依を促したという（同上）。証言者の山田右衛門作《えもさく》（生没年不詳）は一揆の副将ともされる中心人物であり、原城内から幕府方へ寝返ったことを一揆方に気づかれ、処刑されるところを、落城の時幕府方に身柄を確保された上、尋問に答えてこの証言を行った。最も信憑性の高いものということができる。

この点に対応するのは、住民たちの宗教運動、特に「立ち帰り」が頻発していることである。口之津の庄屋らは、近隣の住民が「尊い神」の来臨の噂で大勢行き来していると証言している（『野村氏島原陣覚書』）。島原藩有馬村では三吉・角内という二人の住民が天草領大矢野村の天草四郎から聖画を授けられ、布教を始めた（『佐野弥七左衛門覚書』）。この二人は藩に逮捕されたが、住民らの帰依はやまず、取り締まりに出向いた代官を殺害して蜂起したという（同上）。有馬村の新兵衛は「南蛮の取出し」（キリシタンの情宣者）となり、代官が新兵衛らを逮捕するとその晩村民が寺社を焼き払って蜂起しキリシタンになったという（『諫早有馬記録』）。

三会村の内佐野村の大庄屋と住民らは檀那寺の僧侶の前で「立ち帰り」を宣言した（『佐野弥七左衛門覚書』）。「立ち帰り」は天草でもみられ、島原地方でキリシタンの奇跡が起こったとの噂を聞いた大矢野村庄屋渡辺小左衛門は、住民らと共に栖本の代官石原太郎左衛門の前で「立ち帰り」を宣言したと自ら供述している（『新撰御家譜』『御家中文通之内抜書』）。後者の大矢野村民に至っては、自ら宣言した後、石原太郎左衛門にも改宗を迫ったという（『御家中文通之内抜書』）。こうした行為は、檀那寺や藩権力に単なる政治的対立を宣言する以上の意味、即ち目にみえない絶対者への忠誠の行為を窺わせるものである。

島原地域で起こった一揆は、村々に広がり、彼らは大挙して島原城に攻め寄せ、藩は島原城に籠城を余儀なくされることになる。籠城する藩方と一揆方が睨み合うという形で戦況が一段落したところで、島原の村々の一揆は、大将として天草四郎を擁立する際に以前棄教していたことを詫びている（『山田右衛門作口書写』）が、このことは蜂起した人々の多数を占める島原地域の一揆は、以前から信仰を堅持していたのではなく、一旦棄教していた「立ち帰り」キリシタンの一揆であったことを示すものである。この点からも「立ち帰り」が蜂起に際して重要な意味をもっていたことが窺える。

尤も総ての村々が「立ち帰」ったわけではない。一揆方を構成していたのは島原藩領の南目《みなんめ》とよばれる三会、島原、中木場《なかこば》、深江、布津《ふつ》、堂崎、有家《ありえ》、有馬、口之津、加津佐、串山、小浜、千々石《ちぢわ》などの村々であり、この内全村一揆となっていたのは深江、堂崎、有家、有馬、加津佐、串山である（『御家中文通之内抜書』）。これに対して北目の村々を中心に、安徳、東空閑《ひがしこが》、大野、湯江、多比良、土黒《ひじくろ》、西郷、伊古、伊福、三室等の村々は藩方についていたし（『野村氏島原陣覚書』）、山田、守山、野井、愛津の住民は代官と共に一揆と戦い（『島原一乱中前後日帳覚』『別当杢左衛門覚書』）、西古賀、日見《ひみ》、茂木も藩方として籠城している（『野村氏島原陣覚書』『勝茂公譜考補』）。こうした地域的偏差は、一揆の要因が当地域を等しく襲ったはずの飢饉や藩による重税とは別にあることを示しているのではないか。

終末意識と棄教への悔悟

キリシタンによる情宣と「立ち帰り」双方の因果関係を明らかにすることは難しい。仮に多くの「立ち帰り」運動が情宣によって触発されたものだとしても、「立ち帰り」運動に結びつく情宣の説得力は何に由来するのだろうか。注目すべきはこの地域に広まっていた終末意識である。熊本藩の命で島原の調査に出向いた道家七郎右衛門は次のように報告している。曰く、一揆のいうところでは現在の事態は人間わざで起こったことではなく、日本人の知るような事態でもない。天から火が降って来て総てを焼き払うであろうとのことである。こうした言説は前年から流布し、人々は麦の作付けもせず、やがて訪れる死を覚悟し、島原城を攻撃した一揆も、死のみを考えて一揆に参加したとのことである、と（『新撰御家譜』）。

人々を駆り立てたこうした終末意識は、蜂起に際して流布した「寿庵《じゅあん》廻文」に端的に表現されている。そこでは「天人が降臨したから異教徒はデウスから火の審判をうけるはずであり、誰でもキリシタンになって、天人天草四郎に召し出された我々のもとへ来る」べきこと、「キリシタンにならない者はデウスにより地獄に落される」ことが宣言されている（『岡山藩聞書』『耶蘇天誅記』）。

さらに道家七郎右衛門は次のように報告する。一揆は「四郎殿（即ち天草四郎）が説くには、近年キリシタンの葬礼をしないので死者たちが浮かばれず、天竺でも大変お怒りである、と。そこで人々は神の来臨を待ち、海の火や十字架の出現を拝んでいる」と言っている、と（『新撰御家譜』）。「近年キリシタンの葬礼をしない」即ち以前「転び」（棄教し）非キリシタンとなったことが終末的破局をもたらしているとの認識がみられる。言い換えれば、「立ち帰り」キリシタンらには、飢饉と重税という苛酷な現実とかつての棄教への悔悟とが重なりあって意識されていたといえよう。こうした危機意識と棄教への悔悟とが、鶴田倉造氏が指摘されるように「立ち帰り」へのバネとなったことは[1]容易に理解できよう。

確かに最初に天草四郎を「天の使い」として拝ませた牢人のような、密かに信仰を堅持していた少数者が、多数の「立ち帰り」を促す上で力があったことは間違いない。しかしそれだけで多数の蜂起を説明することはできないだろう。少数の信仰の達人以上に、飢饉・重税等から生まれた深い終末意識に囚われたあげく、一旦の棄教への悔悟をバネに多くの「転び」キリシタンが「立ち帰」って蜂起した点が島原の乱の極めて特異な点といってよく、この点が単なる百姓一揆に回収できない所以である。

但し蜂起といっても完全に非妥協的な反権力的行動をみることはできない。一揆蜂起は「立ち帰り」による宗教運動とみられると同時に訴訟ともみなされていた。鍋島家の国家老多久茂辰《たくしげとき》は、飢饉の下での厳格な年貢徴収という苛政の実態を幕府に訴訟すべく、幕府の検使を迎えるためにキリシタンに改宗し蜂起した、との噂を伝えている（『勝茂公譜考補』）。蜂起は訴訟のためのアピールという側面ももっていた、少なくともそう見なされていた。

図２　江東寺門前。島原城下に押寄せた一揆の放火にあったと伝える（筆者撮影）

幕府に徳政の実施を訴えるために蜂起した土一揆、将軍に訴訟するために軍勢を動員して将軍御所を包囲する「御所巻」などと同じく、一揆は訴訟を目的とした戦国期の武装蜂起の伝統に位置づけることができる。後に触れる原城籠城も、ともすれば想起されやすい、現実的駆け引きを度外視した殉教的反乱とみる通念とは異なっている。後述するように一揆の、少なくとも指導層は決して信仰のみによるデスパレートな行動には出なかった。

「異教」徒攻撃と千年王国運動

一揆の「立ち帰り」運動に関して注目されるのは、日本の在来信仰、即ち彼らによれば「異教徒《ぜんちょ》」に対する攻撃である（図２）。まず蜂起に際して寺社が破壊された。先ほど見た有馬村での蜂起は「南蛮の取出し」となった新兵衛の逮捕に抗議した住民が蜂起に際して寺社を焼き払っている。大矢野村ではキリシタンが一揆を起こし寺社に悉く放火した（『御家中文通之内抜書』）。また非キリシタンの殺害が企図された。三吉・角内が藩側に捕縛されたことをきっかけに蜂起した有馬村では触状を回して僧侶や神官を殺害せよと触れ、事実僧侶、神官、はては行きずりの旅人までが殺害されたという（『佐野弥七左衛門覚書』）。島原の水頭では一揆が僧侶の首を斬り、それを指物《さしもの》にして気勢をあげた（『松竹吉右衛門筆記』）。先ほどみた一揆の副将であった山田右衛門作自身、島原の代官に加え、僧侶や改宗しない者は残らず斬り殺して蜂起したと述べている（『山田右衛門作口書写』）。

さらに非キリシタンに改宗を迫った。御領《ごりょう》村では、村民がキリシタンではないとの理由で一揆から放火され、さらに一揆はキリシタンになれば仲間にするが、改宗しなければ殺害すると勧告したため、村民は改宗する旨回答したという（『御書奉書写言上扣』）。熊本藩領三角には天草の岩屋泊から庄屋を始め男女七三人が逃げてきて、真宗門徒であった彼らは大矢野村のキリシタンから改宗を強要され、承知しなかったところ殺害すると言われたため熊本藩を頼ったと述べた（『御家中文通之内抜書』）。また大矢野村の千束島の住民一八人も一向宗であったが、大矢野村の者たちが改宗しなければ殺害すると脅したのでやむなく改宗し「いませ」（画像）を授けられたという（『御家中文通之内抜書』）。

いずれも「立ち帰り」即ち信仰の回復が、「異教」徒への攻撃をともなうものであることを示唆するものである。天草四郎をキリシタンの棟梁に擁立することを決定した島原のキリシタンらは、前述のように天草四郎に以前棄教したことを詫び、四郎を大将とし、キリシタン宗門を擁護することを申し入れたところ、四郎は、自分に味方するなら、今後方々へ押し寄せ、改宗しない者は殺害し、キリシタン宗門を擁護するつもりであると述べたという（『山田右衛門作口書写』）。このキリシタン宗門の擁護とは「異教徒」との戦いに他ならず、「立ち帰り」は信仰回復宣言と共に「異教徒」との戦いをも意味していた。

島原・天草一揆のこうした点と関わって興味深いのは、一揆が深い終末意識に動かされ、最後の審判を想起させるような「火のゼイシヨ」「ズイゾ」（審判）の予感を表明していることである。先ほど触れた寿庵廻文がその典型であるが、有馬村での代官林兵左衛門《へいざえもん》殺害の際に佐志木作右衛門・山善左衛門の名で出された廻文も同様である。ここでは林兵左衛門が「デウス様へ御敵対」したため殺害したことを述べ、村々の代官と異教徒を残らず殺害すべきこと、日本国中の「ズイゾ」即ち審判が始まることを宣言している（『耶蘇天誅記』）。島原・天草一揆の千年王国運動としての側面を窺わせるものといえよう。

山田右衛門作の、前記のように乱の発端は上津浦から追放されることになった宣教師が残した終末の予言であったとの証言（『山田右衛門作口書写』）もこの点を裏付けるものである。天草須子村のキリシタンらが富岡城代三宅重利の時代は終わり、今は「デウスの御代」になったと述べたこと（『御家中文通之内抜書』）も同様である。

この点に関わって興味深いのは一揆のメンバーが信仰をもつ自らが不死身であると考えていることである。天草教良木・栖本へ出向き、熊本領三角に戻った博労《ばくろう》らの供述によれば、天草のキリシタンらは死を全く恐れず、縦《たと》い死んでも生き返ると公言していた（『御家中文通之内抜書』）。同じ博労の供述には、キリシタンの布教に出向くと公言し、栖本を通り抜けたキリシタンが、そのような行為は射殺に値するといって銃を向ける庄屋に対し、自分の体には鉄砲も矢も当たらないと言い放ってそのまま射殺されたとの報告がある（同上）。また原城に籠城した後、幕府軍の撃った鉄砲の弾が城中で囲碁を打っていた天草四郎の袖を打ち抜き、周囲にいた男女五、六人が射殺される事件があったが、この時多くの者が四郎さえ弾丸に当たった事実に衝撃をうけ落胆したという（『山田右衛門作口書写』）。四郎が不可侵との信仰の喪失は山田右衛門作に幕府への内応を決意させるものであった（同上）。

こうした不死身の確信はヨーロッパや、キリスト教に触れた非ヨーロッパ世界にみられる千年王国運動に共通する。大砲の弾丸を外套の袂で受け止めてみせると公言したトマス・ミュンツァー[2]、ミュンスター市を占拠した再洗礼派の一員で、ミュンスター司教の殺害を企てて逮捕されながら、処刑の直前まで不死身を信じていた女性[3]、一九世紀北米大陸で起ったゴースト・ダンス運動の中で着用され、着用した者は不死身であると信じられていたというゴースト・シャツ等々[4]。一神教に発するこれらの宗教運動のもつ排他性を島原・天草一揆も共有していたと考えることができよう。

天草における信仰と「異教」徒迫害

こうしてみると、当時の島原・天草地域の住民には最後の審判等キリスト教の教理が定着していたとみることができる。棄教していたか否かを問わず、終末の予言や悔悟による「立ち帰り」等の観念は彼らになじみ深いものだったと考えざるを得ない。もともと日本にはないこうした見方を定着させた要因は、宣教師による布教以外考えられない。「立ち帰り」や千年王国の観念はキリスト教宣教によりもたらされたといえよう。

キリスト教布教の行われた環境として注目されるのは、大名権力による保護の下で布教のなされたキリシタン大名の時代である。天草は天正一六（一五八八）年に小西行長が入部して以来、慶長五（一六〇〇）年関ヶ原の合戦で行長が滅びるまで、島原は一五八〇年の有馬晴信の改宗以後晴信が死を賜る慶長一七（一六一二）年まで、いわゆるキリシタン大名が支配していた。島原・天草住民にキリスト教の論理が定着したのがこの時代であることは容易に想定できる。そこでこの時代の宣教の実態をみてみたい。

まず天草では小西氏の入部により、上津浦氏を始め現地の支配層が、土地の主だった僧侶らも含めて悉く改宗し、盛大な洗礼式が行われたが、それが終わるや否や神仏の像が寺社もろとも破壊され焼かれた。即ち「デウスの霊験が」働きかけ、瞬く間に三、五〇〇人もが改宗したという（ルイス・フロイス一五九〇年度年報、『十六・七世紀イエズス会日本報告集』第Ⅰ期第一巻、以下『報告集』Ⅰ一と略記）。改宗は「異教徒」への攻撃をともなうものだった。このようにキリスト教が優位となった天草地域の栖本で、表向き改宗しながら、密かに「異教」を伝道していた一向宗の僧侶が領主に摘発され、斬首されてその「偽りの経本」と共に晒しものにされる事件もあった（同上）。「異教徒」を攻撃し、その撲滅を期するのが宣教師を擁護する大名らによって住民に提示された信仰の形だったのである。

こうした環境の中では信徒自らによる「異教」の摘発も行われた。「心の底から偶像崇拝への信心を一掃しきれない」人々も「聖なる兄弟会《コンフラリア》」に名を連ねたいがために「或る人々は山々の洞窟から、或る人々は自分の小さな室からおよそ二十体の仏像を持参して、自分の罪を認めて皆の面前で」火中に投じたという（ルイス・フロイス一五九六年度年報、『報告集』Ⅰ二）。入信してキリシタンの仲間になるためには「罪を認めて」仏像の焼却を実施する必要があった（図3）。またこうしてキリシタンになった者は、キリシタンの掟に違反すれば仲間のキリシタン

図3　首無し地蔵。島原の乱の際の、一揆の「偶像」破壊の痕跡と伝える（筆者撮影）

からの制裁を受けなければならなかった。金曜日には食肉を禁止するという掟に違反して足が不自由になってしまった男は村人から犯した罪を糾弾され、自宅に修験者を泊めた二江村のキリシタンは、山からの落石で瀕死の状態になったため、やはりキリシタンの民衆からその「罪」を非難された（同上）。

こうした状況の中で当然ながら在来信仰との軋轢が起こる。上津浦で「一向宗」を信じていた老婆が仏像を家に置き、信者を家に集めているのを見たキリシタンの同宿（教会の司祭の許で働く伝導士）が見咎めて老婆から仏像を取り上げた。これに抗議した信者たちが一二〇人ほどで同宿のいる家に押し掛けたが、同宿はひるむことなく、集まった者らに仏像を破壊した、と宣言した。この事件を聞き知った小西行長家臣のキリシタンは行長の奉行に告発し、処罰すると宣言したため、老婆は姿をくらまし、抗議した信者たちは、却って上津浦の司祭に詫びを入れに行き、司祭の奉行への歎願によって、老婆の家が焼却されただけで他の者の罪は許される結果となった。このため信者たちは「教会に復帰しきわめて従順になった」という（フェルナン・ゲレイロ「一五九九―一六〇一年、日本諸国記」『報告集』Ⅰ三）。

関ヶ原の合戦で小西行長が滅亡した後に大名として入部した寺沢氏も、天草地方のキリシタンに対してはある時は「迫害」に転じ、ある時は容認に傾くなど、その政策は一定していなかったため、キリシタンの信仰は存続していた。とはいえ徐々に取り締まりは強化され、一六一一年段階では、イエズス会は二つの司祭館しか構えることが許されていなかったという（ジョアン・ロドリーゲス・ジラン一六一一年度日本年報、『報告集』Ⅱ一）。しかし三日熱の流行の中で、聖水（洗礼に用いられる聖なる水）によって病気治療が行われるなどキリシタン信仰は依然力をもち、一旦棄教しながら重病を得たために再改宗した者もおり、熱心な伊勢信仰の徒であった父が不遇の死を遂げたためにキリシタンに改宗した者もいた（同上）。一六一三年には旱魃が天草地方を襲ったが、大矢野の住民は三日間の断食と十字架の前での苦行と祈禱を行った結果、他では降らなかった雨が大矢野にもたらされ、「非常の場合にはデウスにすがるという必須の信頼」が芽生えたという（セバスティアン・ヴィエイラ一六一三年度年報、『報告集』Ⅱ二）。

島原における信仰と異教徒迫害

小西行長統治下の天草で行われたキリシタン信仰は、「異教徒」即ち在来信仰の徒の迫害と、キリシタンによるキリスト教信仰への排他的統制とをともなうものであったが、事情は有馬晴信の島原でも同じであった。有馬晴信は、「過去において信仰を棄てた者総てが、あらためて説教を聞き、（キリシタンに）立ち帰るように命じた。そしてそのように行われた。また彼は異教徒たちには説教を聞くよう命じ、自発的にデウスの教えを理解しようとしない者は、たとえ領国の公益にとって有益な人材であっても、領内から追放すると命じた。もっとも説教を聴聞しさえすれば、容易に真理に目覚めたので、そのような羽目に陥る者はきわめて稀であった」とルイス・フロイスは述べている（『日本史』第二部第三五章）。

有馬領内の加津佐の海岸近くに岩殿《いわどの》と呼ばれる島（現岩戸島）があり、その頂上近くにある洞窟は、一種の礼拝堂となっており、祭壇には多くの仏像が安置されており、有馬領が異教徒の地であった時代には霊場として諸地方からの巡礼者を集めていたが、海に面した切り立った崖の狭い道、それも藪や叢林をくぐりぬけるような険しい危険な道を通らなければ行くことができないような場所であった（『日本史』第二部第三六章）。有馬領を追放された僧侶たちが、ここに仏像を隠していることを疑ったガスパル・コエリョやルイス・フロイスら宣教師たちは、教理修学中の少年らを動員してこの地を探索し、予想通り隠されていた仏像の多くを運び出し、唾を吐きかけて、薪として燃やし、運び出せない大きな仏像などは祠ごと放火して燃やした（同上）。寺社等宗教施設の破壊と「偶像」（仏像など礼拝対象）の焼却による異教の撲滅はそのまま宣教と信仰の行為だったのである。

有馬領内の三会村には改宗に反対し、改宗者には「きわめて冷たくあたった」僧侶が依然として存在し、在来の信仰を守っていた。たまたま死去したキリシタンを仲間のキリシタンらが三会村の墓地に埋葬したところ、件の僧侶は使いを送って、直ちに死者を埋葬地から掘り出さなければ、自分達で掘り出して犬に与えると抗議したという。キリシタンらは「何かやっかいなことが生じない」ために僧侶の言い分に従ったところ、この事件を知った有馬晴信は僧侶に死刑を宣告した（ルイス・フロイス一五九〇年度年報、『報告集』Ⅰ一）。僧侶らは「大いに震え上がり」宣教師らに詫びを入れて公教要理を聴聞して洗礼を授けられ、事件は落着したという（同上）。「福音の愛より発したこの聖なる火が異教徒の胸のなかに灯をともして、またたくまに千人を超す人々が当地で改宗することとなった」という（同上）。

こうしてキリシタンが「異教徒」を摘発し迫害するという有馬領国の体制は確立していったと考えられる。一人の僧侶が「詐欺を働くために」たくさんのお札を持って島原近郊を旅しているのを、教会の管理を仕事としていたキリシタンが見咎め、「詐欺まがいのお札」を配布するのは、誰の権威によって承認されているのか、「太閤様」（豊臣秀吉）の許可状を見せよ、もし見せられなければ、直ちに配布していた札を投棄せよと迫った（ペドゥロ・ゴーメス一五九七年書簡、『報告集』Ⅰ三）。僧侶はこの札を投棄すれば生活ができなくなると訴えたものの、キリシタンは有無を言わさず取り上げると直ちに火にくべたという（同上）。

以上小西行長の天草領、及び有馬晴信の島原領におけるキリシタン信仰のあり方をみてきたが、この両地域では信仰を堅持することと「異教」即ち日本の在来信仰を迫害し、撲滅することが同義だったことが分る。しかし小西行長と有馬晴信の支配が終わり、天草が寺沢氏の、島原が松倉氏の支配になると、こうした体制は一変した。もはやキリシタンの一方的な「異教徒」迫害はできなくなったどころか、逆に徐々にキリシタンの取り締まりは強化され、一六二〇年代後半から、今度はキリシタンの方が厳しい迫害を受けるようになった。

多くのキリシタンらはこうした情勢の中で「異教徒」への攻撃で信仰を示すどころか、自分だけでの信仰も維持できなくなって棄教していったと思われる。中には信仰を堅持した者もいたが、それでも公然たる「異教徒」への攻撃は不可能になった。このような状況下で、彼等が信仰を全うしていない、との危惧を抱き、唯一神デウスからの罰を受けることへの不安を抱いたとしても不思議ではないだろう。神の栄光を高めるどころか「異教」の隆盛を許していることに罪の意識を抱いたとしても何ら不思議はないように思われる。

このように考えれば、キリシタンへの「立ち帰り」が寺社の破壊、僧侶・神官への攻撃をともなっていたことは当然ともいえよう。これこそが正当な信仰に立ち戻るために不可欠の行為だったからである。一揆蜂起を指導した人々の中には年の頃五〇から六〇の武士・牢人らが目に付く。元有馬家家臣で「副将」の山田右衛門作は六〇歳、同じく元有馬家家臣で「軍奉行」とされた芦塚忠右衛門（ないし忠兵衛）が五六、七歳（『大河内家記録』）、蜂起の中心となった牢人たち四〇人は、五〇歳前後だったという（『肥前国島原切支丹一乱始終』）。彼らの少年期・青年期はちょうどキリシタン大名の黄金時代に当たる。「異教」の存在を許さないキリシタンの王国が、未だ記憶の中に生きていたのかもしれない。

籠城軍の戦略

原城籠城戦の指揮をとったのは、有馬家の旧家臣たちであり、戦争の何たるかを恐らく知り抜いていた武士たちであったことは想像に難くない。例えば一揆の大将格として知られる山田右衛門作と芦塚忠右衛門とはいずれも旧有馬家家臣とみられる。年が明けて寛永一五（一六三八）年原城の包囲陣に加わった有馬直純は、籠城の一揆方によびかけ、交渉の使者として家臣の田中刑部少輔ら三名を送りこむことを通知したが、「城中には刑部少輔を以前から知っているものも多いはず」と述べている（『有馬五郎左衛門筆記』）。この時使者に立つと一揆方から通知してきたのが山田と芦塚との二人であったが、実際には山田一人が交渉に当たった（同上）。こうした経緯から二人とも有馬家中ゆかりのものだったとみられる。また同じく一揆方の大将格の一人であった有馬掃部重正は有馬直純の叔父であった（『岡山藩聞書』）。さらに松倉家中の家臣上山源太夫、大膳の二人（『新撰御家譜』）、松倉勝家の陪臣松島半之丞もおり（『大河内家記録』）、れっきとした武士が指揮をとっていたことが知られる。

　こうした武士たちが、全員玉砕を覚悟した籠城戦を始めから考えていたとはとても思えない。服部英雄氏の指摘される通り、後巻（城を包囲する包囲軍を後から攻撃する味方）の存在を想定しない籠城戦は無意味であり、[5]事実籠城軍は凧を利用して外部と連絡をとりあっていたことが知られる（『綿考輯録』）。少なくとも何等かの現実的目算があって籠城したと考えるのが自然な見方ではないか。宗教・信仰に関わる行動とみるや、現実性を無視した行動を想定するのでは、合理的な仮説といえないのはもちろんである。

　こうしてみると一揆からの幾つかの働きかけがみられる。寛永一五年正月頃と想定される矢文には、「この蜂起を天下（将軍）に対する遺恨からのように思われるのは心外であり、松倉勝家の首さえ我々に見せていただければ城中は全員縛につき、死罪となっても本望である」（『壷井家文書』）とある。これは一揆方の指導者からのものか、矢文にあるように「一揆の者たちには内密に」一部の者が送ったのかは分からない。しかし「来月末になれば異国から大船団が加勢にやってくる」という、幕府軍への脅しも含まれているところをみると、一揆の指導者が内部の異分子になりすまして、妥協の条件を仄めかしたものと想定することもできよう。そこに「キリシタンになったのも苛政に耐えかねたからで、そうでなければ、何故日本の神に背き、異国の神に仕えたり致しましょうか」とある点は興味深い。

　正月になるとさらに一揆方から、我々の宗門を許すから成敗を受けよ、との命令があれば直ちに降参するとの提案が一揆方からなされた（『新撰御家譜』『御家中文通之内抜書』）。さらに正月一九日の日付をもつ矢文には、我々の籠城は将軍への恨みでも、藩主松倉勝家への恨みでもなく宗門に関する要求であること、現世のことに関しては将軍の下知《げち》に背くことはないが、後生の「一大事」（来世の救済）については天使の命に従うこと、「天下様」即ち将軍への謀叛に対しては、キリシタンは積極的にその討伐に参加すること、等が言明されている（『新撰御家譜』）。承認される見通しがあるか否かはともかく、一揆方からは降参の条件が提示されていることが知られる。

さらに正月二一日、一揆方から届いた矢文では城中の大将三人の成敗とひきかえに籠城者を助命されたいとの申し入れがなされていた（『肥前国有馬高求郡一揆籠城之刻日々記』）。幕府軍総帥の松平信綱がこれをつっぱねたところ、再度申入れがあり、男子のみ総て成敗を受けるかわりに妻子は助命されたいとのことであった。これに対しても幕府上使は、大勢の人数を殺害した以上、虫一匹救うことはできないと回答した（同上）。一揆の指導者にとって、幕府軍との駆け引きは重要な戦いの一部だったと考えられる。

むすびにかえて——戦争と信仰

籠城軍の指導者たちは玉砕などを考えているわけではなく、降参する落し所を探ってしばしば幕府軍に打診していた。戦さに練達した武士たちは、原城での籠城戦により、広域でキリシタンが蜂起するなどと夢想するほど非現実的ではなかったのである。この時代の武装蜂起とは、あくまでも訴訟の要素を含むものであり、引き際や落し所を求めることは当然であった。それが失敗した結果、容赦ない力のぶつかり合いとなったのである。一方幕府にとっては、日本の神仏を破壊するキリシタンとの妥協など論外であった。投降者の赦免を公言した幕府も、キリシタンに対しては極めて不寛容だったと言わざるをえない。

また来世の救いを求めて「立ち帰った」信者たちにも妥協の余地はなかった。キリシタン大名時代の宣教師の教えに忠実であろうとした彼らは、救いを求めて寺社を破壊し、僧侶・神官を殺害し、強制的な改宗に同意しない村民らに攻撃を加えたが、幕府も非キリシタン民衆も、この不寛容な宗教的態度を容認するはずはなかった。彼らにはむきだしの武力とぶつかる道しか残されていなかったのである。

キリシタンたちの信仰はあくまで救済を求める「純粋」なものだったし、幕府方に味方した非キリシタンの在来信仰へのそれも同様に想定される。宗教的不寛容がもたらした悲劇であるとの印象はぬぐいがたい。

註

1　鶴田倉造「天草島原の乱」（『本渡市史』第三章第四節、一九九一年）。
2　N・コーン（江河徹訳）『千年王国の追求』（紀伊國屋書店、一九七八年）。
3　ハインリヒ・グレシュベック著、C・A・コルネリウス編（倉塚平訳）『千年王国の惨劇』（平凡社、二〇〇二年）。
4　J・ムーニー（荒居義廣訳）『ゴースト・ダンス』（紀伊國屋書店、一九八九年）。
5　服部英雄「原城の戦いと島原・天草の乱を考え直す」（丸山雍成編『日本近世の地域社会論』文献出版、一九九八年）。

参考文献

林銑吉編『島原半島史』中巻（長崎県南高来郡教育会、一九五四年）。

松田毅一監訳『十六・七世紀イエズス会日本報告集』第Ⅰ期（同朋社出版、一九八七―八八年）、同第Ⅱ期（同朋舎出版、一九九〇―九七年）。

鶴田倉造編、松本寿三郎監修『原史料で綴る天草島原の乱』（本渡市、一九九四年）。

神田千里『島原の乱――キリシタン信仰と武装蜂起』（中央公論新社、二〇〇五年／講談社学術文庫、二〇一八年）。

第三章　「寛容」をめぐる政権と仏教勢力

上野　大輔

はじめに

本章では、近世前期の日本における政権と仏教勢力（特に禅宗）の動向を、宗教的な「寛容」と関連づけながら検討したい。その前提として、宗教的な「寛容」をどのような視角から問うことができるかを、少し確認しておこう[1]。

まず、この問題をめぐってはキリスト教が不可避的に想起されよう。キリスト教（とりわけプロテスタント）の「寛容」は多くの場合、明確な自他意識ないし他者感覚に支えられ、故に強い緊張を伴いつつ語られてきたようである。ここでの他者とは、端的には異教徒を指し、そうした人々との対立の一方で、共存や融和が模索されてきた。融和は決して生易しい問題ではなく、自己や信仰の否定となる「危険」性を孕んでいる。

対するに、明確な自他意識を欠いた精神的雑居性が依然として顕著な現代日本では、そうした雑居状態に適応し、柔軟にふるまうことが「寛容」の証となり、融和は無条件に肯定されやすいように思われる。その宗教的背景として、多神教とアニミズムが想定される。そして、このような「寛容」の生み出す排外性にも、目を向ける必要があろう。「色々な宗教があるが根は一緒のはず。皆で仲良くしよう」と志向する集団において、同化を拒否する者に対し攻撃が発生する。つまり、「寛容」であるが故に、そうでない他者を容認できないというパターンである。この知見は、日本史を検討する上でも手がかりとなろう。

かくして、明確な自他意識のもとで相容れない他者（異教徒）との共存・融和を模索する「寛容」と、希薄な自他意識のもとで雑居性を許容する態度としての「寛容」という、この両者の違いを押さえ、後者の生み出す排外性も念頭において、対象を捉える必要がある。本章では、キリスト教にとっての他者である日本近世前期の政権と仏教勢力に注目し、先行研究を踏まえつつ幾つかの事例を検討することで、責めを塞ぎたい。「政権は不寛容で仏教勢力は寛容」という、一部に見られるイメージが必ずしも妥当しないことも、明らかとなろう。

宗教的対立と政権

まずは政権の動向を中心に取り上げる。「政権は宗教を厳しく統制した」というイメージがあるが、果たしてどうであったか。以下では、宗教的対立への政権の対応に焦点を絞り、中世段階から話を進めたい。

ここで注目されるのは、中世の宗論に関する神田千里氏の研究である。[2] すなわち、宗論は然るべき俗的支配者の前で、その裁定により行われるのが通常の形態であった。また論争の結果、勝者は敗者の僧侶から袈裟を剝ぎ取るという実力行使も公認されており、宗論は自力救済の手段としての側面を有した。敗者の袈裟を奪うことは、降参の意思表示を強要する私刑であり、敗者は群衆からも攻撃を受けた。よって、宗論は裁判と自力救済の中間に位置するとみることができよう、とされる。

ところが、戦国時代には宗論が衰退する。神田氏によれば、その原因は、①宗論が信仰の追求と乖離したこと、②支配者による抑制がなされたこと等である。①の例として、蓮如の訴状「念仏行人申状」と御文（御文章）とがかけ離れていることに言及され、相手方の論理に乗らなければならない宗論が信仰の論理を展開するのに適さず、また伝道に際しては教理に暗い素人の説得がむしろ重要であったとされる。②の例としては、甲斐武田氏の『甲州法度之次第』や駿河今川氏の『今川仮名目録』の関連条項が挙げられる。

そして織田政権が裁定した天正七（一五七九）年の安土宗論が取り上げられ、宗論の前に信長が浄土宗と法華宗（日蓮宗）の和解を斡旋し、宗論回避の退路を提示したことを踏まえ、宗論に走りやすい法華宗を抑えようとした可能性が高いとされ、信長が弾圧の対象としたのは教団自体ではなく教団の宗論ではないかとされる。自力救済の抑制という歴史的潮流の中で宗論は抑圧されてゆき、その一つが信長による安土宗論の企画であったと見なされる。また、教団同士の争いを非とする考え方も浸透するが、一方で近世にも宗論が消滅していなかったことに注意がなされる。以上が神田氏の研究の概要である。

安土宗論について若干付言すると、織田政権は判者の僧侶を立て、浄土宗僧侶と法華宗僧侶の論争の勝敗を判定させるという形式をとっている。その結果として法華宗側が「負けた」とは言っても、それは僧侶が論争に負けたと判定されたに過ぎず、法華宗の教義の「誤り」が明らかにされたわけではない。織田政権は、教義の是非・優劣といった宗教的判断は行っておらず、その意味では宗論の当事者ではないと言える。

織田政権を引き継ぐ位置にある豊臣政権や徳川政権（江戸幕府）は、政治的に従属した諸宗を公認し、寺社領を与えると共に法度を制定した。一方で、キリシタンや日蓮宗不受不施派が禁圧されることとなる。但し、禁圧の過程で政権が宗教的判断を行い、それをキリシタンや仏教諸宗に認めさせたことは、先行研究では実証されていない。この点について補足しよう。

キリシタンと異教徒・寺社との衝突を受け、江戸幕府は慶長一七（一六一二）年以降、段階的にキリシタン禁制を推進した。宣教師の適応主義に基づく布教の一方で、キリシタン大名領国などにおける異教徒・寺社への攻撃も展開しており、最終的にはキリスト教を受容した牢人・百姓らの武装蜂起（島原の乱）がキリシタン禁制の決定打をなしたと言えよう。禁制の要とも言える、寺請などによる宗門改は、家綱政権の寛文期（一六六〇年代）にかけて全国的に確立した。キリシタン禁制は、政治的支配秩序維持の要請からなされており、それに伴い教義も問題化するとは言え、教義の内容に関する宗教的判断を根拠になされたものではなかろう。[3]

不受不施派の禁制はどうか。受不施派の身延久遠寺が不受不施派の池上本門寺を訴えたことに端を発する寛永七（一六三〇）年の身池《しんち》対論に際し、幕府では身延・池上の当事者同士の対論と三問三答の筆録提出を踏まえ、大御所秀忠・将軍家光のもと年寄中《としよりちゅう》と南光坊天海・以心崇伝らが検討を重ね、身延側の理運を決定した。その判決文においては、不受不施を「邪義」に聞《きこ》し召して日奥の遠島を命じた家康の裁きに違反して不受不施を申し出たことが処罰理由とされ、受不施・不受不施の教義内容の是非・優劣は論じられていない。[4]「家康の裁き」とは、豊臣政権の譲歩案をのまず京都東山大仏供養への出仕を拒んだ日奥が、慶長四（一五九九）年の大坂対論を経て、翌年遠島となったことを指す。「邪義」の語は政治的判断の意味合いが強いと考えられる。

その後、寛文印知（家綱による領知判物・朱印状の一斉発給）における寺領宛行を供養と見なすことなどを不受不施派が拒否すると、幕府は僧侶から信徒に至るまで同派の禁制を徹底した（寛文の惣滅）。[5]寺領宛行を供養と見なすようにとの不受不施派への働きかけは、受不施派の訴訟を受けたものだが、幕府においても寺領宛行は供養と関連し得るものであった。尤も、「慈悲」の語を加える立場（悲田派）が許容されたように、寺社奉行ら幕府役人は宗派の事情も考慮しており、教義内容に踏み込んだ支配を志向したわけではない。なお、ここで弾圧を免れた悲田派も、久遠寺の訴えにより元禄四（一六九一）年に禁制とされた。以上のように、宗派内対立と訴訟を受けて、幕府が対応していると言える。

ところで、小林准士氏は、近世後期の宗教紛争に対処する幕藩領主の方針として、次の（甲）〜（丁）を提示した。[6]

（甲）諸宗派内における本山の教学統制権の承認
（乙）教義をめぐる宗派間対立の論争を通じた解決
（丙）諸宗派間における他宗の誹謗、自讃毀他の禁止
（丁）俗人の「帰依（心）次第」

この内の（甲）は、諸宗の教説を幕藩領主ではなく、それぞれの本山が統制することを意味する。小林氏は一方で、最終的には幕府が宗意判定権を保持したとするが、それは実証されておらず、筆者（上野）は否定的である。次に、（乙）において論争するのは当事者同士であり、幕藩領主機構が一方の当事者となることはない。このように論争を認めつつ、（丙）では誹謗や自讃毀他を禁止している。ここで先述の中世の動向を念頭に置きつつ（乙）と（丙）を捉えると、（乙）は中世の宗論の裁判（論争）部分に対応し、（丙）は宗論禁止の系譜に位置づけられよう。宗論の自力救済（実力行使）部分も、近世には禁止された。（乙）と（丙）は、政権の抑制下で中世の宗論が脱暴力化した軌跡を示唆しているのではないか。こうした点を含め、右の諸方針の成立過程の究明が課題となろう。

右の諸方針からも分かるように、近世においては幕藩領主の公認諸宗に対する一定の宗教的中立性が実現した。これは近世の身分・職分編成に規定されたもので、幕藩領主（武士）の管掌する政治的範疇と諸宗（僧侶などの宗教者）の管掌する宗教的範疇の棲み分けがなされたものである。よって、「信教の自由」の保障と密接に関わる近代の政教分離とは、性格を異にしている。個人の自由や権利の問題ではなく、身分集団の特権の問題と言えよう。前掲の（丁）は、個人の自由や権利を保障したというよりは、政権・宗教者の不関与の方針を意味する。

兵農分離・石高制・鎖国などの仕組みを持つ独自の身分制社会として日本の近世は論じられてきたが、右のような世俗化もまた、この時代を特色づける要素の一つである。世俗化とは、ここでは世俗と宗教の分化を指し、宗教がなくなるという意味ではない。政治・経済・学問・芸術などの世俗の自立が進む一方で、宗教もまた独自の文化領域として自立化したのである。こうして見ると、近世において「政治が宗教を支配した」とは単純に言えないことになる。政権の支配を論じる際には、それが如何なる意味での支配であるかが、問われなければならない。

禅僧の排耶論

続いて、仏教勢力に議論の重心を移したい。まずは禅僧の排耶論を取り上げ、「寛容」の問題への接近を試みる。本来であればキリシタン側の論理も検討し、関連づけなければならないが、本章ではこれを割愛し、禅宗側に即して論述するにとどまることを、予め断っておきたい。

戦国時代にキリスト教宣教師と禅僧の論争が繰り広げられ、宣教師にとって禅僧は手ごわい相手であったことが知られている。当該期に仏僧の著した排耶書は残っていないため、宣教師（イエズス会）側の史料をもとに論争内容の究明が試みられている。例えば、ルイス・フロイスが天正一三（一五八五）年に著した『日欧文化比較』には、「われわれは来世の栄光と劫罰、霊魂の不滅を信じている。禅宗Jenxusの坊主らはこれをすべて否定し、生まれることと死ぬこと以外は何もないとしている」という印象的な記述がある。[7] この禅宗の思想については、追って明らかとなろう。

下って一七世紀に入ると、ようやく日本の仏僧の排耶書が確認できるようになる。この排耶書に基づく最近の研究成果に西村玲氏のものがあり、禅僧のキリスト教批判が東アジア史的な視野で論じられている。[8] その要点を辿ってみよう。

明末の禅僧である密雲円悟《みつうんえんご》と費隠通容《ひいんつうよう》は、キリスト教の天主に対して「虚空の大道」を提示した。費隠通容は密雲円悟の弟子で、隠元隆琦の師に当たる。キリスト教の天主が被造物たる自己の外部に存在する創造主・絶対者であるのに対し、虚空の大道は世界万象を包んで内在し、個人の悟りによっても体験し得る真理であり、全てを包み、全てに貫徹し、自己にも宿るものである。虚空はものを妨げることも妨げられることもないため、永遠不変の真理に最も近いとされ、普遍性の象徴とされた。こうして明末の禅僧は存在論的な争いを繰り広げたが、日本では救済論として争われたという。

まず、以心崇伝は慶長一八（一六一三）年に「伴天連追放之文」を著して徳川秀忠に献上し、日本一国の正義と平和が神道・仏教・儒教の三教に拠ることを論じた。一方、臨済宗妙心寺派の僧侶である雪窓宗崔（図1）は正保四（一六四七）年、長崎でキリシタン排撃の説法・授戒を二三日間にわたって行い、現世の行為を改めることで後生の助けとした。その取り組みは『興福寺筆記』として記録された（興福寺は長崎の寺院）。また、彼は翌年に排耶書『対治邪執論』を著した。同書ではキリスト教が仏法の剽窃（梵天をデウスに改めた）とされると共に、費隠通容『原道闢邪説』（一六三六）をもとに絶対的真理としての虚空の大道を示して、自己の外部に位置づけられるキリスト教の神が批判される。このように日本の禅僧が明末仏教を用いてキリスト教を排撃しており、日中両国の禅僧は唯一神に対して大道の論理を用いたのである。

図１　雪窓宗崔像（多福寺（大分県臼杵市）所蔵。山田満穂氏撮影。九州国立博物館より写真提供）

西村氏は以上のように論じた上で、「宗教思想史から見れば、唯一神を掲げるキリスト教は、大道によってゆるやかに包括される東アジアの宗教を認めることができず、仏教や儒教などの多数からなる人々の生活を否定することになったために、十八世紀初頭までに日中両国で厳禁されるに至ったと言えよう[9]」と記している。但し、ここでは氏自身も論及した適応主義が踏まえられていない。むしろキリスト教が政権や禅僧から引用部のような存在として排撃されたという問題であろう。日本と中国（清朝）のキリシタン禁制の差異にも要注意である。また、虚空の大道と授戒との論理的関係が分かりにくいように思われる。前者は究極的原理で、後者は（因果説に立脚した）行動規範（の授与）と言えようが、前者を悟る手段が後者なのか、それとも使い分けか。

ところで、雪窓宗崔の著作において究極的原理は「大道」とされるだけでなく、「心」や「仏」としても語られる。むしろ「心」や「仏」のほうが、近世日本において大きな影響力を持った用語であろう。この点と関わり大桑斉氏は、西村氏よりも詳細な検討を行っているので補足しておきたい。[10]

『興福寺筆記』では、キリスト教の①専修性、②来世往生性、③仏（絶対真理）の外在性、④偽〔ママ〕似仏法性、⑤徒党性・侵略性が批判されている。この内の③は、キリスト教が「三界唯心ノ理」を会得せず自己の外部に絶対者を立てるということである（「三界」とは、欲望の世界である欲界、欲望を離れた物質の世界である色界《しき》、欲望と物質を超えた世界である無色界の、三つの世界を指す）。また、①〜③・⑤（徒党性）と関わって、念仏・法華も同類として批判される。浄土宗と法華宗の誹謗合戦も批判の対象となる。そして三界唯一心の原理に基づき「一経ニ依ラズ、諸法ヲ捨テズ」という立場をとる禅宗が最上の法とされる。

一方、『対治邪執論』ではキリシタンの神祇批判が登場する。同書では神国日本が強く意識され、神敵としてのキリシタンが想定される。一方で先の念仏・法華批判は削除され（キリシタンによる念仏・法華批判への言及はある）、排耶に収斂している。

以上の大桑氏の整理を踏まえ、筆者なりにコメントを付け加えたい。氏も論及するように『興福寺筆記』や『対治邪執論』では「三界唯一心、心外無別法、心仏及衆生、是三無差別」（『華厳経』）をはじめとする経文を踏まえ、いわば「心」の哲学（「心」を中心とする世界観ないし人生観）に立ってキリスト教の神の外在性が批判されている。「心」は、現代医学が対象とする脳神経やその働きとは勿論同一でなく、世界に貫徹し自己にも内在する究極的原理として語られる場合がある。自己にも宿る「心」が仏であると知ること（見性《けんしょう》）が重視され、自己の外部に地獄や極楽はないという議論にもなる。先のルイス・フロイス『日欧文化比較』の記述ともつながってこよう。更に、以心崇伝「伴天連追放之文」において、「々〔神〕非求于他、人々具足、个々円成」（神は他に求むるものにあらず、人々具足し、箇々円成す）とした上で「神与仏其名異而其趣一者」（神と仏とその名異なりてその趣一《おもむき》なるは）とされている点[11]とも関連してこよう。禅僧がキリスト教の神の外在性を批判し、独自の神仏観に立ってコスモロジカルな論争を繰り広げたことが窺える。

また、大道（「心」）があらゆるものを包含し貫徹するのであれば、キリスト教をも包含し貫徹するはずだが、そうはならず、外部の他者としてキリスト教が位置づけられた。絶対性を追求したつもりが、自他関係が形成され、自己が相対化されている。禅宗は一つの経典だけに依拠するのではなく諸法を捨てないとは言っても、キリスト教も捨てないということにはならず、キリスト教は一経に帰依して諸法を捨てるものとして否認される。以上のような排耶論は、多神教的・アニミズム的な世界観に立脚した排外主義の事例としても、興味深いものがある。対立を重ねる浄土宗と法華宗のいわば不寛容な姿勢を批判する禅僧自身も、対立の当事者となり得たと言える。

このように、他者を排除する論理のバリエーションに注意を払う必要がある。加えて、政治的背景も看過できない。すなわち、幕藩領主のキリシタン禁制を受けて、積極的に排耶論を展開し自らの有用性をアピールする動きが出てくるのであろう。[12]例えば禅僧の鈴木正三は、島原の乱後に天草代官となった実弟の鈴木重成を援け、同地で教化に当たると共に寺院を建立した。また、正三の著『破吉利支丹』では、先述の見性を重視する立場からキリスト教に対して多角的な批判がなされており、キリシタン禁制が全国的に徹底された寛文二（一六六二）年に刊行されている。[13]排耶論の思想性（宗教性）のみならず政治性を物語るものである。従って場面が変われば、排耶論の思想は全く異なる議論ともなり得る。こうした問題も念頭に置き、以下では近世前期の民間社会における禅心学（禅宗系の「心」の哲学）のゆくえを幾らか追ってみたい。

禅心学のゆくえ

『興福寺筆記』における浄土宗と法華宗への批判も示唆するように、禅宗の立場から宗論が批判され、諸宗の共存が説かれることもあった。例えば、寛永期頃の成立と推定される『夫婦宗論物語』は、禅宗の立場からの諸宗平和共存論と言える内容を持つ。対立関係にある夫の浄土宗も妻の法華宗も、いずれも仏法として、ありのままが肯定される。そして我偏を和らげ、「心々」の仏道修行をするという結末である。[14]

尤も、このような思想が浄土宗僧侶のものとして語られることもある。三浦浄心の随筆『慶長見聞集』に収録された「真言浄土法論の事」では、増上寺住持の源誉存応が「しんらまんぞう《森羅万象》山河大地弥陀にあらずと云事なし。かくのごときんば自他の勝劣も有べからず。自心他心一枚にして凡聖不二也。何をか求め何をか捨ん（中略）双方無用の諍論也」（抜粋）と説き、真言宗と浄土宗の宗論が収束している。[15]

右の事例からは、「心」や「仏」によって自他を統合する立場からの平和共存論が窺える。但し、ここでも平和共存の主張と表裏一体の関係で、対立し合う不寛容な他者が排除されていよう。思想の一様でない側面・可能性を捉えることが求められる。全てを統合しようとする、或いは共存させようとする思想の、隠れた攻撃性である。

それでは、このような思想の一典型である禅心学が、近世の日本人の生き方とどう関わったのか。最後に、武蔵国川越の商人である榎本弥左衛門（図2）の生涯の一端に触れつつ、この問題を考えてみたい。[16] 彼は万治三（一六六〇）年正月頃までの記事からなる「万之覚」と、延宝八（一六八〇）年初春に成った「三子ゟ之覚」（追記あり）を残している。[17] これらを史料として用いたい。

寛永一八（一六四一）年、一七歳（数え年。以下同）の彼はいよいよ江戸へ詰め商いに情（精）を入れて稼いだところ、父母は満足し、父（三代目弥左衛門）が、倅は親に孝行で商に情（精）を入れて稼いでいるので、家屋敷・諸道具・田畠・下人は残らず倅に譲る、と記して弥左衛門に見せた。そのため、一層商いや所帯にも情（精）を入れて稼いだとある。そして次第に金子が増えたので、いよいよ父母の機嫌もよくなったようである。これも父の分別がよく、上述の書置を弥左衛門に見せたため忝く思い、一層商い万事に情（精）を出して「大切」に務めたので「仕合せ」がよくなったのだと彼は記し、何よりも自分の「心だて」をよくしようと思ったとしている（三二頁）。

寛永一九・二〇（一六四二・四三）年は大飢饉であった。この時、千住街道ばたの張り付け場に、幕府がキリシタンを四、五人逆さまに吊るし、弾左衛門（穢多頭）に番を命じた。頭へ血が下がり、胴体の太さになったとある。同二〇年に弥左衛門は「人をかろしめ申候義やミ申候」（人を軽んじなくなった）としているが、この「人」の中にキリシタンが含まれるかどうかは不明である（三六頁）。

図2　榎本弥左衛門像（榎本隆一氏所蔵。川越市立博物館より写真提供）

寛永二一（一六四四）年、二〇歳の時に弥左衛門は元服した。この年より思案が生まれたとある。只今より二〇年、商いに情（精）を入れて稼げば、身上を仕上げることができよう、やがて女房を置くので、子を持ち四〇歳を過ぎたら楽をもしようと、この時「心」に思ったと記している（三七頁）。

翌年の記事だが、これまで歴々の話を聞いて「心」の内で詮議したものの合点がいかず、落ち着かなかったところ、『可笑記』（仮名教訓書）を読んで「心」が落ち着いたとある（四二頁）。

その後、弥左衛門は家族の不和に直面する。すなわち慶安二（一六四九）年、前年からの彼の病気（腸満）に加え、弟の五郎兵衛がますます母に讒言《ざんげん》したため、母の機嫌のよいことがなかったという。その上、父にも母が悪く取り成したので、金言を申しても取り上げられなかった。このように母から気に入られなかったので、六月に伊勢神宮へ参詣し、私を両親に孝行できるようにして下さい、もし叶わなければ私の命をお取り下さい、と立願したとある。この他の諸神諸仏へ参詣した際も、親孝行の成就を祈ったようである（四四―四五頁）。

彼は慶安三（一六五〇）年にも伊勢参宮し、孝行を願っている。母へ讒言した弟と横山次右衛門の両人を殺そうと思ったが、天道を恐れ、堪忍したとある。同五年にはまた伊勢参宮して孝行を立願し、次いで善光寺へ参詣した後、草津（上野国吾妻郡）で湯治した。この年から両親の機嫌もよくなり、また前年からの腹七分の食事制限を受け病状も回復したという（四六―四七頁）。

同時期の出来事だが、慶安三（一六五〇）年一一月一四日、川越高沢町にある水村善右衛門家の井戸の底で、坊主が大勢寄り合い、経を読むような声が一日中したようである。そして翌日に法華宗の行伝寺へ浄土宗の蓮馨寺の所化衆が押し入った。行伝寺の住持が念仏は無間地獄に堕ちるという談義を説いたためである。そこで、領主（川越藩主）の松平信綱より奉行に任じられた長谷川源右衛門が来て様々に対処し、所化衆は帰った。この時、雪が降った。弥左衛門は「大なるはぢ也」（大恥である）と記している。行伝寺の住持は姿をくらましたようである（一七八―一七九頁）。

下って延宝八（一六八〇）年、弥左衛門が五六歳の時の記事だが、二〇歳より我が身を省みないことはなかったが、愚かな生まれつきで「真実之道理」を知らないので、理に背き、「心」が落ち着かない状態であるという（六九頁）。

そして天和三（一六八三）年一〇月二九日の記事として、次のようにある。私は愚鈍なので学問をせず、いろはで用事を達しているため、うわべだけの理屈で「真実之道理」を知らないので、「心」が落ち着くことはない。

四書（『大学』『中庸』『論語』『孟子』）の素読をして、機会を得て講釈を承ろうと思ったけれども、返り点が多くて本文が頭に入らず、終に読めるようにはならなかった。大唐（中国）のようにまっすぐ読むのであれば、読むことができるものをと言って、一生迷い暮らしている。これも商売に片時も暇がないからである、と。また同日のものだが、臨済宗の僧侶である善恵和尚の『発密録《ほっひろく》』五常の巻に、地獄・極楽は他所にはない、その身その身の「心」の内にある、悪念が起こる時は地獄、善心が出てくる時は極楽に疑いないと講釈されている、と書き留められている（一一四―一一五頁）。『発密録』は臨済宗の仮名法語類であろう。

更に、翌年の記事だが、「気」に「心」が悪くひかれれば地獄である、また「心」のほうから「気」をよく使えば極楽と思っているとあり（一一七頁）、『発密録』の心学を弥左衛門が受容していることを確認できる。彼にとって「心」の拠り所、少なくともその一部となったのではないか。こうして禅心学とも出会い、生涯を全うした彼の墓は、菩提寺である曹洞宗の広済寺に残されている。

むすび

本章では、政権と仏教勢力の動向を、宗教的な「寛容」と関連づけながら検討してきた。明確な自他意識のもとで相容れない他者との共存・融和を模索する「寛容」と、希薄な自他意識のもとで雑居性を許容する「寛容」との違いを押さえ、後者の生み出す排外性を念頭に置くことで、本章の対象事例についても幾らか考察が深められたのではないか。

宗教的対立への政権の対応を確認すると、教義の是非・優劣に関する宗教的判断は行われておらず、幕藩領主の公認諸宗に対する一定の宗教的中立性が実現することとなった。これは、近世の身分・職分編成に規定された世俗化として把握できる。勿論、この世俗化は完全なものではなく、世俗と宗教のはざまを掘り下げる余地がある。

幕藩領主のキリシタン禁制を受けて展開された禅僧（雪窓宗崔）の排耶論からは、明末排耶論で提示された「虚空の大道」が検出されている。「虚空の大道」は全てを包んで貫徹し、自己にも宿る究極的原理であるが、このような原理は「心」や「仏」としても語られる。そして、これに立脚してキリスト教の神の外在性が批判された。無限の包容力と貫徹力を持つ原理を掲げつつも、キリスト教は外部の他者として位置づけられ、排除されたのである。

排耶論以外の局面に目を向けると、「心」や「仏」によって自他を統合する平和共存論が見出される。但し、ここでも平和共存の主張と表裏一体の関係で、対立し合う不寛容な他者が排除されている。全てを統合しようとする、或いは共存させようとする思想の、隠れた攻撃性である。

こうした思想と近世の日本人の生き方との関係を問うべく、最後に榎本弥左衛門を取り上げた。彼は禁圧されるキリシタンを横目に、神仏への信仰にも支えられて家の継承者としての通俗道徳的な自己形成を遂げ、浄土宗と法華宗の対立を批判的に捉え、「心」の拠り所となり得る禅心学と出会うに至った。通俗道徳の実践を重ねて年老いる中で、置き去りとなりがちな「真実之道理」という課題を埋め合わせ「心」の安定を支えるものとして、禅心学が機能したのである。

註

1　本章では、丸山真男『日本の思想』（岩波新書、一九六一年）、一四―一五、六三―六六頁にも学んでいる。
2　神田千里「中世の宗論」（『戦国時代の自力と秩序』吉川弘文館、二〇一三年。初出二〇〇三年）。
3　神田千里『宗教で読む戦国時代』（講談社選書メチエ、二〇一〇年）、岡美穂子「キリシタンと統一政権」（『岩波講座　日本歴史』第一〇巻・近世一、岩波書店、二〇一四年）他。

4 宮崎英修『不受不施派の源流と展開』（平楽寺書店、一九六九年）、第四章第三節・第七章第二節。
5 当該期の動向については、宮崎英修『禁制不受不施派の研究』（平楽寺書店、一九五九年）、第一部第三章第三・四節等を参照。
6 小林准士「宗旨をめぐる政教関係と僧俗の身分的分離原則」（『日本史研究』六四二、二〇一六年）。
7 ルイス・フロイス『ヨーロッパ文化と日本文化』（岡田章雄訳注、岩波文庫、一九九一年）、七五頁。
8 西村玲氏の論文は次の通りである。①「虚空と天主――中国・明末仏教のキリスト教批判」（『近世仏教論』法藏館、二〇一八年。初出二〇一〇年）、②「近世仏教におけるキリシタン批判――雪窓宗崔を中心に」（同前書。初出二〇一一年）、③「東アジア仏教のキリスト教批判――明末仏教から江戸仏教へ」（同前書。初出二〇一二年）。上記の論文①と論文②の主張を合わせて、論文③がまとめられている。論文間で細かな言葉遣いの違いもあるが、主旨は同様である。
9 西村論文③一四三頁。
10 大桑斉「『興福寺筆記』と『対治邪執論』」（同編『史料研究　雪窓宗崔――禅と国家とキリシタン』同朋舎出版、一九八四年）。
11 原文は異国日記刊行会編『影印本異国日記――金地院崇伝外交文書集成』（東京美術、一九八九年）、三三頁、読み下しは『日本思想大系25　キリシタン書・排耶書』（岩波書店、一九七〇年）、四二〇頁を参照。
12 この点と関わる先行研究として、村井早苗「幕藩制成立期における排耶活動」（『幕藩制成立とキリシタン禁制』文献出版、一九八七年。初出一九七七年）を挙げておきたい。
13 前掲『日本思想大系25　キリシタン書・排耶書』四五〇―四五七、六三九頁他。
14 「大婦宗論物語」（『日本古典文学大系90　仮名法語集』岩波書店、一九六五年）。
15 『慶長見聞集』（中丸和伯校注、新人物往来社、一九六九年）六三―七〇頁。
16 以下の論述は、拙稿「近世前期における通俗道徳と禅心学」（『日本史研究』六六三、二〇一七年）と重なる部分がある。
17 『榎本弥左衛門覚書――近世初期商人の記録』（大野瑞男校注、平凡社、二〇〇一年）。なお、本稿では原本の写真帳である埼玉県立文書館所蔵『榎本弥左衛門覚書』（C3561）を用い、大野校注本の頁数を注記する。史料中では牛之助→八郎兵衛→弥左衛門（四代目）と改名しているが、便宜的に弥左衛門で統一する。

＊写真の掲載に当たり、関泰典氏（多福寺）・榎本隆一氏・九州国立博物館・川越市立博物館に御高配を賜った。記して謝意を表したい。なお、本稿は、ＪＳＰＳ科研費（15K16830）ならびに慶應義塾学事振興資金（二〇一六―一八年度）の助成を受けたものである。

第四章　ルイス・フロイスの見た一六世紀の京都

杉森　哲也

はじめに

ルイス・フロイス（一五三二―九七）は、ポルトガル人のイエズス会司祭である。一五六三（永禄六）年に来日して以来、三〇年以上も日本に滞在し、イエズス会の報告書や書簡、そして日本の布教史である『日本史』を執筆したことで知られている。特に『日本史』は、松田毅一氏と川崎桃太氏が膨大な全編を日本語に翻訳・刊行したことにより[1]、一六世紀後期の日本史の重要史料として高く評価され、多くの研究で利用されている。

フロイスは、三〇年以上におよぶ日本での生活を主として豊後・長崎など九州で過ごしたが、首都である京都[2]にも三回滞在している。フロイスが実際に見た一六世紀の京都に関する記述は、キリシタン史研究のみならず、都市史研究においても重要史料として評価できる。特に細部にわたる観察と詳細な記述は、同時代の日本の史料にはない貴重な情報を提供しているからである。

本章では、フロイスの滞在に至るまでのイエズス会の京都における布教史を概観するとともに、一五七六（天正四）年八月に献堂式を行った教会の建設について取り上げる。イエズス会は、日本で布教を行うためには首都である京都に本格的な教会が必要であると認識していたが、京都は仏教諸派の本山が集中する仏都でもあり、教会の建設には多くの困難を伴った。そこで本章では、京都における教会の建設をめぐる諸問題を通して、「寛容」と「不寛容」という本書のテーマについて考えてみることとしたい。

ザビエルの京都訪問

フランシスコ・ザビエル[3]（一五〇六―五二）は、一五四九（天文一八）年八月一五日、薩摩国鹿児島に到着した。マラッカで日本人アンジローと出会って以来、ヨーロッパ人にとって未知の地である日本での布教を決意し、日本を目指したのである。ザビエルにとっては、念願の日本訪問であった。

ザビエルは、一五五一（天文二〇）年一一月一五日に豊後国沖ノ浜からインドに向けて出帆するまで、二年三ヵ月間日本に滞在し、九州各地と周防国山口で布教活動を行っている。ここで注目すべきは、ザビエルは日本滞在中に京都を訪問していることである。来日から一年五ヵ月後の一五五一年一月、わずか一一日間であったが、京都に滞在している。次の史料は、一五五二年一月二九日付、インドのコーチン発信、ヨーロッパのイエズス会員宛のザビエル書簡の一節である。

私たちはミヤコに到着し、数日間滞在しました。私たちは神の教えを日本において説教する許可を願い出るために、国王とお話できるように努力しました。〔しかし〕国王とお話することはできませんでした。その後、人びとが国王に従っていないという事情が分かりましたので、日本で説教する許可を願うことに固執するのはあきらめました。

私たちはミヤコの地が神の教えを説くために適した状態であるかどうかを見極めようとしました。〔当時〕あちこちで戦争が起こりかけていて、〔宣教をする〕状態ではないと分かりました。このミヤコは昔はたいへん大きな町でしたが、今は戦争のために破壊し尽くされています。昔は一八万戸の家があったと言われていますが、〔荒廃している〕場所が非常に大きいことから見て、それはほんとうだと思います。今はひどく破壊され、焦土と化していますが、まだ一〇万戸以上の家があるでしょう。[4]

この史料は、ザビエルが日本を離れ、インドのコーチンに到着した直後に記したものである。京都訪問からちょうど一年後の時点で、ザビエル自身が直接、京都訪問について記した貴重な史料である。京都訪問の最も主要な目的は、日本の国王に日本における布教許可を得ることであった。日本の国王とは天皇を示していると考えられ、室町幕府将軍については言及していない。当時の天皇は後奈良《ごなら》天皇、将軍は第一三代・足利義輝《あしかがよしてる》であった。しかし、ザビエルは天皇との面会を果たすことができず、布教許可を得ることは断念している。また町並みの荒廃した状況を見て、布教が困難であると判断し、わずか一一日間で京都を退去しているのである。当時の京都の状況については、戦争のために破壊し尽くされていると述べ、昔は一八万戸、現在は一〇万戸以上の家があると具体的な戸数を記している。これは天文五（一五三六）年の天文法華《てんぶんほっけ》の乱《らん》によって町並みの大部分を焼失した後、復興途上の京都の様子を記していると考えられる。また当時の政治状況として、室町幕府管領《かんれい》・細川晴元《ほそかわはるもと》と戦国大名・三好長慶《みよしながよし》との対立が深刻化し、京都とその周辺に戦乱が迫りつつあり緊迫化していた。この記載は、①ザビエルが自分の目で見た京都の様子を記したものであること、②ヨーロッパ人が初めて京都を訪問した際の史料であること、という意義を有していると評価することができる。

ザビエルは、一四九二年の来日当初から、京都訪問を計画していたと考えられる。一五四九年一一月五日付、鹿児島発信、マラッカのドン・ペドロ・ダ・シルヴァ宛のザビエル書簡では、「季節風が吹かないために、日本の国王や大諸侯たちがいるミヤコへ行くことができません。今から五ヵ月後にはミヤコへ行くための季節風が吹きはじめますので、主なる神のお助けによって、順風に乗り、旅路を歩みましょう。」「二年もたたないうちに聖母の教会をミヤコに建てたという便りを閣下に書くことができると、私はかたく信じています。それは日本へ来る人たちが海上の暴風雨のさなかにミヤコの聖母に寄りすがることができるようにするためです。」と記しており、[5] 京都を訪問して、教会を建設し布教を進めることに期待を寄せていることがわかる。しかし、実際に訪問した京都は、天皇から布教許可を得られる見込みもない上、戦乱で荒廃しており、当面の布教を断念したことがわかる。当時のイエズス会は未知の地である京都で布教を開始する十分な準備は整っておらず、また京都も新しい宗教であるキリスト教を受容する環境にはなかったのである。ザビエルの京都撤退は、現実の情勢を客観的に見極めた、妥当な判断であったといえよう。

ザビエルの京都訪問から八年後の一五五九（永禄二）年一一月、ガスパル・ヴィレラが京都に入った。イエズス会の京都での本格的な布教活動は、このヴィレラによって開始されることになる。ヴィレラは入京直後に将軍・足利義輝に謁見することに成功し、京都での居住許可を得た。ただし住居の取得は困難を極め、京都各地を転々とした後、ようやく下京《しもぎょう》・姥柳町《うばやなぎちょう》に土地と家屋を買得することに成功している。[6] ここにはヴィレラらイエズス会関係者の住居と小聖堂が設けられ、後に本格的な教会が建設されることになる。

フロイスの京都滞在

ルイス・フロイス（図1）は、三〇数年間の日本滞在を、主として九州と畿内で過ごしている。表1「イエズス会の京都関係年表」は、フロイスの動向を中心にまとめたものである。

フロイスが京都に滞在したのは、次の三回である。(1) 一五六五（永禄八）年二月一日から同年八月一日までの六ヵ月間の居住、(2) 一五六九（永禄一二）年三月二八日から一五七六（天正四）年一二月三一日までの七年九ヵ月間の居住、(3) 一五八一（天正九）年三月二六日から同年八月までの訪問である。これら三回の滞在について、順番に見てゆこう。

まず (1) は、初めての京都訪問であり、かつ京都居住である。フロイスは、一五六三（永禄六）年七月の来日から一年七ヵ月後の一五六五年二月に、京都に入っている。それまでは上陸した肥前国横瀬浦《よこせうら》と平戸近くの度島《たくしま》に滞在していたため、この時初めて日本の首都の光景を目にしたことになる。フロイスは早速、京都見物に出かけており、三十三間堂・東福寺・清水寺・祇園社・公方邸《くぼうてい》・知恩寺・細川邸・大徳寺・引接寺《いんじょうじ》・金閣寺・知恩院・東寺などの名所を精力的に回り、その様子を詳細かつ生き生きと記録している。[7]一方、この時期は日本の政治情勢が緊迫化しており、六月一七日（邦暦五月一九日）には永禄《えいろく》の変《へん》により足利義輝が殺害される。そして京都の治安は急激に悪化するとともに、七月二九日（邦暦七月三日）にはバテレン追放の勅書が出されるのである。このためフロイスは即刻、京都からの退去を余儀なくされ、姥柳町の住居と小聖堂も接収されている。こうしてフロイスの一回目の京都居住は、わずか六ヵ月で終わったのである。

次に(2)は、二度目の京都居住である。フロイスは、京都から退避し堺で四年間を過ごした後、一五六九年三月に京都を訪問した。これは前年一〇月（邦暦九月）に織田信長が足利義昭《あしかがよしあき》を奉じて上洛したことを契機として、京都の政治情勢が大きく変化したためである。すなわち信長が天下人《てんかびと》として台頭して来たことにより、信長と新たに第一五代将軍となった義昭から布教許可を得るため、フロイスが京都を訪問することとなったのである。フロイスは、京都訪問後すぐに信長と義昭に謁見し、京都の居住許可と布教許可を得ることに成功している。そして没収されていた姥柳町の住居と小聖堂も取り戻し、そのまま一五七六年一二月までの七年九ヵ月間、京都に居住することになるのである。この期間の京都は、信長政権下で治安が安定するとともに、信長がイエズス会に対して好意的な態度を取ったことから、イエズス会にとっては最も恵まれた時期となった。京都を中心とする畿内での布教が進展するとともに、次に見る京都での新教会建設も、この時期に行われている。フロイスは、一五七六年一二月に京都での布教の責任者の地位をニエッキ・ソルド・オルガ

図１　ルイス・フロイス像（ポルトガル海事博物館Museu de Marinha, Lisbon所蔵）

表１　イエズス会の京都関係年表

年月日（西暦）	邦暦	イエズス会の動向	日本の政治情勢
1549年 8月15日	天文18年	フランシスコ・ザビエル、来日。	
1551年 1月	20年	ザビエル、京都に入る。11日間滞在して京都を去る。	
11月15日		ザビエル、離日。	
1552年12月 3日	21年	ザビエル、中国・上川島で死去。	
1556年 7月	弘治 2年	ガスパル・ヴィレラ、来日。	
1559年11月	永禄 2年	ヴィレラ、京都に入る。	
1561年	4年	下京・姥柳町に礼拝堂を建設。	
1563年 7月 6日	6年	ルイス・フロイス、来日。	
1565年 2月 1日	8年	フロイス、京都に入る。〔滞在(1)〕	
6月17日			足利義輝、永禄の変で殺害される。
7月29日			バテレン追放の勅令が出される。
8月 1日		フロイス、京都を退去する。	
1568年10月16日	11年		織田信長、足利義昭を奉じて入京する。
1569年 3月28日	12年	フロイス、京都に入る。〔滞在(2)〕	
1570年 6月18日	元亀元年	ニエッキ・ソルド・オルガンティーノ、来日。	
1571年 1月 1日	2年	オルガンティーノ、京都に入る。	
9月30日			信長、比叡山を焼き討ち。
1573年 5月 5日	4年		信長、上京を焼き討ち。
8月15日			信長、足利義昭を追放し、室町幕府が滅亡。
1575年	天正 3年	礼拝堂を着工。	
1576年 8月15日	4年	礼拝堂が完成。「被昇天の聖母マリア教会」と命名される。	
12月31日		フロイス、京都を去る。	
1579年 7月25日	7年	アレッサンドロ・ヴァリニャーノ、来日。	
1581年 3月26日	9年	フロイス、ヴァリニャーノの第一次巡察に伴い、京都に入る。〔滞在(3)〕	
4月 1日			信長、馬揃えを行う。ヴァリニャーノ一行も見物。
8月		ヴァリニャーノ一行、安土から京都を経て、九州に向かう。	
1582年 6月21日	10年		信長、本能寺の変により死去。
1583年	11年	イエズス会総長、フロイスに『日本史』の執筆を命じる。	
1587年 7月24日	15年		豊臣秀吉、バテレン追放令を出す。
1592年10月 9日	文禄元年	フロイス、離日。マカオに滞在する。	
1595年	4年	フロイス、再来日。長崎に滞在する。	
1597年 7月 8日	慶長 2年	フロイス、長崎で死去。	

注：「年月日（西暦）」欄は、1584年以前はユリウス暦、1585年以後はグレゴリオ暦である。また年のみ邦暦を併記したが、両者は月日にずれがあるため、厳密には年が一致していないこともある。

ンティーノに譲り、九州へと向かった。これはイエズス会の事情によるものであり、フロイスは以後、九州を中心に布教活動を行うことになる。

そして(3)は、インドのゴアから東インド巡察師として来日したアレッサンドロ・ヴァリニャーノの日本巡察に同行しての京都訪問である。フロイスは日本語会話に堪能で通訳を務めるとともに、信長をはじめとする日本の重要人物の知己を得ていたため、ヴァリニャーノに同行するには最も適任の人物であった。これは第一次巡察に伴うもので、一五八一年三月二六日に京都に入り、信長に謁見している。ただし京都に滞在していた期間は短く、すぐに安土に向かっている。そして安土を拠点に畿内各地を巡察した後、同年八月に安土から九州に向かう途中、京都に数日間立ち寄っている。

以上の三回以外にも、一五八六（天正一四）年六月下旬から七月下旬まで、日本副管区長ガスパル・コエリョに従って京都に滞在していた可能性がある。

「被昇天の聖母マリア教会」の建設

フロイスが京都滞在中に記した史料を基にして、具体的事例を見てみよう。フロイスが二回目に京都居住をしていた一五七六（天正四）年八月に献堂式を行った新教会について、検討することとする。

一五五九（永禄二）年一一月に京都に入ったヴィレラは、大変な苦労の末に下京・姥柳町に土地と家屋を買得し、イエズス会関係者の住居と小聖堂を設けた。しかし、一五六五（永禄八）年のバテレン追放の勅書により、京都からの撤退を余儀なくされ、この土地と家屋は接収されてしまったのである。それから四年後の一五六九（永禄一二）年四月、イエズス会は天下人として京都に入った信長に働きかけ、姥柳町の土地と家屋を取り戻すことに成功する。以後、イエズス会は再びここを拠点として、京都での布教活動を再開することになる。

京都での布教活動が本格化するに従い、新教会の建設が大きな課題となって来た。取り戻した土地と家屋は荒れ果てており、布教活動に支障が生じていたからである。そこでイエズス会は、姥柳町の土地に新教会を建設することを決定し、一五七五（天正三）年に着工、翌七六年八月一五日に建物は未完成ながらも献堂式を行っている。フロイスは、この日に献堂式を行った事情とその時の様子について、次のように記している。

> この教会の呼称、ならびに保護の聖人としては「被昇天の聖母マリア」が選ばれた。それは、その（八月十五日という）記念すべき日に、メストレ・フランシスコ（・ザビエル）師が、日本の薩摩の国に着き、当地に喜ばしい（主の）福音を伝えた（からであった）。その輝かしい日が訪れると、教会はまだ完成してはいなかったが、この建築にあたって大いに苦労し、もっとも多く働くところがあったオルガンティーノ師が、そこで初ミサを捧げた。この祝祭には、都および近隣諸国のキリシタンたちが参集した。[8]

八月一五日は被昇天の聖母マリアの祝日であるとともに、ザビエルが一五四九年に日本に到着した日であることから、この日に合わせて献堂式が行われたことがわかる。そして教会は「被昇天の聖母マリア教会」と命名され、守護聖人も聖母マリアとされたのである。

図2は、「都の南蛮寺図」という作品で、この被昇天の聖母マリア教会を描いたものと考えられている。絵師は狩野宗秀《かのうそうしゅう》（一五五一―一六〇一）、制作時期は教会が存在した天正年間頃と推定されている。元は「京名所扇面画帖《きょうめいしょせんめんがちょう》」（全六一点）の中の一点で、当初は扇面として制作されたものである。洛中洛外図屏風などの近世初期風俗画で、「南蛮寺《なんばんじ》」すなわち教会を描いた作品は他には見当たらず、大変貴重な作品として評価されている。この教会については、美術史の「都の南蛮寺図」の作品研究[9]、そして建築史の教会建築研究[10]などが存在する。

本章では、こうした先行研究とは違った視点から、新教会建設の問題を考えてみたい。それはフロイスがこの新教会の建設に関わっており、当事者として詳細な記録を残している点への着目である。新教会については様々

図２　狩野宗秀筆「都の南蛮寺図」（神戸市立博物館所蔵）

な論点が存在するが、フロイスあるいはイエズス会が新教会の建設をどのように捉えていたのか見てみよう。

次の史料は、献堂式の翌年、京都を離れたフロイスが、滞在していた豊後国臼杵《うすき》からイエズス会本部に宛てたと推定される書簡の一節である。京都の教会建設についての詳細な報告が行われている。

> すなわち、都は日本の偶像崇拝においては日本全国の筆頭であり、諸宗派の源泉にして中心的な政庁の所在地であるが故に、市中にキリシタンは数少なく、仏僧や悪魔の手先たちは日常的に我らに対して根深い憎悪を抱いており、しかも同市には異国の司祭が二人いるに過ぎない。数多の敵の意志に反して同地にいとも美しく立派な教会を建てるのは、今、二人の回教徒がローマもしくはリスボンにおいて我らの教会の側に敢えてモスクを建てるのとほとんど同じことである。[11]

二人の司祭とは、フロイスとオルガンティーノを示している。改めて述べるまでもなく、京都は日本の首都というだけでなく、仏教諸派の本山が集中する仏都でもある。フロイスは、そうした京都にキリスト教の教会を建てることは、ローマやリスボンにイスラーム教のモスクを建てることと同様であるとし、極めて困難であることを強調している。これは非常に興味深い喩えであるが、その真意は、仏都・京都におけるキリスト教布教の強い意志を示すことにあると考えられる。困難であればあるほど、布教に対する強い使命感を抱いたことであろう。

とはいえ京都での布教は、大変な困難に直面したこともまた事実である。フロイスが強調した困難とは、具体的にどのようなものであったのだろうか。先に述べたように、被昇天の聖母マリア教会の建設に至る過程として、①一五六一（永禄四）年にヴィレラが下京・姥柳町に土地と家屋を買得したこと、②一五六五（永禄八）年にバテレン追放の勅令により、その土地と家屋を接収されたこと、③一五六九（永禄一二）年にフロイスが接収された土地と家屋を取り戻したこと、④一五七六（天正四）年にフロイスとオルガンティーノがその土地に新教会を建設し献堂式を行ったこと、が挙げられる。フロイスは、土地と家屋の購入に多額の資金を準備したが、それでも所有者が売ろうとしなかったことを指摘している。そしてこの一連の過程で教会の建設を妨害した者について、「仏僧や悪魔の手先たち」「数多の敵」などと表現している。具体的には、天皇などの権力者・仏僧・姥柳町の住民などということになろう。

それでは、この問題を日本側から見てみると、どのように捉えることができるのだろうか。イエズス会側からすると、当然のことながらキリスト教に反対する者は全て敵ということになる。しかし、日本側からすると、権力者・仏僧・姥柳町の住民は、身分はもちろんのこと、社会的地位や利害を異にする人々であり、一律に同様の理由でキリスト教に反対していたわけではない。ここでは当事者である姥柳町の住民が反対したことについて、考えてみたい。姥柳町の住民の史料は現存していないため、直接に本件の事情を見ることはできないが、この時期の町《ちょう》の基本的な運営原理を基にして推測することが可能であるからである。

戦国期に成立した京都の基礎単位である町は、町屋敷《まちやしき》所有者すなわち町人で構成される町中《ちょうじゅう》によって運営される地縁的・職業的身分共同体である[12]。町中は町屋敷所有者であることが基本的な参加資格であることから、町屋敷の売買は売主と買主の合意だけでは成立せず、町中の同意が必要とされたのである。そして町中の構成員すなわち町人は、基本的に商人・職人であることが前提とされていた。さらに町人として不適格な者として、①商人・職人ではない者。すなわち武士・牢人・賤民など、②商人・職人であっても町中が適当でないと判断する職種の者が挙げられ、町中からは排除されていたのである。[13] 外国人であるイエズス会士は明らかに①に該当しており、町中が排除しようとしたのは当然であると考えられる。ただしフロイスは、この点には触れていない。このため姥柳町の住民が反対したのは、仏教思想に基づく宗教的な不寛容という要素を完全に排除するものではないが、それを最も主要な理由とすることはできないのである。

それではフロイスは、大きな困難があるにも拘らず、京都に教会を建設することに、どのような意義を見出していたのであろうか。この点について、次のように述べている。

というのも、キリシタンが都に美しい教会を持って市中で公然と福音を説き、屋根にまで勝利の旗や栄光の記章として十字架を掲げていることが異教徒や諸侯に知られれば、当地区から遠く離れた他の国々からも名誉と大なる評判を得ることになるからである。[14]

この史料では、日本における京都の位置づけ、京都と地方との関係についての認識が明瞭に示されている。すなわち、京都で布教を成功させることが日本全国で布教を成功させるために必要なのであり、被昇天の聖母マリア教会の建設も、そうした認識の下で進められたと考えられる。ヴァリニャーノは、第一次巡察中の一五八〇（天正八）年六月に、日本の布教区を都《みやこ》・豊後《ぶんご》・下《しも》の三つに分割している。[15] 都と豊後・下とは、政治情勢はもとより、人々の社会階層や生活実態、地域社会あり方などが大きく異なっていた。こうした日本の実情を実見したヴァリニャーノは、都では豊後・下とは異なる布教方法が必要であると判断したのである。[16]

次の史料は、『日本史』に引用されている「一五六九年七月一二日付、都発信、豊後の司祭たち宛、フロイス書簡」の一節である。この書簡は、フロイスが六月に、信長から京都での布教許可を得るため、岐阜を訪問したことを詳細に記している。これによると、フロイスは岐阜滞在中に、信長やその家臣たちからかなりの歓待を受けていることがわかる。注目すべきは、その理由について、次のように述べていることである。

まずこの国を統治する国主、諸侯、大身たちの寵を獲得し、それにより、聖福音の説教者が、いかに（彼から）愛情、尊敬、信望を享受しているかを一同に確認させ判らせるようにすることがもっとも効果的な手段の一つなのです。なぜならば〔人間的に言って〕、この方法をとらなければ、彼らの間で成果を収めることは、ほとんど、もしくはまったくなかろう（と思われる）からであります。いな、私たちがもしも諸侯の寵愛という、武器なり庇護を我が方に有していなければ仏僧および私たちに悪意を抱いている人たちは、私たちを憎んでいますから、私たちが多年にわたってキリシタンたちの霊魂のうちに培って来たものを短期間にして壊してしまうことになりましょう。[17]

フロイスは、日本で布教の成果を収めるには、権力者の寵愛を受けることが必要であり、こうした方法を採らざるを得ない理由を説明している。実際に日本で布教活動をし、多くの困難を経験して来たフロイスの認識が、明確に示されているといえよう。ただしここで注意すべきは、こうした態度は「もっとも効果的な手段の一つ」と述べていることであり、あくまでも布教のための手段・方法であるとしていることである。これがイエズス会の「上からの布教」と呼ばれるものである。権力者の寵愛を受けるという態度は、必ずしも日本の社会や文化を受容するということではなく、これをもってキリスト教の寛容と評価することはできないと考えられる。

むすび

フロイスによれば、織田信長というキリスト教に理解を示す権力者を後ろ盾としたことにより、不寛容な異教の中心地である仏都・京都に土地と家屋を買得し教会を建設することに成功したとされる。フロイスの論理はこれで完結しているが、あくまでもフロイスの一方的な捉え方であり、実際の状況はこれだけでは説明できないことは明らかである。

京都における教会の建設が抵抗を受けたのは、キリスト教に対する単なる忌避でなく、町の論理に反するからでもある。町人の共同体である町では、外国人であるイエズス会士に土地と家屋を売却すること自体がそもそも想定されておらず、反対は当然の反応であった。フロイスがこうした町の論理やそれに基づく町掟《ちょうおきて》をどこまで理解していたのかは明確ではない。しかし、こうした論理を掲げる町との融和は原理的に不可能であり、信長という権力者の権威を背景にして初めて土地と家屋を買得し教会を建設することに成功したのである。

このように京都における教会の建設は、異教世界における「不寛容」の問題を考える一つの事例を示している。事実を明らかにするためには、双方の論理の相違を見極め、さらにその相違がどのように決着したのかを検討することが必要となろう。

註

1　松田毅一・川崎桃太訳『日本史』全一二巻（中央公論社、一九七七―八〇年）。以下同書を利用。

2　『日本史』などのイエズス会関係の諸史料は、“Miaco”“Meaco”などと表記しており、当時は「みやこ（都）」と呼ばれていたことがわかる。ただし本章では、史料部分を除いて「京都」の表記で統一する。

3　フランシスコ・ザビエルについては、ヨーロッパおよび日本で多くの研究蓄積がある。近年の研究成果として、浅見雅一『日本史リブレット人44　フランシスコ＝ザビエル――東方布教に身をささげた宣教師』（山川出版社、二〇一一年）を参照。
4　河野純徳訳『聖フランシスコ・ザビエル全書簡』（平凡社、一九八五年）、書簡第九六、五二八―五二九頁。
5　同右、書簡第九四、五一五―五一六頁。
6　『日本史』三、一二三―一二五頁。
7　同右、二三八―二五五頁。
8　『日本史』四、三四一頁。
9　神戸市立博物館編『南蛮美術セレクション――神戸市立博物館』（神戸市体育協会、一九九八年）など。
10　宮元健次『近世日本建築にひそむ西欧手法の謎――「キリシタン建築」論・序説』（彰国社、一九九六年）など。
11　家入敏光訳「一五七七年九月十九日付、ルイス・フロイス師が豊後国の臼杵よりしたためた書簡」（松田毅一監訳『十六・七世紀イエズス会日本報告集』第Ⅲ期第四巻、同朋舎出版、一九九八年）、三八二頁。
12　朝尾直弘「近世の身分制と賤民」（『部落問題研究』第六八輯、一九八一年）。
13　杉森哲也「町掟」（森下徹・吉田伸之編『史料を読み解く　二　近世の村と町』山川出版社、二〇〇六年）。
14　前掲「一五七七年九月十九日付、ルイス・フロイス師が豊後国の臼杵よりしたためた書簡」、三八八頁。
15　都教区は京都と畿内、豊後教区は大友領、下教区は大友領を除く九州を管轄した。
16　ヴァリニャーノは、第一次巡察の報告書である「日本諸事要録」において、第一一章「イエズス会が都教区をもっとも重視せねばならぬ理由。都教区と他教区との相違、並びにキリスト教徒を作り維持する方法」という章を設けて詳述している。松田毅一他訳『日本巡察記』（平凡社、一九七三年）、七一―七六頁。
17　『日本史』四、二二五―二二六頁。

第五章　戦国大名大友宗麟の「寛容」

川村　信三

はじめに

戦国時代の九州の雄、大友義鎮《おおともよししげ》こと大友宗麟《そうりん》（一五三〇―八七）は不思議な雰囲気を漂わせた戦国大名である。[1]戦国の習いに生きたきわめて勇猛果敢、冷徹な宰相であり、時に凄惨な事件の主《あるじ》の素顔をもつ。同時に、個人的には、恐妻に翻弄され、家臣団から裏切りを繰り返されながらも、人間的な繊細で可憐ともとれる優しさをもしめす。放蕩続きといわれる若き日と国の行く末を案じる熟慮の晩年の対比も興味深い。そしてなにより、この人物の視線は、同時代の諸大名とはちがい、都をめぐる政争ではなく、遠く東シナ海の水平線のかなたに注がれていた事実も見逃すことができない。つまり、戦国大名としては、当時のトレンドとは距離を置いた、きわめて異彩をはなつ立ち位置にいた人物であり、あらためて注目してみる価値は大きい。

大友宗麟は当代屈指のキリシタン大名という素顔ももつ。キリシタンへの入信は衝動的な火急の決断というわけではなかったようである。はじめてキリスト教に遭遇してから入信にいたるまで二五年の歳月を、まるでその思いが熟成する期間を待つかのようにすごしたのである。この間、領国経営に追われた宗麟はキリシタンに心をゆるし援助し続けた。教えと宣教師、そしてキリシタン信徒に対して示した愛情は、キリシタン信仰を公言したどの大名よりも厚いように思える。そして生涯の最盛期（四八歳）にあたる一五七八年にフランシスコ（不乱獅子虎）と名のることになった。ところが直後の「耳川の戦い」において薩摩軍に大敗を喫した結果、大友家の命運はにわかに傾きはじめた。家臣団は宗麟の異教への帰依が最大の敗因であると非難した。しかし、宗麟の信仰者として生きる覚悟は死を迎えるときまで翻らず、むしろ日増しに強まったとさえいえる。

宗麟のキリスト教への帰依は、ただ南蛮貿易への関心から、ヨーロッパ宣教師と知遇を得ること、そしてポルトガル船を自領の港に曳航させるためだという現世利益的なものだったとの見方がある。たしかに一理ある。一五七九年に来日したイエズス会のアレッサンドロ・ヴァリニャーノは、畿内と九州のキリスト教徒の温度差に気づいていた。すなわち、京都周辺では純粋に信仰をもとめた人々が多かったのに対し、九州では南蛮貿易の利権を目当てにキリスト教に近づいているものも少なくないと看破していたのである。若き日の宗麟もその例にもれず南蛮貿易を意識していたことは確かであろう。しかし、宗麟は長くヨーロッパ宣教師たちと交流した結果、当初の動機をほぼ忘れ去ってしまったかのようである。あるいは国運が傾くにしたがい、貿易立国案は姿をひそめ、彼個人の心の問題がクローズアップされたのかもしれない。その変化とともに日本のキリシタンたちは成長した。宗麟の一挙手一投足がキリシタンの命運を左右することになったのである。戦国の習いと対をなすキリスト教の「寛容」が、なぜ宗麟の心をとらえたのかを明らかにするため、その生涯を俯瞰していくこととする。

守護大名大友宗麟

キリシタン大名として知られる大友義鎮（宗麟）は、最盛期（一五八〇年頃）、六カ国（豊後・豊前・肥後・筑後・肥前・日向）の守護を兼任するほどの権勢を誇った九州第一の、そして戦国時代の大大名といってよい人物であった（図1）。なお、「宗麟」は永禄五（一五六二）年以後使われた法名であるが、ここでは便宜上、生前の全時代を通じて「宗麟」で記述する。

宗麟は、現代ではあまり人気のない歴史上の人物となっているようである。とくにそのお膝元の大分での不人

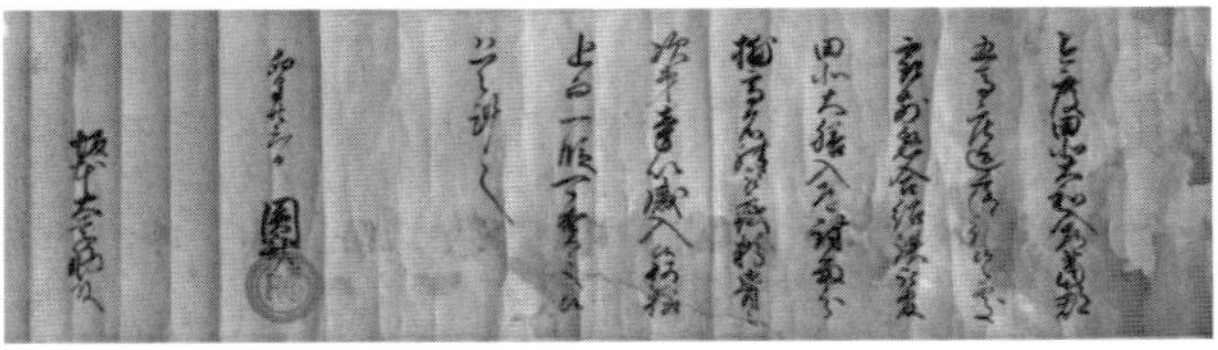

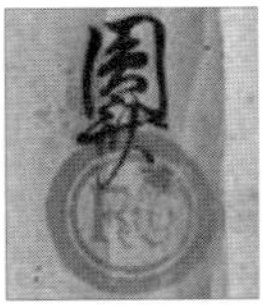

図1　大友宗麟　ローマ字印使用の書状（上智大学キリシタン文庫所蔵）　ローマ字印部分（円斎）

気は残念ながら事実である。おそらく、キリシタンとなって「国を滅ぼした」との印象が強いからだろう。実際、大友家が滅びたのは宗麟の嫡男義統《よしむね》の時代であり、多くの非難はむしろ息子にむけられるべきなのかもしれない。しかし、天正六（一五七八）年、キリスト教の洗礼をうけた直後から、最盛期とおもわれていた宗麟の武運はつきはてたかのように、薩摩との戦で連敗を喫している。やはり淫祠邪教に惑乱されて国を滅ぼした領主という印象は、江戸時代をとおして定着したもののようである。

宗麟の不人気は江戸時代史観によってもたらされたといえる。江戸時代をとおして九州における中心は「福岡」「博多」であった。そして、明治期にはいると新たな試み（電信・電報局、旧制高等学校等）などはすべて熊本や鹿児島に座をゆずりわたす。一六世紀に九州全域に覇権を浸透させた豊後大友家が、常に山影におしやられた印象さえある。江戸時代は、一時的にせよ「キリシタン」にそまった過去を忘却させようとする雰囲気があったのかもしれない。こうした江戸時代史観をいつまでも持ちつづけるなら、大友宗麟の偉大な人格、そして行った多くを歴史の闇に葬り去ることになるだろう。

宗麟の戦国大名デビューは、「大友二階崩れの変」とよばれるクーデターであった。天文一九（一五五〇）年、二〇歳となった大友家の嫡男で正室の子義鎮（宗麟）を、父の義鑑《よしあき》はなぜか嫌い、家督は側室の子塩市丸にゆずろうとしていた。一説には、永年の敵対者である大内家とむすぶことを示唆している宗麟への反撥だったともいわれている。義鑑は宗麟を湯治にいかせ、その間に田口鑑親、津久見美作などの宗麟派を粛正し宗麟の力を完全に削ごうとはかった。ところがそれを察知した宗麟派は、大友館の二階で寝ていた義鑑、側室、塩市丸を急襲し、これが後に「大友二階崩れの変」とされる政変となった。塩市丸とその母親はその場で、そして義鑑はその時の傷が原因で直後に世を去った。宗麟は事件に立ち会っていなかったことから、襲撃者たちの処分をゆだねられることとなり、結局この事件によって大友氏第二一代当主としておさまったのは宗麟その人であった。

いずれにせよ、若き宗麟が政変の結果、家督を継いだ事実にかわりない。戦国の習いというべきであろうか。血で血を洗う戦国の波は、豊後府内にも例外なくおしよせていたのであった。

宗麟はそれ以後、生涯を通じて有力家臣の謀叛に苦しみ続けるが、その統治における出発点から、そうした「わだかまり」や「対立の種子」がとりのぞかれることなく家臣団の間に根強く残っていたということなのかもしれない。直後、堰を切ったかのように宗麟は豊後および北九州の統治のための施策を次々と連発している。

天文二〇（一五五一）年には、西日本最有力の大名であった大内義隆が家臣の陶晴賢によって滅ぼされたのを知るや、宗麟は新国主として弟の晴英（大内義長）を送りこみ、永年の大内・大友の敵対関係に終止符を打つ。また、天文二三年、宗麟は、直後に肥後経営に着手し、対立相手の菊池義武を滅ぼした。菊池義武は義鑑の弟、つまり宗麟の叔父にあたる人物である。このとき宗麟は豊後と肥前の守護に任じられており、肥後に勢力を確保することは、九州の覇者としての不可欠なプロセスであった。事実、肥後は一五八〇年頃まで、「九州の草刈り場」と称されるほどの空白地帯で、後に薩摩島津と肥前の竜造寺、そして豊後の大友の奪い合う土地となりつつあった。こうして九州の覇権を目指し、大友義鎮は着々と駒をすすめていった。

宗麟は、こうして、一五八〇年頃までに、豊後・豊前・肥後・筑後・肥前・日向の守護に任じられている。その領域を挟むかたちで、佐賀の竜造寺氏と薩摩の島津氏がにらみ合うかたちとなった。後に詳しくのべる、キリシタンの繁栄はひとえにこの大友領という領域的広がりが、島原半島の有馬氏および大村氏とむすぶかたちで実現している（キリシタン・ベルト論）[2]。

キリシタン宣教師との出会い

この時代のキリシタン宣教師とは、イエズス会士のことである。一五四〇年、教皇パウルス三世より修道会としての認可をうけた七名のパリ大学生らによって発足した小さな会が、わずか一〇年後の一五五〇年の時点では、すでに一、〇〇〇名を数え、ブラジルやアフリカ、そしてインドや日本に会員を送りこむようになった。日本の戦国大名でイエズス会宣教師と接したのは、織田信長をはじめ、豊臣秀吉、徳川家康、大内義隆、大友宗麟、高山右近、小西行長、黒田官兵衛らであるが、そのなかでも宗麟はごく初期のイエズス会員を受け入れ、他の地域では極めて稀な活動を委ねていた。

天文二〇（一五五一）年、宗麟はフランシスコ・ザビエルと直接対面している。ザビエルはパリにおけるイエズス会創設者の一人に名をつらね、ポルトガル領ゴアおよびインド南部の漁村民に宣教した後、マラッカで日本人ヤジロウと出会い、日本人の知性と理解力を高く評価し、日本宣教を思いついた人である。滞日二年三ヵ月の後ゴアに帰還し、後に中国宣教を試みて一五五二年中国南部のサンチャン島で没した。宗麟の立場からすれば、このとき、豊後は世界史の一コマに組み入れられることになった。実際、日本を描いた初期の地図（ルイス・ティシェイラ作）には、九州、とりわけ豊後付近が詳細に描かれているのは、こうした歴史的対面の影響である。世界は日本を最初「豊後」と認識していたといってもよいだろう。その領主が宗麟というわけである。

ザビエルが大内義隆の庇護を受け山口地方で宣教の種をまいていた一五五一年頃、豊後沖ノ島にポルトガル船が入港するという事態が発生した。一説にはこの時宗麟は南蛮の大砲をはじめて見たとされる（後の臼杵城攻防に使われたフランキ砲のモデルか）。そこで宗麟の関心がにわかに南蛮に向かったとしても不思議ではない。宗麟はさっそく山口に滞在した南蛮人ザビエルにポルトガル船との交渉を依頼するべく招聘状を送った。ザビエルは日出から別府湾を横切って沖の浜に到着したとされている。宗麟はこのザビエルを歓待する。まだ二〇代のしかも家督を政変によって獲得したばかりの宗麟にとって、立国のあらたな起爆剤になるかもしれない南風は大きな魅力となったのだろう。南蛮貿易を導引するためのザビエルへの厚遇であることは明らかであった。

　ザビエルが日本を去った後、宗麟は府内において南蛮人との交渉のため宣教師を必要としていたことから、来日間もないバルタザル・ガーゴ（一五二五―七二）神父と親交を深めようとした。ガーゴはあらたに日本宣教団に加わったポルトガル人であり、このとき山口をふくめイエズス会宣教師は四名滞日していた。陶晴賢《すえはるかた》による謀叛で大内氏が滅び、山口情勢が風雲急を告げると、宗麟は宣教師を避難先として豊後府内に招き入れた。一五五三年において府内にはイエズス会の居住地がもたれた。その数年後に宣教師は博多および朽網《くたみ》（現・竹田市長湯）にキリシタンの拠点を築くこととなった。ここで特記すべき状況が豊後府内に生じる。日本初の西洋式医術の病院開設である。

　豊後府内病院については、これまでにも多くの研究がなされているので、ここでは、大友宗麟の「寛容」のテーマに絞ってみていきたい。ザビエルとの謁見から三年後の一五五四年、先のバルタザル・ガーゴ神父とともに山口から避難してきたコスメ・デ・トルレス神父およびフアン・フェルナンデス修士を、宗麟は快く迎え入れ、自分の持家の一軒を宣教師たちに譲り渡した。それは当初与えられた地所に接した非常に良い家であったという。その上、宗麟は家臣団に命じて毎年一定の扶持をその家屋に与えるよう計らった。しかし、その任に当たった役人はその命令に従わなかったという。宗麟は宣教師を積極的に受け入れようとしたが、それに異を唱える家臣も少なからず存在していた。宣教師らは、その地所を二つに分け、その一つは墓地用とし、もう一つを「病院」を建てる場所に選定した。

　病院は二つに区分し、一つは統治に多数ある重い皮膚病患者の用に当て、また一つはその他の病気のために用いる。同病院は治療の天才を有するイルマン（アルメイダ）がいて一日二回治療を行う。[3]

啓蒙的な歴史研究では、この病院の設立は一五五七年とされ、日本史年表にもあげられているが、府内の宣教師たちは、宗麟が地所と家屋を与えた直後から「薬局」を開設している。そして、ここに名前があがるイルマン、ルイス・デ・アルメイダの登場がこの施設を大きく発展させることになった。

ルイス・デ・アルメイダ――宣教師となった商人にして医師

ルイス・デ・アルメイダ（一五二五―八三）は、ポルトガル人の元商人であり、当初アジアには金儲けのために足を踏み入れていた。しかし、ゴア周辺でザビエルらの活動に触れ、やがて日本に渡ってイエズス会に入会した変わり種である。一説にはリスボンのコンベルソ（ユダヤ教からの改宗者）の家庭出身者だとされている。本国では、商業と同時にコインブラ大学で医学を学び医師免許をもっていたことが日本で役立った。それまで経済的にぎりぎりの生活を強いられていた日本のイエズス会宣教師は、アルメイダが入会時にもたらした持参金によって、やっとのこと活動の糸口を見出し、アルメイダの知識とともに「病院」開設を実行したのである。当時の史料には、豊後府内の街には「重い皮膚病」の患者があふれていたとある。また、ガーゴやトルレスが心痛めたのは、戦災孤児の多さである。さらに戦乱による貧困が「間引き」や「堕胎」の原因となっていた。山口での活動の際、宣教師らはキリシタン信徒とともに「炊き出し」によって人命救助の一翼を担ったが、ここ豊後府内では、貧困者への救済へと一層邁進したらしい。アルメイダの持参金と医療知識はその解決をもたらしたのである。日本史上、西洋式医術を用いた最初の「病院」としてはじまった豊後府内病院のうわさは瞬時にして府内の街および周辺村落にひろがった。

ここで、この病院設立の背景にある、宗麟の心境を察してみたい。まず、その位置である。一六世紀の豊後府内を知る古地図は数種類残っている。そして、現在でも大分県および大分市教育委員会が豊後府内の大友館周辺を発掘調査し、宗麟の豊後府内の復元を目指している。現在の府内城は江戸時代以後の稲葉氏の居城であり、大友家とは関係がない。宗麟が造営したとされる大友館は、現在の大分駅の南、顕徳町あたりに広がっていた。すでに大友館の庭園跡などが確認されている。その「府内古図」から、宣教師たちの活動場所が推定される[4]（図2）。

大友館は満壽寺、御蔵場を隔てた南路と町人たちの住む界隈を隔てていた北路に挟まれていた。そして、その二ブロック西には中町通りを隔てて「ダイウス堂」の文字がある。このあたりは、西に行くほど傾斜が強く、ダイウス堂自体も上り坂に作られていたようである。大分市教育委員会、大分県などの調査から、このあたりが宣教師の拠点であったと判断されている。実際に周辺に墓地跡が確認されており、そこから幼児の人骨なども出土していることから、孤児院、療養所跡であることはほぼ文献史料のとおりである。

一五五六年の設立当初は、このダイウス堂の入り口の右側に墓地と育児施設、奥に教会と修院（イエズス会の居所）が区切られていたとある。一五五七年以後「病院」施設が存在した。この時、病院とは別に「貧者の家」という施設があったとされていることに注意したい。一五五九年一一月の記述には「貧者の家」は「慈悲院」に変わっている[5]。

豊後府内病院は、西洋式医術伝授の場として画期的な存在であるばかりでなく、もう一つの要素によってさらに出色のものとなっている。それは、一般の外科・内科病棟の他に「重い皮膚病患者」のための病棟を設けていたことである。これは、現代でいうところのハンセン病や皮膚病などの患者を「治療」というよりは「療養」させる場所として設置されたものである。ヨーロッパにも同様の施設が「慈善院」として数多く建てられた。一三世紀には全ヨーロッパで約一万ヵ所の「慈善院」が存在していたとされる。有名な話では、アッシジの聖フランチェスコが一二〇六年の「回心」の出来事の直後に訪問したアッシジの「慈善院」がある。そこは、病に罹って共同体での居場所をなくし托鉢と放浪を余儀なくされた人々の「避難所」としてもうけられたものであり、「城門の外」の街道沿いにあることが常であった。つまり、これらの病を恐れた中世人たちは、この病を社会から隔絶する方法をとっていたのである。それは、わが国の歴史においても同じである。

図２　府内古図

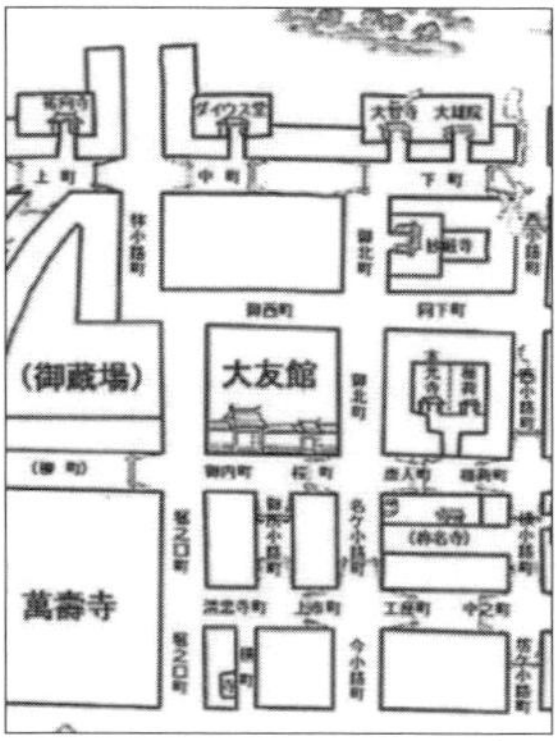

府内古図に描かれた豊後府内町（中心部）
（玉永光洋「再生！ 戦国時代大友城下町」
2012年大分市・上智大学連携講座『大航海
時代の歴史探訪』発表レジュメより）

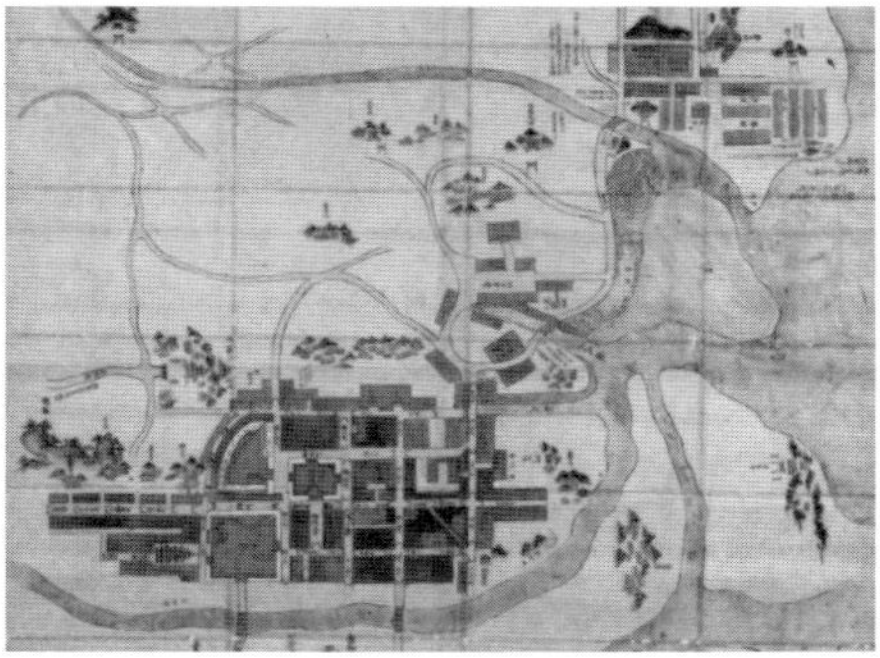

府内古図B類
大分市歴史資料館所蔵

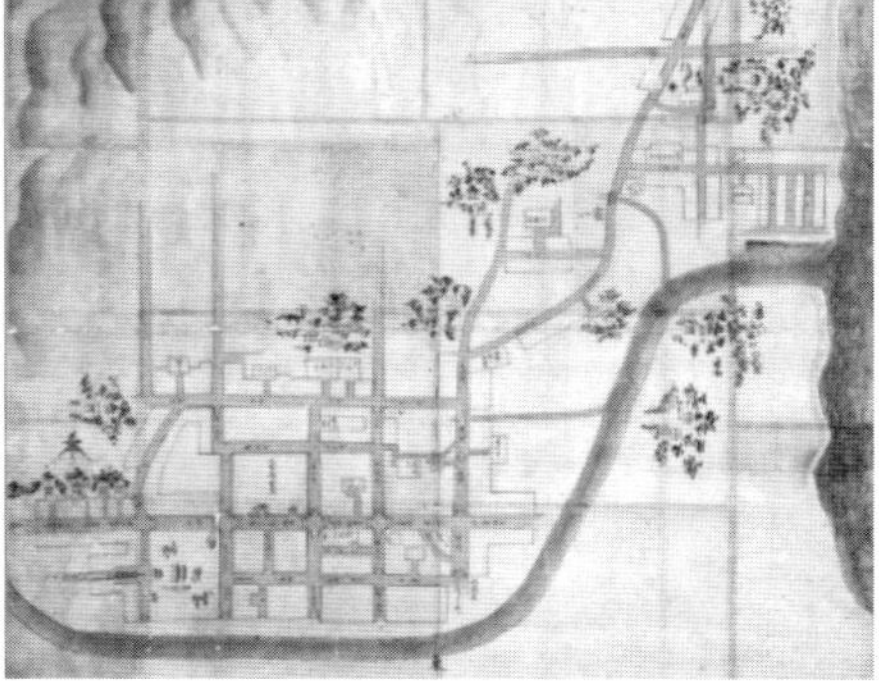

府内古図C類
大分市歴史資料館所蔵

大友宗麟配下の豊後府内において、そうした病者を保護した場所が、歴史の通例と異なっていることに気づく。すなわち、こうした施設を城門内であるばかりでなく、大友館の目と鼻の先に設けることを許可されているのである。つまり、そうした施設を街の中心に置くことは許されなかった慣例を無視して、宗麟はあえて、自らの居館の真横に許可した。おそらく家臣団の間には、キリスト教宣教師を忌み嫌うと同時に、そうした病への偏見も働いたであろう。宗麟はかなり大きな反対に出くわしている。大友宗麟は、宣教師たちがこのような施設を建てたいと申し出たとき、どのような心境で許しをあたえたのであろうか。

豊後府内病院の設立当初、イエズス会のアルメイダ、ガーゴ、トルレス、フェルナンデスとともに患者の世話や治療補佐にあたった日本人はどのような人々であったか。まず、キリシタンとなった日本人たちのグループができあがった。その数は一二名と記録にはあるが、それはおそらく聖書におけるキリストの一二弟子にちなんだ数字であろう。その当時、豊後イエズス会の責任者となっていたのはトルレスであった。一五四八年モルッカ諸島を巡回していたザビエルと出会いイエズス会に入会したこの神父はスペイン人である。イエズス会に入会するためにゴアにあるポルトガル・イエズス会の拠点で入会し、ザビエルに同行して来日した。

トルレスは、病院施設に集まってきた日本人たちを組織的に運営させるために、ポルトガルにあった兄弟会Confraria da Misericordia compromisso の規則にならい、信徒たちが自ら運営できる組織の設立を促した。これがのちに「慈悲の組」のコンフラリアと呼ばれる集団となる。「慈悲の組」のコンフラリアについては、他のいくつかの機会に詳しく説明したものがあるので、ここではこの団体と大友宗麟ゆかりの豊後府内病院という観点から要件のみを整理する。

まず、コンフラリアとは、ヨーロッパではイタリアを中心として一三世紀以後に各地に存在した信徒のみによる「兄弟会」あるいは「信徒信心会」の総称である。数一〇名の会員が、規則の元に、小教区教会の典礼以外の場で何か共通の目標をもって活動するための団体であった。現代的には自発的なサークル活動と考えてよいだろう。原則として聖職者が俗人会員と混ることはないので、その統治はもっぱら俗人信徒のみでおこなわれるという、教会内にあってはきわめてまれな存在となっていた。通常、小教区は司祭を中心とした上下関係で構成されるのだが、この「兄弟会」においてはその上下関係はただ役職者と団員の区別のみであり、しかもその役職者は会員すべての選挙によってえらばれるという仕組みである。イタリアの各地の都市にあった共同体の仕組みを模倣していたともいわれる。ここで重要なのは聖職者がかかわらないことが、むしろ信徒の自発性をたかめていたということである。コンフラリアはその活動目標において、「慈善事業型」「信心実践型」に大別できる。前者は、都市に住む貧しい人々への救済や奉仕の活動を主とし、後者は教会の公の典礼以外で信心業を涵養する、たとえばロザリオの祈りや十字架の道行き、聖体礼拝などを信徒どうしで工夫するものであった。

トルレスが日本人に伝えたポルトガル・リスボンのミゼリコルディアの規則は一五一六年以後何度も改訂されて現在にいたっている（図３）。リスボン・ミゼリコルディアの活動の核は、七つの「身体的慈悲の業」の実践にあてられた。新約聖書のマタイ福音書には、最後の審判にあたって善人の証となる行為がしるされている。すなわち、①「渇いた人に飲ませ」、②「飢えた人に食べさせ」、③「裸の人に着せ」、④「病人を見舞い」、⑤「牢獄の人を慰め」、⑥「旅人に宿をかす」。これに『旧約聖書』「外典トビト記」にしるされた「死者を埋葬する」が加わって七つとなる。ポ

図３　リスボン・ミゼリコルディア規則裏表紙部分
A “Compromisso” for the Future: 500th Anniversary of the First Printed Edition of the Compromisso of the Confraternity of Misericórdia (Santa Casa: Misericórdia de Lisboa, 2017, p. 89)

ルトガル・リスボンのミゼリコルディアは主に病人看護と死者の埋葬に専念する兄弟会として設立されたものであり、その結果、その規則を忠実に再現しようとした日本の「慈悲の組」の活動も、病者の看護、死者の葬儀と埋葬という二点に絞られることになった。これは日本最初のボランティア活動のグループであった。

豊後府内病院に集められた初期のキリシタンたちはこうして「慈悲の組」という組織の核を有しながら次第にそのグループの輪を広げていったものと思われる。ルイス・フロイス『日本史』（第一部第一六章）の記録によると、そうした世話役たちももとはといえば貧しい人々であったとされている。

病者の世話および葬儀と埋葬――その社会史的意味の検証

大友宗麟は館のすぐ脇に宣教師たちを住まわせ、キリシタンたちに貧者を世話させていた。そういえば、何気ない戦国時代の一コマのようにみえるが、それが同時代の日本でいかにめずらしい光景であったかを理解することは重要である。病者とは先にもふれたように、伝統的には「重い皮膚病」の患者をさした。そして、葬儀と埋葬である。キリスト教国のイタリアやポルトガルでごく自然に信徒たちが携った活動が、日本の文化的コンテクストにおきかえられると全く違った意味をもっていた。すなわち治療の手立てのない病人の世話をすることと死者を弔うことの意味が日本では負のイメージを持っているということである。それを端的に示す言葉が「触穢思想」である。このテーマを日本史のテーマとして最初に取りあつかったことで重要な横井清氏の研究がある。[6]

「けがれ」とは、人間に対して感覚的に不快の念を与えるものとしてとくに忌避され、災害や死をもたらす何ものか（悪霊）の発揮する悪しき働きをいう。触穢とは、そのような力に囚われ、支配されることをいい、人びとはこれを極度に畏怖した。[7]

「触穢思想」の起源は一〇世紀の『延喜式』にはっきり見出される。すなわち、「穢れ」と規定されたものに接触するか、間接的にも接触した人と同席すれば「穢れ」が伝播するという考えである。その場合、「穢れ」が消えうせる期間、公の席や職務から一時はなれなければならないという規定である。天皇の宮中では「天下触穢」といい天皇家自体が「穢れ」に触れると国家行事が停滞してしまう。そのためそれを極力排除しようとしたのがこの規定であった。なかでも、「病穢」と「死穢」は厳しく対処されていた。

キリシタン信徒たちがリスボン・ミゼリコルディアを模倣して豊後府内でおこなった主な活動が、「病者」と「死者」へのケアであった。つまり、当時、「重い皮膚病」は治癒の見込みがないものと誤解されていた。さらに「死者」や「死体」に常に触れる機会のある職種などもある。こうした環境にある人々には「穢れ」が永続化すると考えられたのである。網野善彦氏は、そうした「穢れ」概念にもとづいた職種が社会の中で固定化され、ひいては差別の対象となったのは鎌倉時代後期、すなわち一三世紀後半だったと述べている。[8]『一遍上人絵図』においてそうした差別の構造が詳しく取り上げられ描写されていることはよく知られている。黒田日出男氏は、覆面をした僧形の人々は「犬神人」と呼ばれ、社会と、その社会から排除された人々の境界に立ち、その結界を監視していた人々ととらえている。[9]

横井氏によれば、「穢れ」と「触穢」の概念は、中世を通じて、とくに陰陽道や仏教思想との関連から社会一般に深く浸透していった。しかも、仏教においては、従来外的な要因とされた「けがれ」が内的な意味をもつにいたったとされる。豊後府内の「慈悲の組」の行為は、当時の社会でいう「穢れ」に触れることの最前線に活動した記録であった。

大友宗麟の豊後ではないが、豊後の「慈悲の組」とまったく同様の活動をしていた人々が、実は畿内に存在した。高槻領の高山右近（一五五二―一六一五）とその配下のキリシタンたちである。ルイス・フロイス『日本史』にはその出来事が詳しく描写されている。

日本には〔中略〕貧しい兵士や見捨てられた人びとが亡くなると、聖《ひじり》と称せられるある（種の）人たちが彼らをはこんで行って火葬にする習慣がある。（聖たち）は最下層のものとみなされ、通常寄る辺のない人たちである。キリシタン宗門が高槻で繁栄し始めた時のこと、この地で二人の貧民が死亡した。ダリオ（高山右近の父、高山飛騨守）はさっそく我ら（ヨーロッパ）のミゼリコルヂアでつくるような一台の棺を制作させ、真中に白い十字を付した黒緞子の棺布で覆い、貴賤男女のキリシタン全員を招集し、死者たちを葬るため、一同、自宅から蝋燭を灯した提灯を持参するようにと言った。そして（ダリオ）と城主であるその息子右近殿は、新たなキリシタンたちのもとで、棺を担う敬虔な行為が習慣となるようにと、この蔑視されている貧しい聖の役を自らに引き受けた。[10]

ここで重要な指摘は、「聖」、「ミゼリコルヂア」、「葬儀」、「埋葬」、「城主右近殿」である。「聖《ひじり》」とは、奈良時代は沙弥・優婆塞などとよばれ、さらには平安時代より聖人・上人などとよばれた、半僧・半俗的な民間教化者のことである。一五世紀頃からは三昧聖といわれ三昧（墓所）に住みつき（墓守・御坊）、葬送や墓所の管理などに従事していた人々をさす。浄土教の進展とともに、念仏聖もふくめたものたちが墓所という場に関与していた。フロイスは、死者の葬儀および埋葬は、従来はこうした人々で、社会的に最下層とされた人々が担っていたことを観察として残している。その最下層の行いを、キリシタンたちが担う。その筆頭のリーダーは領主その人であった。しかも、その埋葬されてゆく人々は、貴人ではなく、名も知れない貧民であったという驚がくの事実である。

高山右近はそれを「ミゼリコルヂア」の規則にしたがって忠実に再現していた。二〇一四年のＮＨＫ大河ドラマ（『軍師官兵衛』）で、高山右近が最初に姿をみせるシーンがこの葬儀行列であったことは、右近の人柄とキリシタンとしての性格を示すのに、この場面ほどふさわしいものはなかったからであろう。

豊後の大友宗麟は、高山右近のように、キリシタンの先頭に立って歩いたわけではない。しかし、自分の街の真ん中で、そうした活動の自由を与えている。「葬儀」や「埋葬」が、実際は「穢れ」の規定からすれば、常に「死」の「穢れ」にさらされる場であるかぎり、社会からは切り離された存在とされるのが普通である。ここに描かれた「聖」の姿はまさに、その社会の卑賤観を象徴する結果であろう。それを、高山右近をはじめ、宗麟らキリシタンを受け入れた領主たちは、自領の最優先課題のごとく行っている。

キリシタンたちは、埋葬に意を尽くした。一六〇五年にキリシタン版として日本で印刷された『サカラメンタ提要 *Manuale ad Sacramenta Ecclesiae Ministranda*』という書物が現存する（図4）。司祭が典礼をつかさどる際のマニュアル本として、ミサ、結婚、葬儀などに用いる祈禱（ラテン語）およびその手順を詳しく記したものである。そこには、実際に歌われるべき聖歌のネウマ譜が二色刷り（赤と黒）で印刷されている。日本出版技術史においてもその技法の秀逸さは評価されるべきものであろう。その「葬儀行列」と「埋葬」の箇所に歌われたのは、ヨーロッパでも定番の「ミゼレーレ miserere」という美しい旋律であった。従来、聖《ひじり》たちがひっそりと葬っていくはずの場所で、キリシタンたちは、提灯をさげ、幟をたてて行進し、甘美なミゼレーレのメロディーを口ずさんで通り過ぎて行った。名もない行き倒れの死者たちのために。しかも、領主みずからが庶民に混じって棺を担いだ。この光景こそ、戦国の世、差別と隔離が当然のごとくおこなわれた社会において、花を咲かせた一輪の「寛容」の花だったのではないだろうか。

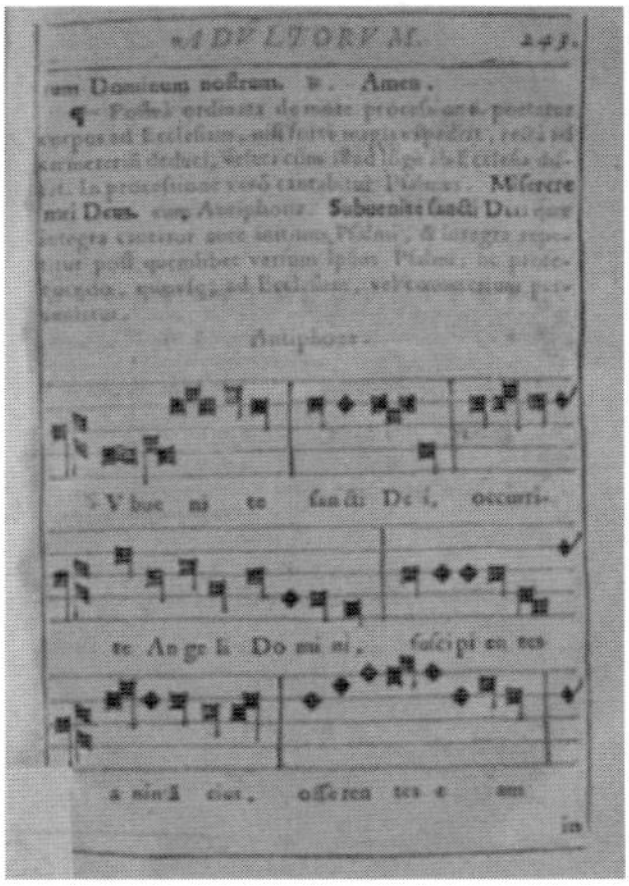

図4　『サカラメンタ提要』（上智大学キリシタン文庫蔵）

むすび

宗麟は、本物の「帰依」、すなわち「回心」（ギリシア語の「メタノイア」）を遂げたのであろうか。「回心」とは、それまでの生き方を一八〇度方向転換することであり、ギリシア語のメタノイアは扉の蝶番の意味を持つ。「回心」には二通りのタイプがあるように思う。ひとつは「劇的回心」とよばれるように、何ら前触れもなく、突如起こる回心である。また、生涯の長い時間をかけながら、次第に深みにはいるような「漸次的回心」もある。キリスト教の歴史における多くの聖者の物語は前者であるが、宗麟については、長い期間かけて熟成した信仰といえるだろう。その深まりのプロセスにおいて、宗麟はいくつかの「人道的」な判断を下し実行している。豊後府内において、山口から避難してきた宣教師らの活動を許可したこと。彼らに日本における初の西洋医学に基づく病院を建てさせたこと。死者の葬儀や埋葬に意を尽くしたこと。そこからうまれた「キリシタン」集団の成長を後押ししたことなどである。

宗麟の「回心」の成果を一言であらわすとすれば「寛容」ほど適わしい言葉はないだろう。その生涯において、家臣団への寛容、家族への寛容、宿敵への寛容、外国人とその文化への寛容などを指摘できる。「寛容」とは、すなわち『ゆるし』の心を起こし、受け入れる」ことと定義できるだろう。まさに仇なす敵を討つ行為の真逆にある行為である。さらに「ゆるし」とは、単に咎めをうけるべきものを放免するにとどまらず、敵を受け入れ愛する境地にまでつきすすむ。

本章では、「病者の世話」や「葬儀」「埋葬」について、大友宗麟が示した態度を中心にみてきた。宗麟はヨーロッパからはるばるやってきた宣教師たちの友となった。その動機は、冒頭にも触れたとおり、決して純粋な信仰からのものではなかった。隣国の周防山口の大内義隆がザビエルを迎え入れ、石見大森銀山の産出と博多貿易港の発展を夢見ながら世を去った。それを引き継ぐべく台頭したのが宗麟であった。しかし、この人物には単に商業的利益のみに関心があったわけではないと思わせる不思議さがある。それが、領内でのキリシタンたちの活動を後押ししたことである。日本社会の一般常識からすればまったく掟破り、タブー破りであったキリシタンの活動は、宗麟の庇護なしには、何一つ成就しないものばかりであった。

豊後の人々は、それまでに日本社会に浸透していた観念の「逆転の発想」をもたらしている。従来ならば、忌避される人々、そして活動から「偏見」をとりさり、「差別」をなくし、それを「慈悲の業」として普及させていく。「差別される人々」ではなく「慈しみの対象としての人々」へと見方を変えていった。これは、日本史全体の流れからすれば実に小さな出来事であったかもしれない。キリシタンが禁教の憂き目に遭い、日本社会から姿を消したと同時に、そうした活動も失われていった。しかし、小さいながら、大友宗麟のなした行為の意義はやはり大きい。

註

1　大友宗麟についての代表的研究としては、渡辺澄夫『豊後大友氏の研究』（第一法規出版、一九八一年）、外山幹夫『大友宗麟』（吉川弘文館、一九八八年）などがあり、比較的最近のものとしては、鹿毛敏夫『アジアン戦国大名大友氏の研究』（吉川弘文館、二〇一一年）がある。

2　キリシタン・ベルト論については、川村信三『キリシタン大名高山右近とその時代』（教文館、二〇一六年）を参照のこと。

3　柳谷武夫編（村上直次郎訳）『イエズス会士日本通信』上（雄松堂書店、一九六八年）、一五一頁。

4　玉永光洋・坂本嘉弘『大友宗麟の戦国都市――豊後府内』（シリーズ「遺跡を学ぶ」56、新泉社、二〇〇九年）、五四―六五頁。

5　五野井隆史「豊後府内の教会領域について――絵図、文献史料と考古学資料に基づく府内教会の諸施設とその変遷」『東京大学史料編纂所研究紀要』第一四号（二〇〇四年）、四五頁。

6　横井清氏の著作は一九七五年東京大学出版会から刊行されているが、現在では文庫版がでている。横井清『中世民衆の生活文

化』上・中・下（講談社学術文庫、二〇〇八年）。

7　横井清『中世民衆の生活文化』下、八八頁。

8　網野善彦『日本の歴史をよみなおす』（筑摩書房、一九九一年第一刷、一九九七年第二五刷）、一二〇頁。

9　黒田日出男『境界の中世　象徴の中世』（東京大学出版会、一九八六年）。

10　ルイス・フロイス（松田毅一・川崎桃太訳）『日本史』四（中央公論社、一九七八年）、三二四―三二五頁。

第六章　カトリックにおける婚姻問題と寛容

安　廷苑

はじめに

カトリックにおける「寛容」を考えるべく、『カトリック大辞典』を紐解いたところ、「寛容 Tolerantia、本来は悪に対する寛容の意」（『カトリック大辞典』Ⅰ）と記されていた。私の個人的理解になるが、悪を受け入れることとなると、それはつまり「ゆるし」につながり、そして「ゆるし」は「愛」に結び付くように思う。聖書には「神は、その独り子をお与えになったほどに、世を愛された」（「ヨハネによる福音書」第三章第一六節）と記されている。罪に対するゆるしこそ、聖書には神の最大限の「愛」とされているのである。

聖書において「愛しなさい」という命令形の対象には五つの存在がある。愛さなければならない対象とは、神・隣人・自分・敵、そして妻である。[1] 自分を攻撃・迫害する敵と並んで、愛すべき妻という存在であるが、なぜ配偶者ではなく、妻になっているのだろうか。これは明らかに夫に対する命令になる。それならば、妻に対して、自分の夫にどうすべきと命令があるのだろうか。夫に対する命令のすぐ後に、次の言葉が記されているのである。妻に対しては、夫を「敬いなさい」（「エペソ人への手紙」第五章第三三節）と記されている。

実は、これにはとても深い意味があるように思われる。女性にとって、一人の男性を愛するということは一種の憧れであるが、目の前の、生活のすべての面を知っている夫を尊敬することは大変難しいかも知れない。一方で、男性にとって、一人の女性を生涯愛することは大変困難なことであるが、自分の妻を尊敬すると真面目な顔でいう男性は意外と多い。

結婚、つまり婚姻は、寛容と深いかかわりがある。本章では、一六・一七世紀の東アジアにおける「婚姻」に対して、カトリック教会が示した「寛容」について考えてみたい[2]。

婚姻問題とは

婚姻は、すべての社会構成において、根本的役割を果たす。婚姻は男女間の合法的結合と非合法的結合とを区別して、合法的結合から生まれた子孫には相続者としての位置を付与する。生まれた子供の母親はわかるが、父親はわからない。それを、婚姻という枠組みで合法的な子孫を規定して相続者とすることによって社会が形成されていくのである。つまり、婚姻は親族関係を作り出し、社会全般の基礎となるものである。

それでは、カトリック教会における婚姻の意味合いはどのようなものであったのか。カトリック教会における婚姻は七つの秘跡の一つである。秘跡 sacrament とは、聖寵を施すためにイエスキリストが定めた記号（しるし）であり、洗礼・堅振（堅信）・品級・婚姻・聖体・悔悛・終油の七つがこれに当てはまる。婚姻は、信者間において執行する際はもちろんのこと、未信者が受洗する際にも性道徳の面と関連して、必ず教会によりその実態の確認が求められる、信者の実生活の深層部に触れる性質を持っている。それ故、婚姻は布教上その執行方針を細心の注意をもって確立することが不可避な問題であった。

カトリック教会法で婚姻が論じられる際、最も重要な基本原則として、まず婚姻の二大原則が述べられる。その内容は、婚姻の単一性と不解消性である。婚姻の単一性とは、一人の男性と一人の女性によって婚姻が成立するということである。ということは、一夫多妻制や稀に存在する一妻多夫制、そして離婚は厳しく禁止される。離婚を厳禁するカトリック教会であるが、例外的に離婚を容認する措置が存在する。それは「パウロの特権」

というものである。これは、聖書の聖パウロの言葉「信者でない相手が離れていくなら、去るにまかせなさい」（「コリントの信徒への手紙一」第七章第一五節）に依拠した概念である。未信者が信者である配偶者の信仰を妨げずに暮らす意思がない場合、教会はその離婚を認めて他の信者との再婚を許している。カトリック教会が例外的に離婚を容認している要件であり、信者が前の婚姻関係を破棄して再婚できる例外的措置である。信仰が一大要素になるが、婚姻の相手が離れていくことがカギになる。簡単に成立するものではなく、以下の三つの条件を満たしていることの確認が必要になる。①信仰の違いを理由に同居を拒否したり、②同居に同意したとしても創造主を侮辱したり、③相手を大罪に導いたりする。これら三つの要件に当てはまることを、相手に確認することが要求される。従って、これはあくまでも例外的な措置であり、そう簡単に成立するものではない。

次に、離婚に関連する規定では、前婚障害というものがある。これは、前婚が有効であれば、配偶者の生存中に再婚が許されないという規定である。この障害は婚姻の基本的特質である単一性と不解消性に直接かかわる問題であるので、いかなる理由があっても特免は与えられない。この規定は非常に厳しいゆえに、様々な場面で障害となっており、周知のように、イングランド国王ヘンリ八世にはこの特免が与えられなかったことが、イングランド国教会が成立するきっかけとなった。後述のように、日本で布教した宣教師たちは、あらゆる前例を探り出してこの前婚障害に対する事例を探すために、聖書や聖トマスなどの諸聖人、有名な神学者たちの言説にも言及しているが、有効な前例を示せなかった。

以上は、カトリック教会の信者に対する規定といえる。それでは、キリスト教信者ではない人々、すなわち未信者の婚姻に対してはどのように定めていたのだろうか。

カトリック教会による未信者の婚姻に関する定めには、ローマ教皇インノケンティウス三世による二つの重要な教令が挙げられる。まず、一一九九年に教皇インノケンティウス三世が発布した教皇大勅書「クアント章」がある。婚姻は秘跡であると同時に契約であるとして、未信者つまり異教徒の婚姻も有効であると定めた。未信者間の婚姻は教会によって承認されたものではないが、真の婚姻であり、有効である、と結論付けたのである。第二の規定は同教皇が一二〇一年に発布した「ガウデムス章」である。これは、信者と未信者の夫婦間に婚姻が成立することを明示したものである。異教徒の結婚は、一方の改宗後に宗教の違いという理由のみでは解消されないとする。これら二つの教令を合わせると、カトリック教界の外で成立した婚姻を教会がどう見るかが定められたといえる。二つの教令による結論は、離婚歴のある未信者は、改宗に際して最初の婚姻関係に戻るべきであり、同時に、最初の結婚相手の生存中には原則として再婚は許されない、という厳しいものである。妾については、正規の配偶者以外に妾を持つことを、カトリック教会は断固として禁じていた。

一六世紀は宗教改革の時代であり、大航海時代でもあった。一五一七年にマルティン・ルターの九五ヵ条の論題から始まった宗教改革は、カトリック教会の権威の維持に深刻な危機を齎した。カトリック教会は、プロテスタント教会の勢力に対抗するためにも、教理を再確立する必要に迫られた。大航海時代、カトリック教会は、布教保護権を背景にイベリア両国の海外進出に乗じて布教活動を行っていった。キリスト教に初めて出会う人々に布教するために教理を整備する必要が生じたのである。そこで開催されたのが、トリエント公会議である。これは教皇パウルス三世によって一五四五年三月にトリエントで招集され、一五六三年ピウス四世の下で終了するまで断続的に行われた。この公会議上、カトリック教会の刷新を図るために、様々な教理が再整備された。婚姻の規定は、一五六三年一一月一一日の第二四総会において明確に定められた。婚姻に関する教令は、それまでのカトリック教会における婚姻の規則を再確認した内容のものであった。七つの秘跡の一つとしての婚姻を再確認すると同時に、婚姻の本質的二大原則である単一性と不解消性とが明確に宣言された。トリエント公会議の教令は、その後のカトリック教会法における婚姻に対して一つの基準を確定した。ここに、カトリック教会による婚姻教理が確立したのである。

その内容は従来の規定の再確認が主であるが、新たに定められた教令も見られる。例えば、第二四総会で定められた「タメットシ教令」には、自由な合意と無婚式に関して「契約者双方の自由な合意によって結ばれた無婚式が、教会がそれを無効であると言わないかぎり承認された真の婚姻であることを疑うべきではない」とされており、婚姻挙式における主任司祭と証人の立ち合いが規定され、「主任司祭、あるいは主任司祭または教区長から委任を受けた司祭と、二人ないし三人の証人の前以外で結婚をしようとするものについて、公会議は、このような契約を無効であると宣言する」とされている。[3] これを公布することによって、この教令は実行力を持つことになる。

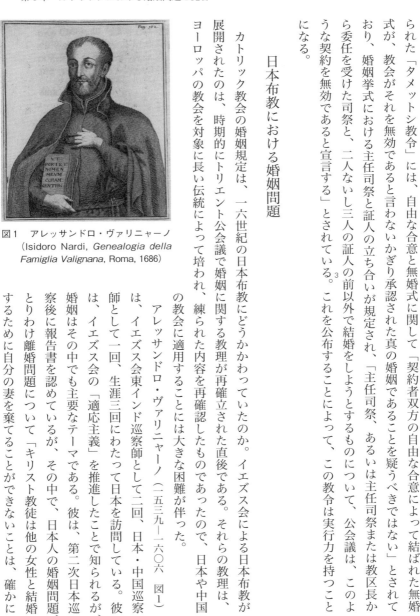

日本布教における婚姻問題

カトリック教会の婚姻規定は、一六世紀の日本布教にどうかかわっていたのか。イエズス会による日本布教が展開されたのは、時期的にトリエント公会議で婚姻に関する教理が再確立された直後である。それらの教理は、ヨーロッパの教会を対象に長い伝統によって培われ、練られた内容を再確認したものであったので、日本や中国の教会に適用することには大きな困難が伴った。

図1　アレッサンドロ・ヴァリニャーノ（Isidoro Nardi, *Genealogia della Famiglia Valignana*, Roma, 1686）

アレッサンドロ・ヴァリニャーノ（一五三九―一六〇六　図1）は、イエズス会東インド巡察師として二回、日本・中国巡察師として一回、生涯三回にわたって日本を訪問している。彼は、イエズス会の「適応主義」を推進したことで知られるが、婚姻はその中でも主要なテーマである。彼は、第二次日本巡察後に報告書を認めているが、その中で、日本人の婚姻問題、とりわけ離婚問題について「キリスト教徒は他の女性と結婚するために自分の妻を棄てることができないことは、確かに我々の聖なる信仰が受け入れられるために、我々が日本で直面している最大の障害である」と述べている。[4] キリシタン宣教師たちは、カトリック教会の教理と相反する日本の実状によって布教に際して解決しなければならない様々な問題に直面していた。その中でも、離婚問題が最大の障害であった。彼らの判断を難しくした問題には、倫理神学の範疇に含まれながらも応用的側面を持つ良心問題があるが、離婚問題を含む婚姻問題はその最大の争点であり、難問でもあった。当時の日本の状況は、カトリック教会の婚姻観とは相容れないどころか、真っ向から対立するものであった。例えば、日本では離婚が頻繁に見られ、改宗を希望する人の多くに離婚歴があった。議論は離婚問題とそれに連鎖する再婚問題に集中している。

以下、日本人の婚姻に関する諮問について、離婚問題を中心に概略を見ていきたい。

リスボン市のアジュダ図書館所蔵の写本集「アジアのイエズス会士」には、布教上の倫理に関する諸問題、とりわけ日本人の婚姻問題について作成された史料が収められている。[5] そこには執筆者が異なる三つの見解が掲載されている。その冒頭には日本の宣教師たちによって日本司教に送られた、日本の婚姻問題に関するいつくかの質問とそれに対する回答がある。次いで日本司教メルシオール・カルネイロの見解が、最後にインド管区長アントニオ・クアドロスとゴアのイエズス会のコレジオの倫理神学者フランシスコ・ロドリゲスの見解が見える。史料の見解の配列は、実際の作成年代が収録の順番とは逆になっていると推測される。実際の作成の順序で言えば、クアドロス、ロドリゲス、カルネイロ、そして氏名不詳の日本司教の順序となる。質問者は、日本人の離婚を正当化して改宗者を出す方針であったと考えられる。洗礼志願者に対する妨げとなる、前婚障害をどう解決するのか。その際、議論の争点は、異宗障害の日本人への適用の是非である。彼らが望んでいる通り、異宗障害を日本人の離婚問題の解決策とするならば、改宗後も婚姻関係の持続は可能になるが、一方で、離婚歴のある人は改宗後、異宗を理由に過去の離婚歴を正当化することが不可能になってしまい、自己矛盾に陥ることになる。これでは、日本人の離婚問題の根本的な解決策にはならない。しかし、この史料では、質問を受けた者たちは、日本人の婚姻が有効であると回答している。ただし、異宗婚姻から日本人の婚姻を論じたのでは離婚問題は解決できないので、マルティンスと推定される日本司教が、条件付きではあるが、現状追認の形で日本人の離婚を容認できる可能性を示した。つまり、離婚後二人とも再婚して子供があり、他の解決策がない場合に限って、最初の結婚を無効にして再婚を許すというのである。当時の日本のカトリック教会の最高責任者による見解である。トリエント公会議の教令に従って、妾を厳禁することに加えて、異宗障害を日本には適用させないという、二点を基本軸にして、教会が様々な離婚の事例をどこまで容認するかという点に議論が集中していたのである。[6]

一五九二年、ヴァリニャーノの指揮の下、第一回イエズス会日本準管区会議が開催され、日本布教の様々な事項が議論された。その結果、日本準管区代表としてヒル・デ・ラ・マタが、婚姻問題を含む良心問題をヨーロッパの権威ある神学者たちに諮問するために、ローマに派遣されることになった。[7]ヴァリニャーノの狙いは、ヨーロッパの権威ある神学者たちから日本布教に利用可能な回答を入手し、ローマ教皇の承認を得ることであった。ヨーロッパに渡ったマタは、エヴォラ、コインブラ、サラマンカ、アルカラ大学などヨーロッパ諸大学の博士たちに諮問し、ローマのイエズス会総長に彼らの回答を書面にして提出した。婚姻に関する諮問には、次のような記述がある。

配偶者の一人が、二人の間に調和がとれている場合にのみその婚姻を持続させ、逆の場合には別れることを望んで、試みの意図を持って婚姻を結んだとする。〔中略〕ある人が、永久に婚姻を持続させる義務を持って結婚したつもりは全くなく、それどころか結婚した後にも自分の妻を勝手に離縁しようとさえした。しかしながら、彼は結婚した時にこの意図を持っていたのか、それともその反対だったのか覚えていない。もちろん、彼は国の習慣に従って結婚したのである。これは、真の婚姻を結んだことになるであろうか？[8]

図2　ガブリエル・バスケス（トレード市文書館 Archivo Municipal de Toledo）

ヴァリニャーノの諮問は、冒頭で日本人の離婚問題について論じているが、彼の記述によると、日本では離婚が頻繁に行われていたため、未信者の受洗の際や信者が婚姻の秘跡を願う際に、彼らの大部分が離婚歴を持っていた。日本では自由に離婚が行われ、それに対する社会的制限が確立されていないばかりか、そもそも最初から試みの意図を持って、永続的な義務感なしに結婚が行われている。ヴァリニャーノは、以上を日本の習慣であると断じ、日本人の婚姻観そのものに強い疑問を表している。離婚が頻繁に行われる日本の場合、「パウロの特権」に含まれない多数の事例が存在するので、そうしたものにヴァリニャーノは救済策を与えようとした。そのためには、以前の異教徒時の婚姻、すなわち日本人の婚姻そのものが無効と認定される必要がある。そこで、ヴァリニャーノの諮問もその点を考慮して、日本人の婚姻の有効性に強い疑問を表したものと思われる。彼の諮問が行われた時は、かつての諮問からある程度時間が経過し、新たな問題が浮上していたことが窺える。例えば、トリエント公会議の「タメットシ教令」で規定された、信者同士の婚姻には司祭と証人の立ち合いが必ず要求される点を、日本に適用すべきか否かを問う内容が新たに加えられている。

当時最も権威ある神学者の一人とされていたスペインのアルカラ大学教授でイエズス会司祭であるガブリエル・バスケス（一五四九／五一―一六〇四　図2）に対する諮問とそれに対して出された回答が、確認できる限りでは唯一現存する。スペイン国立歴史文書館には、一五九五年付の文書として伝存し、婚姻に関する項目はその最初に位置している。そこには、次のような説明がある。

もしも日本人たちがある儀式で妻を迎え、婚姻を挙行する場合、その国の習慣によってその性質を試みるために妻を迎えると考えているとすれば、彼らは永遠の婚姻を、すなわち真の婚姻を結んではいないことになる。さらに、彼らは、あたかも望む方法で望む時に妻を離縁する条件をわざわざ付けているかのように振る舞うので、完全な形で結婚する場合にも、真の婚姻は存在しないと思われる。[9]

バスケスは、日本という地域の特性を認め、試みの意図を持ち婚姻の本質に反する条件付きで行われる日本人の婚姻は真の婚姻ではないと認定する結論に到達している。実は、諮問を行う以前から、すでにヴァリニャーノは、カトリックの教理を日本社会の現状に適応させて拡大解釈しようとしていた。従って、彼の求める解決策は、諮問以前にある程度その基本的枠組みが形成されていたと言える。この諮問は、日本人の婚姻の有効性を問う内容になっており、日本人の離婚問題を異宗婚姻の問題から切り離して議論し、日本人が未信者時に結んだ婚姻が無効であると立証することに成功した。そして、前婚障害にかかわらず再婚可能な結論に導いたのである。彼は、日本人の離婚を事実上認め、キリスト教徒と異教徒との結婚を黙認し、さらにトリエント公会議の規定を日本に適用しないことを望んでいたのである。バスケスは、基本的にヴァリニャーノの思惑通りの回答を提示したと思われる。彼の回答は、イエズス会総長や枢機卿たちの会議で承認され、最終的にローマ教皇クレメンス八世の承認を得たうえで、一五九八年八月以降、日本で布教する宣教師たちの手に届いた。

一五九八年、ヴァリニャーノの第三次日本巡察に同行して来日した日本司教ルイス・セルケイラは、一六〇五年に長崎において日本における最終的典礼の定式書『サカラメンタ提要』を出版した。典礼とは、司祭によって行われる礼拝の儀式のことである。同書は、日本で初めて出版されたカトリックの典礼書であり、カトリックの典礼を執り行う固有な儀式の趣旨や次第、祈りや教えを収めたものである。同書は、トリエント公会議後、ローマ教皇ピウス五世によって一五六六年に刊行された『ローマ公教要理』に基づくことを本文で示しているが、一五八三年のスペイン版『トレード提要』に基づくことも知られている。ヨーロッパの典礼書の系譜上に位置し、教会の教えを忠実に伝えながらも、日本社会への適応や実用性を取り入れている。二人は、日本という新たな布教地の典礼の統一の重要性に着目し、それぞれの立場から実現可能な方策を試みたのである。

セルケイラは、同書において、日本の布教現場で典礼書という形で、ヴァリニャーノの見解を継承したといえる。同書の冒頭には、「すべてをただちに公布するために記したわけではない」と明記されており、日本社会の事情を考慮する旨を明らかにしている。同書は典礼書としてラテン語で記されているが、同書にはわざわざ日本語の「付録」が添付されており、その中には婚姻の条項が見える。婚姻に関するカトリック教会の教えを忠実に伝えながら、日本の実状を考慮したつくりになっているのである。トリエント公会議の規定をそのまま転写したものではなく、当事者の自由意思によるもので婚姻障害がないことを確認することを日本語で読み上げられるように付録にローマ字表記の日本語で掲載されている。また、第八項では、妻は「奉公のための女性として」ではなく、配偶者として与えられた存在であると述べられている。当時の日本社会の状況を多分に意識した内容といえよう。堕胎に薬を使うことを禁止する項目に見えるように、ヨーロッパの典礼書にはない、同書独特の内容も加えられた。日本教会に特別に配慮し、日本社会への適応や実用性を考慮したものになっており、ヴァリニャーノの布教方針に通ずる内容になっている。

セルケイラが日本司教として実際に日本に滞在しながら職務に当たった期間は一六年にも及んだ。彼は、ヨーロッパで神学部の教授を歴任した教会法と倫理神学に精通した専門家であった。一五八七年の秀吉による伴天連追放令の発布以降も日本教会は比較的平穏な状態にあったが、一六一二（慶長一七）年の禁教令以降、それまでとは比較にならないほど厳しい状況に置かれた。ノッサ・セニョーラ・ダ・グラッサ号の焼沈事件や、家康の側近本多正純の家臣でキリシタンでもあった岡本大八とキリシタン大名有馬晴信との間に生じた贈収賄事件を契機として、一六一二年四月に幕府は天領と直属家臣団に禁教令を発した。この禁教令によって江戸や京都の教会とその関連施設が破棄され、一般庶民までも信仰が禁じられたが、この時期の迫害には著しい地域差が存在した。

日本教会の厳しい実情を受けて日本司教セルケイラが考えた解決策は、まず典礼書『サカラメンタ提要』を刊行して婚姻の教理を確立すること、さらに相次ぐ迫害と禁教令によって同書の婚姻問題に関する教会法の適用が事実上困難な部分に対して、司教の特権によって日本教会を対象に特免を発布することであった。一六一二年七月一〇日付で、彼は、婚姻に関するトリエント公会議の教令に対する特免を長崎において発布した。その内容は、迫害によって司祭の往復が不可能な地域においては、主任司祭と証人の臨席なしに婚姻を結んではならないとするトリエント公会議の教令に対して特免を与えて、司祭と証人の臨席なしに婚姻を挙行することを可能にするものであった。それまでの解決策から一段と踏み込んだといえよう。この特免では、迫害の地域差を考慮して諸地域の名称を詳細に記し、特免の適用の是非を区分することで、その実効性を高めようとしている。さらに、発布前後の婚姻に関する教理を適用することの是非に併せて、状況の変化によって特免の必要がなくなった際の手順まで述べられている。極めて現実的な対応を考慮したものであった。

セルケイラはこの特免発布の二年後、長崎において没したが、その後の日本司教の日本入国は実現せず、禁教令の強化によって司祭の日本滞在すら不可能な状態が続いた。それ故、日本司教セルケイラの特免が実際に適用されたのかは疑問である。しかし、彼の特免は信者の実生活と密接に関わる婚姻問題に対して、教会法上の原則と布教地の実状との間で後者を優先させたものであった。教会法に精通した彼の婚姻問題に対する解決法は、トリエント公会議の規定を尊重しつつも、布教地の日本の事情に寛容であろうとするヴァリニャーノの努力を継承したものであったと見ることができる。ヴァリニャーノやセルケイラなど布教地の事情に寛容であろうとする聖職者たちの努力によって、日本の婚姻問題が理論上解決したにもかかわらず、禁教令の発布によって日本では教会そのものの存続が厳しくなり、解決策の成果が発揮されることはなかった。婚姻問題は、その後軌道に乗る中国布教において焦点になり、その姿勢が問われることになっていくのである。

中国布教における婚姻問題

イエズス会による中国布教は、巡察師ヴァリニャーノがマテオ・リッチなどヨーロッパの数学や自然科学に精通した宣教師たちに開始を指示した。リッチらは、マカオから中国本土に進出し、一五八三年に中国南部の肇慶《ちょうけい》に定住し、一五九五年には南昌《なんしょう》へ進み、九八年には一時的とはいえ北京にたどり着くことに成功した。しかしその一方で、宣教師たちは、日本地域と同様、中国においてもヨーロッパ本国とは異なる様々な価値観に直面することになる。中国では社会的に離婚が容易であり、蓄妾《ちくしょう》制度が合法的に存在していた。そのため、宣教師たちはその対処に苦慮することになったのである。

中国に通用してきた婚姻制度は、事実上、一夫多妻制、より正確に言えば一夫多妾制と称すべきものであった。法的にも社会通念上も正妻は一人であり、その意味で一夫一妻という単婚制を基本形式としていた。正室は原則上生涯一人と考えられ、妻があってさらに妻を娶ること、すなわち一人の男が同時に二人以上の正規の配偶者を持つ重婚は法律によって許されていなかったが、妾は制限なく持つことができた（図3）。妾は妻よりその地位がはるかに低く、権利の面でも妻とは比較にならない存在であった。庶子にも遺産相続の権利は認められていたものの、夫と一体と認められる栄誉は妻一人のものであって妾には及ばず、妾は自己の名において族中に公的な地位を持たなかった。

マカオのコレジオ院長マヌエル・ディアスは、一六〇〇年一月付で中国からローマのイエズス会総長宛てに親展形式の中国における婚姻問題に関する報告書を作成している。ディアスは布教活動の基地となっていたマカオからこの報告書を送っており、この時点ではまだ中国本土に入った経験はなかったが、マテオ・リッチらを援助する立場として、中国に関する情報を彼らから入手して熟知していたと思われる。

ディアスの論点は、概ね離婚の問題と妾に関する問題の二点に集約されている。まず、彼は離婚が頻繁に行われていることを説明しているが、実は彼が使っている離婚の概念は、現代の法的枠組みで理解されるようなものよりも広く、当時の中国社会において頻繁に行われていた、妻を売る行為をも含んでいた。中国では実際、食うに困った者が妻子を売ることは古く秦漢の記録にも見え、その後いつの時代の記録にも見える行為であった。中国で旧来行われてきた婚姻形態から、妻となすべき女性の対価をその親に支払う慣習があったので、金銭を女性の両親に支払って妻を迎えた男性が、その妻を売って別の女性を迎えることが頻繁に見られた。ディアスは、中国社会では現実に離婚は売買婚の一環として簡単に行われる行為であるが故に、キリスト教布教の大きな妨げになっていると述べている。

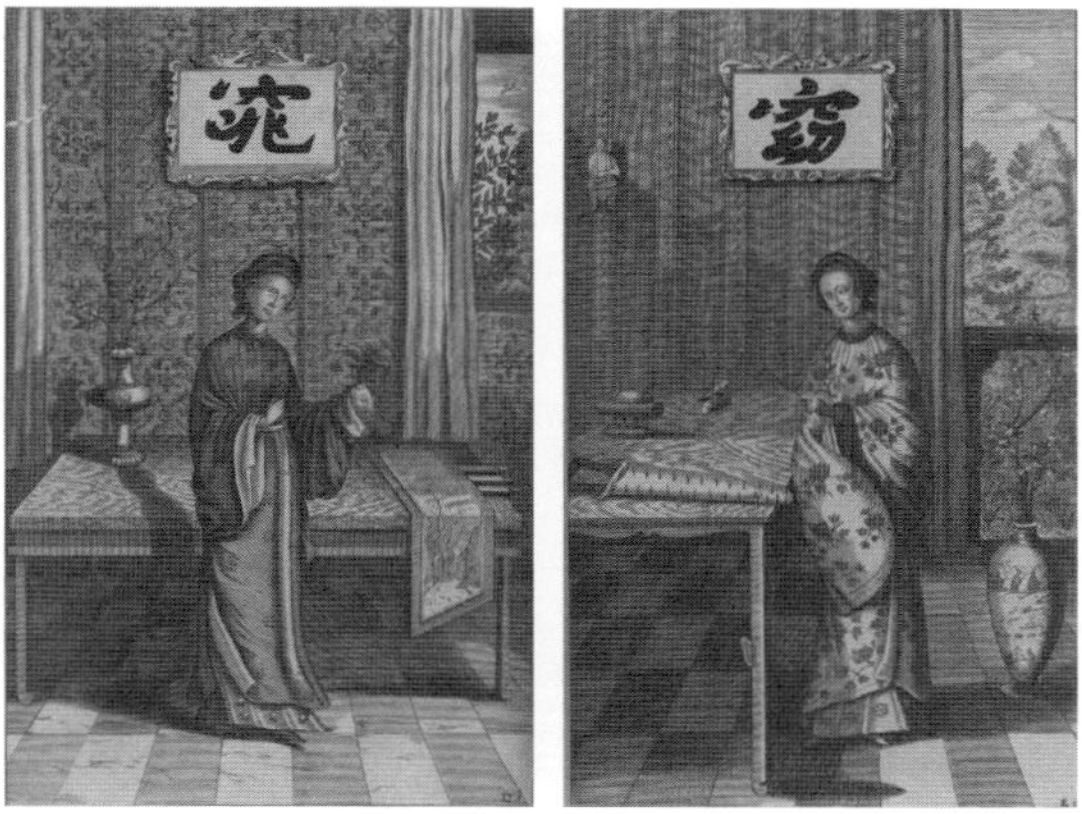

図3　17世紀の中国人女性（Athanasius Kircher, S. J., *China Momumentis*, Amsterdam, 1667. ポルトガル国立図書館 Biblioteca Nacional de Portugal 所蔵）

第二は、妾の問題である。カトリック教会は離婚の問題に関しては特免を考慮した半面、妾の問題に対しては断固たる姿勢を崩さなかった。日本の婚姻問題に関する前掲のヴァリニャーノの諮問には、妾の問題への言及は見られない。ここでディアスが問題にしているのは、カトリック教会のそのような姿勢に正面突破を図るものではない。中国では、妾を正妻にすることを禁ずる法律がある。[10]妾と妻の地位は厳密に区別され、妾は妻よりその地位がはるかに低く、妻と妾の身分は確然と異なっていた。しかし、正妻を亡くした場合、妾の呼称や儀礼に留まるが、実際は正妻と同様に、結婚の単一性と不解消性に抵触しないことがディアスの議論の前提になっている。ディアスは、妾の身分のままでもその婚姻を認めて受洗を許す特免を願っていたのである。彼は、それが多くの中国人の改宗に繋がると述べ、そのためにイエズス会総長がローマ教皇に働きかけるように嘆願したのである。

ディアスの報告からは、当時の中国社会における婚姻を正確に認識していたことが窺える。一方で、彼が取り上げた婚姻問題は、すでに信者になった者が未信者と結婚する異宗婚姻の問題や、婚姻挙行の際にトリエント公会議の決議に従う問題などには言及していない。主に異教徒の受洗に際する婚姻問題とのかかわりが焦点になっているのである。それは中国布教が本格的に行われて間もない布教初期の段階において、ディアスはあくまでもこれからキリスト教に改宗しようとする者を想定して議論を進めていたからであろう。また、日本地域とは異なり、妾の問題が大きく取り上げられている点も、中国社会の婚姻事情を反映しているといえよう。ディアスの見解を、一五九二年のヴァリニャーノの諮問と比較するならば、正確な認識に基づいて布教地の地域的特殊性を考慮しながら柔軟な姿勢で解決策を追究する方針は一致している。ディアスの努力は、イエズス会内部では日本と中国において、少なくとも一六世紀から一七世紀にかけていわば底流として繋がっていたと思われる。

一六六七年、ドミニコ会士のドミンゴ・フェルナンデス・ナバレーテは、中国の妾の問題に対してイエズス会の布教方針を批判している。明末清初の中国では、蓄妾は官僚たちの間では一般的なことであった。カトリック教会にとって、蓄妾は、婚姻の単一性に反するので承認できないことである。それ故、蓄妾の問題が読書人（中国の知識人）に対する布教の大きな障害になっていた。婚姻問題においては、おおむね妾の存在は妾を囲っている男性にとっての問題として議論される傾向にある。妾を囲っている男性に洗礼を授けて構わないかどうかが問題となる。中国では妾の問題が布教の大きな障害になっていたようで、この史料を作成しているナバレーテ本人が、妾を中国布教における最大の困難と表現している。

ナバレーテは、妾に洗礼を授ける問題の是非を論じている。妾は婚姻の単一性を否定する存在として許されるものではないうえ、妾を持つ者は受洗できない。妾の存在は受洗を妨げる負の要因でしかないのである。しかしその一方で、妾も救われるべき哀れな羊であり、妾は主人から金銭で買われていることが多く、通常は自ら望んで妾になったわけではない。売買によって取引される社会的弱者でもあり、その立場から逃れることで生活困難な状態に追い込まれることも多い。ナバレーテは、結局、妾に洗礼を授けることの是非を司祭が判断するのが適切な解決策であるという。妾に関するイエズス会の布教方針に論駁するかのようでいながら、妾に関する問題ではドミニコ会も同様の困難に直面していることを自認している印象をぬぐえない。このことから逆に、妾の問題が中国布教に際して、どれほど大きな障害となったのか、窺い知ることができる。妾の問題に対して、当時のカトリック宣教師たちがいかに悩み、現地の状況との間での解決を模索していたのか、換言すれば、現地の社会に寛容でいようとしたのか知ることができるのである。

一六七五年、イエズス会士ルイス・ブリオは、北京において『聖事禮典』を出版した。ブリオは、セルケイラの『サカラメンタ提要』を参照しつつ中国を対象に同書の内容を簡略化したものを出版したのである。『サカラメンタ提要』はラテン語で記されているが、『聖事禮典』は、中国の事情が考慮され、ラテン語の習得が困難な中国人司祭に配慮して中国語で編集されている。セルケイラは、日本司教の立場から聖職者を対象にした典礼書『サカラメンタ提要』を出版し、ローマ教会が公示した典礼が日本教会にも適用できるとした。実際、この権限は日本司教に属する。さらに、定式書として秘跡全般に言及する必要があった。これに対して、『聖事禮典』は、ブリオが宣教師としての立場から中国布教に必要な事項だけを纏めたものである。ヨーロッパの婚姻儀式とは異なり、両書には婚姻儀式に指輪の交換と結納金の贈与の規定がない。堕胎のために薬物の使用を禁止することは両書に見られるが、実はヨーロッパの典礼書にはなく、『サカラメンタ提要』で初めて採用された独自の条文であり、それを『聖事禮典』が継承している。しかし、『サカラメンタ提要』には、トリエント公会議で定められた重要な規則である、主任司祭と証人の臨席を要求する「タメットシ教令」に言及されているが、『聖事禮典』には省かれている。他に、著しい相違点としては、『サカラメンタ提要』が父母の同意の重要性を強調しているのに対して、『聖事禮典』は父母が子女の結婚に多大な権利を行使していた中国の事情を鑑みて、当事者の意に反して父母が結婚を制止または強制することを大罪として強く戒めていることが挙げられる。

カトリック教会の婚姻問題に対して、日本布教で見られたヴァリニャーノなどによるイエズス会の布教方針が、日本司教セルケイラの『サカラメンタ提要』で典礼書という形式をもって集約され、中国布教においても『聖事禮典』に継承されていったものと思われる。それは、布教地の実状を考慮する、革新的ともいえる布教方針であり、布教する側が、キリスト教信仰を受け入れる社会に寛容であろうとする姿勢であったともいえる。

むすび

一六世紀から一七世紀にかけての日本と中国の婚姻問題をめぐるイエズス会宣教師の模索した解決策は、布教地におけるカトリック教会の姿勢を表している。東アジアにおける婚姻問題は、主に日本では離婚の問題が、中国では蓄妾の問題に議論が集中しており、それぞれの地域における最大の難問であったことが宣教師たち自身によって書き残されている。まず、日本布教において、巡察師ヴァリニャーノは、イエズス会の革新的布教方針を設定しており、日本人の婚姻そのものの有効性を疑問視することで離婚問題を解決しようとした。倫理神学の権威者たちにそれを諮問して、ローマ教皇による特免が与えられることによって解決することを試みた。彼は、布教地である日本社会の特殊事情を考慮して、教会法の適用を留保したり、教会法を拡大解釈したりしており、布教地の社会に寛容であろうとする姿勢を取っていたといえる。これは、他の布教地域には見られない革新的な考え方であった。それが日本司教セルケイラの『サカラメンタ提要』に集約され、その後、中国布教において『聖事禮典』に継承された。ヴァリニャーノの適応主義で知られる布教方針が窺えるが、それは一種の寛容の姿勢であったと考えられる。

結局、婚姻問題をめぐる宣教師たちの議論は、トリエント公会議の教令に従って、妾を断固として禁止することと、異宗による婚姻障害を日本や中国には適用させないという、二つの基本軸を中心にして、カトリック教会が様々な離婚の事例をどこまで容認できるか、すなわち寛容でいられるかに集約できると思う。ここまで真剣に布教地の婚姻問題が議論されたのは、日本と中国だけであり、それは裏を返せば、そこまで寛容な姿勢を示したとも表現できる。日本と中国のカトリック布教において、ヴァリニャーノによって主導された布教方針である「適応主義」は日本と中国という布教地に対する寛容の姿勢から生まれたものであり、それは婚姻問題にも投影されていると言えるのではないだろうか。

註

1　「あなたは心を尽くし、魂を尽くし、力を尽くして、あなたの神、主を愛しなさい」（「申命記」第六章第五節）、「隣人を自分のように愛しなさい」（「マタイによる福音書」第一九章第一九節）、「敵を愛し、自分を迫害する者のために祈りなさい」（同、第五章第四四節）、「あなたがたも、それぞれ妻を自分のように愛しなさい」（「エペソ人への手紙」第五章第三三節）。

2　本章は、安廷苑『キリシタン時代の婚姻問題』（教文館、二〇一二年）の内容を要約したうえで、寛容を基軸に論じたものである。なお、婚姻問題については、ロペス・ガイ神父の次の先駆的研究がある。Jesús López Gay, S. J., *El Matrimonio de los Japoneses: Problema, y soluciones según un ms. Inédito de Gil de la Mata, S. J. (1547–1599)*, Roma, 1964.

3　H・デンツィンガー編（浜寛五郎訳）『改訂版カトリック教会文書資料集』（エンデルレ書店、一九八二年）、三一四頁。Norman P. Tarnner ed., *Decrees of the Ecumenical Councils*, 2 vols., London & Washington DC, vol. 2, p. 756.

4　José Alvarez-Taladriz ed., Alessandro Valignano, S. J., *Adiciones del Sumario de Japón*, Osaka, 1954. 松田毅一他訳『日本諸事要録』（平凡社、一九七三年）、一八八頁。

5　Biblioteca da Ajuda, Jesuitas na Asia, 49-V-6, ff. 85v.-89v.

6　婚姻の障害とは、神法または自然法に基づき、あるいは教会の積極的意表によって一定の人に婚姻を禁ずる一定の事情を指す。その種類は、以下の三つに大別できる。一、自然法に基づく障害（例えば交接不能や前婚の絆がある場合）と教会法による障害

（例えば血族関係の場合）、二、絶対的障害（完全な交接不能のように何人との婚姻も禁じられた場合）と相対的障害（異宗婚、近親婚など一定の人との婚姻を禁じられる場合）、三、無効障害（婚姻を無効とする障害）と禁止障害（婚姻を結ぶことを妨げるが、無効にはしない障害）。なお、現行教会法の下では無効障害に、年齢の障害・交接不能・前婚の障害・異宗障害などが挙げられる（『カトリック大辞典』Ⅱ、一九四二年、三一三―三一六頁）。

7　Jesús López Gay, "Un Documento Inédito del P. G. Vásquez (1549–1604) sobre los Problemas Morales del Japón," *Monumenta Nipponica*, vol. XVI, nos. 1–2, 1960–61. 同文書については、高瀬弘一郎『キリシタン時代の文化と諸相』（八木書店、二〇〇一年）、浅見雅一『キリシタン時代の偶像崇拝』（東京大学出版会、二〇〇九年）に言及されている。

8　"Un Documento Inédito del P. G. Vásquez (1549–1604)," pp. 132–133, pp. 144–145.

9　Ibid., p. 140, p. 155.

10　滋賀秀三『中国家族法の原理』（創文社、一九六七年）、四七五、五五一―五七五頁。仁井田陞『中国身分法史』（東京大学出版会、一九四二年）、五七一―五七二頁。陳顧遠『中国婚姻史』（北京・商務院書館、一九三七年）、五二―五四頁。

補注　図2は、正式名称が「カスティーリャ＝ラ・マンチャ図書館のボルドン・ロレンサーナ・コレクション収蔵の法律家のイエズス会士ガブリエル・バスケスの肖像画。一八八五年頃カシアーノ・アルガシル撮影写真、トレード市文書館」"Retrato del jurista jesuita Gabriel Vázquez conservado en la Colección Bordón Lorenzana de la Biblioteca de Castilla-La Mancha. Fotografía en realizada por Casiano Alguacil hacia 1885. Archivo Municipal de Toledo"というものである。現在、当該の図書館に原画はなく、トレード市文書館に白黒写真が所蔵されているに過ぎない。

第七章　オランダ共和国における宗教的寛容と日本

松方　冬子

はじめに

まずは次頁の図1を見てほしい。教会になだれ込んだ暴徒たちが、ロープをかけて聖像を引きずりおろし、梯子を上ってステンドグラスを叩き割っている。一五六六年八月二〇日の現在のベルギー（南部ネーデルラント）のアントウェルペン（英語でアントワープ）にある聖母マリア聖堂の破壊を描いた絵である。図2は、現在のオランダ（北部ネーデルラント）のユトレヒトにあるドム教会の顔のない聖母と聖女たちの像である。

どちらも、ネーデルラント（「低い土地」「低地地方」の意。ライン川、マース川、スヘルデ川のデルタを中心にした地域）に吹き荒れた、聖像破壊運動の姿を今に伝えるものである。神を騙るカトリック教会と、それと密接に結びつくハプスブルク家の支配。このがんじがらめの息苦しさの果てに、ほぼ何の理屈も言い訳もなく、我慢と諦めも限界に達した民衆の暴発。この激情を理解せずして、一七世紀のオランダ共和国を語ることはできないだろう。

聖像破壊運動

キリスト教についてここでくわしく語ることはできないが、簡単に説明しておこう。

今日ヨーロッパだと思われている地域のかなりの部分は、中世にはカトリック教会の支配のもとにあった。

図１　フランス・ファン・ホーヘンベルフ画 聖像破壊運動

図２　ユトレヒト・ドム教会の顔のない聖母と聖女たち
（筆者撮影）

ローマ教皇は、「神の代理人」として君臨し、そのもとに枢機卿、司教、司祭などの聖職者がピラミッド状につらなり、その末端は町や村にまで届いていた。カトリック教会は、日本中世の仏教寺院の多くがそうであったように、王政や貴族制と密接に結び付きつつも、ある種の実力主義が貫かれる組織でもあった。パレスチナに生まれたキリスト教はヨーロッパ土着宗教と融合し、多くの聖人を作り出し、一神教でありながら、多神教的な要素も持っていた。教会には美しい聖画・聖像が飾られ、聖職者は豪華な衣をまとい、毎週日曜日の説教によって、信者たちを導いていた。

そのカトリック教会が、贖宥状（免罪符）を発行するようになった。もともと、キリスト教は、罪を犯しても罰を受ければ救われる（つまり罪と罰は、プラスマイナスの関係にあり、相互に相殺できる）、また、罰を受けるのは本人でなくてもよい、という考え方を持っていた。イエスが人間の代わりに十字架に懸ったという話からもそれは肯けよう。したがって、修道院は、いわば罰代行業者としての性格を持っていたらしいが、教皇の教会であるサンピエトロ改築のために組織的にビジネスとして始めたのが贖宥状販売である。

これに対し、マルティン・ルターが一五一七年に疑問を呈すると、カトリック教会への批判が巻き起こり、「神の代理人」を認めず、聖書を重んずる、いわゆるプロテスタント（語義は「抗議する者」）が誕生する。このうち、とくにカルヴァン派は偶像を認めない。[1]

カトリックには、「赦す」ノウハウが多い。罪を犯しても、告解、秘蹟、教会への寄進などにより贖うことが可能だとされる。その結果、絵画や彫刻、大建築、等々を生み出した。罪のなかには、飽食、贅沢なども含まれるから、カトリックの盛んな国では、おいしいモノやきれいな服があふれている。いいことづくめのようだが、その「赦し」の技やルートを独占的に握っているのがカトリック教会で、その結果、教会に富と権力が集まる仕組みになっている。そこに世俗権力が結びついているから、人間はその枠から逃げられない。一方のプロテスタントにはそれがない。神を騙った他人に支配をされない代わり、神は聖書と内面の良心を通じて自分の心の中にある。美食も贅沢もできないから、お金の使い道は、投資と慈善事業のほぼ二種類しかない。

ネーデルラントにも司教座がおかれ、つまりカトリック教会の支配下に置かれたが、一五二〇年ごろルター派、再洗礼派など、一五四〇年にはカルヴァン派のプロテスタントが伝わった。一五六〇年ごろにはカルヴァン派が本格的に流入して、ルター派を圧倒、再洗礼派を吸収していった。これらの宗教の伝播の背景には人の移動があったが、ここでは触れない。

さて、世俗権力の頂点にあった神聖ローマ皇帝（ハプスブルク家）のカール五世（在位一五一九―五六）は、ネーデルラントを帝国領内に組み入れた後、自分の所領を遺産として二つに分与した。弟のフェルディナント一世には皇帝の称号とオーストリア大公領などを引き継がせ、長男のフェリーペ二世にはスペイン、ネーデルラント、南イタリアなどの所領を相続させた。フェリーペ二世は、熱心なカトリックで、ネーデルラントに重税を課し厳しい宗教弾圧をおこなった。

聖像破壊運動は、その結果として起こった。一五六六年、南部で始まり、燎原の火のごとく北部にも広がる。それを鎮圧するべく、一五六七年アルバ公率いるスペイン軍が到着、のちに八〇年戦争と呼ばれる戦乱が始まった。カトリックは宗教と世俗権力が一体となった支配の仕組みであったから、それを批判し否定する宗教改革も政治的な反乱と一体となっていた。南部は再征服される（アントウェルペン陥落一五八五年）が、北部七州が独立を維持した。この北部七州のことを、以下、ポルトガル人から教わった呼び名で「オランダ」と呼ぼう。

一六〇九年―一六二一年には、スペインとオランダ共和国の間で休戦協定が結ばれ、一六四八年のウェストファリア条約でスペインがオランダの独立を正式に認め、八〇年戦争は終結した。ちなみに、フェリーペは一五八一年よりポルトガル王を兼ねており、スペインとポルトガルは一六四〇年まで同君連合となる。このことは、当初ポルトガル経済を好転させたが、のちには桎梏となったとされる。オランダは信仰の自由を原則としつつ、事実上プロテスタント（主にカルヴァン派）が支配していた。南部ネーデルラントはカトリックに統一された。

プロテスタンティズムの倫理と寛容の精神

マックス・ウェーバーによれば、プロテスタントの信仰こそが、資本主義を生んだとされる。[2] 偶像崇拝を禁止して、イタリア人が彫刻・絵画・食べ物・おしゃれに使っているお金を、オランダ人は慈善事業と投資に使う。オランダ人に偶像崇拝を批判されたアフリカ人が、オランダ人の神はお金だろう、と言い返したというエピソードもある。[3] 後で述べるオランダ東インド会社の史料を読むと、それはあながち間違いではないと思うが、ここではオランダ共和国における宗教的寛容について、若干触れておきたい。

オランダ共和国では、プロテスタントが支配的な宗教となったが、カトリック教徒がいなくなったわけではない。カトリック教会の建物の多くは、プロテスタントの教会として再利用されたが、カトリックの家族は、廃墟となった教会に通い続けることもあった。また、外から見て教会だとわからなければ、カトリック教会を作ることもできた。図3は、アムステルダム中心部にあった教会を現在博物館として公開しているもの。外から見ると普通の住宅だが、三階～五階が教会になっている。聖像・聖画があるカトリック教会である。

図3　オンス・リーベ・ヘール・オブ・ソルデル博物館
（筆者撮影）

一方、スペインでの迫害から逃れてきたユダヤ人（セファルディム）が、アントウェルペン陥落によってアムステルダムに移住し、資本とダイヤモンド加工技術をもたらした。一方で、ドイツからやってきたユダヤ人アシュケナージたちもいた。

また、フランスから逃れてきたプロテスタント（ユグノー）も彼等の教会を持ったし、イギリスからの亡命者の心のよりどころとなったのはイギリスのプロテスタント諸教会（国教会、ピューリタン）であった。ピルグリム・ファーザースは一時ライデンに滞在し、そこからアメリカへわたった。

オランダ東インド会社（VOC）とポルトガルとの抗争

さて、一四九三年にローマ教皇アレクサンドル六世は、勅書によってスペインとポルトガルによる世界（地球表面）二分割線を両極から大西洋上に引き、その西がスペイン、東がポルトガルの「征服に属する地域」であることを承認した（デマルカシオン）。翌九四年には両国の間で、この二分割線を西に移動させるトルデシーリャス条約が締結された。世界二分割線は、「神の代理人」が認めたものであるから、当時は大きな力を持ち、ポルトガルはアフリカからインド洋方面に進出して、王室独占貿易（ひとつの経営体ではなく、王室がアジア貿易の許認可権を持つ）を行った。

一五一〇年にはインドのゴアを占領してそこにインド副王を置き、一五一一年にはマラッカを占領した。一五二二年香料（モルッカ／マルク）諸島のテルナテに要塞を築いた。インド洋ではカルタス（通航証）を発行し、カルタスを持たない船から税を取る形で、エスタード・ダ・インディア（ポルトガル領インド）を形成した。ポルトガル王室が海外進出を推し進めた主な動機の一つは海外布教である。ポルトガル人の貿易は、おりしも盛んとなっていた、カトリックによる対抗宗教改革と一体となって進んでいた。

一五五七年頃には、ポルトガル人の一部が明からマカオを借りうけることに成功したが、これは海外領土の外である。本国に居場所のない改宗ユダヤ人が多かったという。[4]

一方、オランダ人は、当初ポルトガルから香料などを買っていたが、一五八一年ポルトガルがスペイン支配下にはいったことにより、それが手に入らなくなってしまった。それを一つの契機として、一五九四年から、香料諸島目指して自前の船を送り出すようになり、コルネリス・デ・ハウトマンがバンテン（現在のインドネシア）での貿易が成功してから、先駆的諸会社が乱立して、競争により利益を食い合うようになった。それを防ぐため、一六〇二年連合東インド会社（以下、VOC）が、巨大な資本金をもとに継続的に運営される世界最初の株式会社として、共和国の中枢的な人々もそうでない人々も投資して、結成された。共和国連邦議会からの特許状により、喜望峰より東、マゼラン海峡より西の貿易独占権のほか、そこでの条約締結権、交戦権、要塞築城権などを認められたオランダ共和国の分身である。VOCは、布教を目的とせず、利潤追求を唯一の目的として活動した。

オランダ人は、ポルトガル人の拠点を攻撃し、香料諸島、東シナ海、インド洋、さらにはブラジルでも、抗争が起きた。一六〇九年、オランダのグロチウスは、『自由海論』を著して、オランダ人によるポルトガル船拿捕を正当化しようとした。ポルトガル人が教皇に認められた支配権を盾に「自由に」ふるまうことに反論したもので、アジアの王権に権利があるとし、外交関係により進出するべきと主張したものである。[5]

一六一九年ＶＯＣは、バタフィアに総督府を置き、アラビア半島モカから日本に至る商館を統括させた。ポルトガル人はアジアにおける商売上の敵であるだけでなく、スペインと同君連合であることにより、独立戦争を戦うオランダ本国にとっての敵でもあった。

一六四〇年ポルトガルがスペインから独立し、一六四一年にはオランダとポルトガルの間で一〇年間の休戦条約（発効は翌年）が締結される。その発行寸前に、ＶＯＣはポルトガルの重要拠点であったマラッカを奪取した。同地は、インド洋と南シナ海を結ぶ地点にあり、ポルトガル海上帝国の最も東の拠点であった。

その後も、セイロン島（現在のスリランカ）やブラジルで戦闘が続き、一六五〇年代にポルトガル人はセイロン島から撤退した（ＶＯＣは、同島を支配するキャンディ王国と同盟していた）。一六六一年にオランダとポルトガルの間でハーグ条約が締結され、その後は互いの海外拠点に侵入しないことを決めたが、実際には、一六六三年まで、インドのマラバール海岸のコーチン、カナノールなどで戦闘がつづき、ＶＯＣはポルトガルのインド洋の拠点（ゴア以外）を占拠した。

まとめてみると、喜望峰以東のポルトガル人とＶＯＣとの間では、本国の状況とはかかならずしもかかわりなく、貿易の主導権をめぐって熾烈な争いがあり、常に戦争状態の様相であった。一方で、本国同士が休戦協定を結ぶと、海外での戦闘も制限をうけたことも事実であった。オランダ人から見れば「神の代理人」が認めた世界の分割との戦いであったが、ポルトガル人から見れば海賊との戦いであった。

アジアのポルトガル人とオランダ人

さて、VOCは、喜望峰から東では国家のようにふるまっていたので、その宗教政策についてみてみよう。

アジアの本拠地であるバタフィアは、一六七三年の城内（市壁の内側）人口が二七、〇六八人で、そのうち、マルデイケル（旧ポルトガル領のインドやムラカ出身でキリスト教徒となり解放された奴隷、ポルトガル語話者）が五、三六二人で、彼等はVOCの職員や兵士、牧師、商人などであった。ほかに、中国人二、七四七人、オランダ人二、〇二四人、ムーア人（ムスリム）及びジャワ人一、三三九人、バリ人九八一人、欧亜混血七二六人、奴隷一三、二七八人となっている。バタフィアの教会には三種類があり、オランダ語、ポルトガル語、マレー語の教会だったという。ポルトガル語教会が一番大きかった。本国派遣の牧師を中心に、マルデイケルの牧師や教師が、牧師の補佐やオランダ人子弟の教育に当たっていた。[6]

前述のように、VOCは海外布教にほとんど興味がない。唯一の例外は、台湾での原住民布教であった。[7] 前にも述べたように、ポルトガル人の貿易と布教は一体のものであり、ポルトガル商人のいるところには宣教師がいる。宣教師は、商人同士のトラブルの際仲裁者としての役割を果たしたようである。（バタフィア周辺を中心に、VOC職員以外の自由オランダ人がいなかったわけではないが）アジアのオランダ人が原則としてすべてVOCという一つの組織に属しているのに対し、ポルトガル商人は一つの経営体に属しているわけではなく、仲裁者を必要としていた。

イエズス会など修道会に属する宣教師は、ラテン語の知識人であり、仏教僧との宗門論争を行ったことからもわかるように抽象的な議論ができる人たちである。それに対し、VOC職員の多くは一〇代で海に出て、現場でたたき上げた人たちであり、信仰や国籍以外でも違った考え方や行動様式を持っていたと思われる。ただし、イエズス会も上下関係が厳しいピラミッド型組織である。イエズス会もVOCも、海外の広い地域での活動を展開するだけの、文書の交換・管理に支えられた組織経営を行っていたのであって、類似点がないわけではない。

徳川政権下の列島へ

一六〇〇年、すなわちVOC結成前に、最初のオランダ船が、関ヶ原の戦い直前の日本にたどり着いた。その乗組員は、家康との面会を果たした。一六〇九年には、ポルトガル船をおいかけてVOC船が平戸に入港、徳川家康からオランダ人への渡航許可朱印状を手に入れ、平戸に商館を開いた。

VOCは当初、日本貿易のために十分な商品を持って来ることができず、もっぱら海上でスペイン船やポルトガル船を襲い、その積荷を奪って日本に運んでいた。平戸商館は、そのような海上略奪航海の拠点でもあった。[8] VOCの主張によれば、ポルトガル船拿捕は正当な権利としての私掠（戦争の一環としての海上での攻撃と略奪）である。ポルトガル人、スペイン人は、オランダ人は海賊であるとして、オランダ人に対する貿易許可の取り消しを求めたが、成功しなかった。一六二〇年代に、VOCが台湾に拠点（現在の台南市の近く安平にあったゼーランディア城）を獲得すると、そこで中国製品を仕入れることが可能になり、スペイン船、ポルトガル船への略奪は、やや沈静化した。

それでも、VOCの海賊的な性格がやんだわけではない。VOCは、一六五〇年代にはカンボジアやコーチシナと、一六六〇年代には鄭氏と戦争中であるとして、彼等のジャンク船を拿捕しては正当な権利であると主張した。[9] 一方、徳川政権は、当初朱印船を襲わない限り、介入することはなかったが、一六五〇年代になると一般に日本に向かうジャンク船の攻撃を禁止するようになり、VOCもそれを無視することはできなかった。[10]

一六一四年から、徳川政権によるキリスト教禁令が実施されるようになる。一六二〇年代にはスペイン勢力を追放し、一六三九年ポルトガル人の追放に帰着する。徳川政権によるキリスト教弾圧は有名であるが、カトリック支配地域における異端審問のようなものではない。カルロ・ギンズブルグ『チーズとうじ虫』[11] は、異端審問記録をもちいて民衆の世界観を明らかにした名著である。そのような研究が可能になるのは、容疑者からその心のうちを聞きだし、そこから異端か否かを判断するような異端審問が行われていたからである。それに対し、徳川政権の宗教弾圧は、心のなかを対象とするものではなく、外見主義といおうか、行動に表れた信仰のみを対象とする。

オランダ商館長日記に見るオランダ人とキリスト教禁令

以下では、オランダ商館長日記と関連する書翰のなかから、オランダ人がキリスト教禁令とどう関わり、どう向き合っていたのかを示す部分を拾ってみたい。

ポルトガル人が追放を言い渡された翌々日、オランダ商館長は長崎で、上使太田資宗から、将軍からの文書を読み聞かせる形で、以下の内容を伝えられた。

キリスト教の教義を弘めることは、将軍から最も厳重に禁止されている。貴下はこの禁令を十分理解して、一人の宣教師も、また修道士、あるいはキリスト教の教義を弘める者を、貴下とともに統治に渡航させぬように。なぜならば、もし貴下がこの禁令を犯して、これらの者どもを貴下とともに当地に運んだ場合には、その船は、そこに積まれているすべての物、同船で来たすべての者と諸共に沈められることとなるからである。[12]

さらに翌年、大目付井上政重と奉行は、平戸のオランダ商館を視察したのち、オランダ人を平戸藩主の邸に呼び出させ、以下のように申し渡した。

将軍は、貴下たちが皆、ポルトガル人と同様にキリスト教徒であることについて、確かな報告を受けておられる。貴下は日曜日を守り、我が国のすべての国民の面前にあって、しかもその眼に触れる貴下たちの家屋の棟と破風とにキリスト生誕の紀年を記している。十戒、主の祈り、また、信仰、洗礼ならびに聖餐式、旧約聖書、新約聖書、モーゼ、預言者ならびに使徒たち、要するに〔ポルトガル人と〕同様の作業、原理を持っており、そのことは明白である。我々は両者の間の相違がわずかなものとみなしており、貴下たちがキリスト教徒であることは、ずっと以前から知られている。[13]

この結果、平戸にあった会社の建物は、すべて取り壊しを命じられ、オランダ商館は長崎に移転した。これに対し、オランダ人が、自分たちの信仰をどう説明したかを見てみよう。

我々は、キリスト教徒であるが、しかし、ローマのそれでもポルトガルのそれでもなく、しかも、我々と彼等の間には、その点では夜と昼との間に比べられる程の相違がある。そのことは通詞たちの国土〔つまり日本〕に住む棄教者たちや何千という住民が十分に知り尽くしていて、その人たちは、我々が一つの別の国民であり、そして何の信仰仲間をも作っておらないことを証言できる〔以下略[14]〕。

キリスト教信仰をめぐってオランダ人には以下のことが禁じられた。ロザリオなどキリスト教関連の装飾品を長崎で販売したり贈与したりすること、キリスト教関連の書籍を日本人に見せること、日曜日の安息日の習慣[15]、オランダ人が死亡した際の出島への埋葬[16]である。

書物については、実際に下記のような措置が取られた。

必要のない書籍は、検査することなくひとつの籠に入れられ、検使たちにより封印され、そして保管のため我々の家主に引き渡された。[17]

日曜日については、東インド総督から商館長への書状が、以下のように言及している。

御地で日曜日の件につき下されている良心上の制限を知ることは我々にとって苦しみであります。主の戒律の数々を人々は人間の意思により傷つけたり、または何らかの世俗の利得のためにそこから逸脱してはならず、完全にこれを護持しなくてはならず、こうして、我々は神の恩恵に値したく思うのです。日曜日に公然と儀式を挙行し、これを明示することは〔中略〕せずにおいてもよろしいが、個々人は自分の神に黙って仕えることを条件とします。そのことは、服装を変えたり、旗を掲げたり〔中略〕することによってではなく、敬虔な心の中で行わなくてはならないのです。[18]

埋葬する代わりに水葬することが当初厳しく命じられ、また実行されたが、一六五四年からは、稲佐村の悟真寺への埋葬が認められた。書物の封印は、幕末まで続けられた。

商館の出島移転にともない、生活上の数々の制限が課されたことは、オランダ人を不安にさせ、総督アントニオ・ファン・ディーメンは、一六四二年六月二八日付で老中宛てに、待遇を改善してほしい旨の書翰を送る。それに対する返答には、オランダ人には、キリスト教を広めないこと、信仰を目立たせないことであることが、明瞭に命じられている。

日本の法律は公正ですが、とくにキリスト教徒に対しては厳正で過酷です。しかし、オランダ人は、長年

> 日本において貿易を行い、一度もキリスト教を伝播しようと試みたことも、それに関わろうとしたこともなく、〔中略〕当局もそれをよく認識し、長崎に来航し貿易することを許しているのです。〔中略〕日本に派遣される、また当地に滞在する貴下の部下に対して、どうぞ、信仰が表立たぬよう注意し、そのキリスト教をこころのうちに秘めておくように命じてください。〔中略〕キリスト教の信仰を秘し、それが眼につかぬようにすることを命じるのに同意いただけたら、欲することのすべてが得られ〔中略〕るでしょう。[19]

まとめてみると、徳川政権が禁じたのは、信仰の目に見える部分であり、それにオランダ人は応じていた。ポルトガル人の信仰と自分たちの信仰は全く違う、とは言っているが、どのように違うかを具体的には説明していない。表立った信仰を禁じる日本側の要求は、時代とともにだんだんと緩んでいきはしたものの、大筋では日本に滞在するVOC職員によって守られ続けた。

密航宣教師のその後

一六四二年、一六四三年には、宣教師が日本に潜入する事件が起きた。[20] 遠藤周作の小説『沈黙』によっても知られるこれらの密入国者は逮捕され、厳しい扱いを受けた。日本にいたオランダ人たちはその様子をヨーロッパに伝える役目も果たした。商館長日記を情報源とすると思われる、公刊されたアーノルドゥス・モンタヌス『東インド会社遣日使節紀行』（『日本誌』[21]）のキリスト教迫害の記事は以前から知られていたが、最近阿久根晋氏の研究[22]により、オランダ商館長日記から抄出したポルトガル語訳がイエズス会文書館に収蔵されていることがわかった。迫害の記事はあっても、VOCにとって最も枢要な商売にとっての記事はイエズス会文書館の抄訳にはふくまれていないということを考えると、VOC（またはその職員）が、意図的な部分的情報開示をしたのかもしれない。

徳川政権が、これ以上の宣教師潜入を防ぐために、あえて情報を伝えたいと考えた形跡もある。一六四三年三月一七日、潜入した宣教師は、長崎奉行の問いに対して、「マカオの人々、あるいは今まで宣教師を派遣してきた他のどの土地の人々も、まず彼等が捕えられたこと、そして殺されたことを知った後では、さらに宣教師を派遣することは断念させられるに違いない、と答えた」。そして、奉行が、どうすれば、マカオの人々は宣教師が死刑になったことを知るだろうか、と重ねて問うたのに対し、「当地に囚われているカスティリア人を、オランダ人に彼の地へ護送させて送り返せば簡単であり、休戦条約によって今はそれが可能であろうと答えた」[23]という。この後、実際にどうなったのかは、今のところわからない。

オランダ商館長日記には、Paap（帽子）という言葉が良く出てくる。これは、カトリックの宣教師に対する蔑称である。日本にいたオランダ人は、少なくとも一六四〇年代まではポルトガル人を敵とみなしていた。もし、密航宣教師のその後を敢えてイエズス会に伝えたとしても、それは親切心からではなさそうである。

むすび

以上、オランダ共和国における信仰から、VOCの成り立ち、徳川政権の近況に対する対応を続けてみてきた。そこに見られるのは、カトリック的な「かたち」（ゆるしの儀式、聖画や聖像など）を拒絶して、「内面」を重視したプロテスタントの人々の姿である。そこに寛容があるとすれば、「外から教会だとわからなければカトリック教会を作ってもいい」という私的な領域における自由を認めるという形での寛容さである。それは「外からわかるキリスト教信仰は禁止」という徳川政権の禁教方針とうまくかみあい、オランダ人は信仰を自分の内面にとどめることによって徳川政権下の列島での生活に適応した。

ヨーロッパ人にとって「近代」「資本主義」とは、キリスト教（教皇支配）への抵抗（プロテスタンティズム）と大きく関わっているようだ。災難や矛盾を神の御心と諦めるのでなく、自分が工夫すれば世の中は良くなるという確信。「かたち」と「内面」の区別。それが可能にする異文化との共存。もちろん、それは良いことばかりではなく、万能でもない。オランダ人は徳川政権の禁教に、徳川政権はオランダ人のキリスト教信仰に寛容さを示したけれども、一方でカトリックの人々に対しては、一貫して敵意を持って臨んだ。今で言えば、必ずしも「宗教」を「宗教」という名前で「私的」な領域に押し込めようとはしていない――政教分離でない――社会や国家もあって、それに対する忌避感もあると思うが、果たして政教は必ず分離しなければいけないものなのか。

一方、現代の日本では、内面はともあれ形式さえ整えれば社会の秩序が維持できるという暗黙の合意があるようにも見える。それは、「かたち」への過度の依存ではないだろうか。なぜそれをしなければならないか、そうするとどうなるか、行きつく先をあまり考えることなく、とりあえず形式を整える。本当にそれでいいのか。どういう社会を作っていくのかは、我々自身の選択にかかっている。

「宗教的寛容」は、オランダ共和国やVOCや徳川政権だけの問題ではなく、広く人間の歴史の問題のように思われる。

註

1　深井智朗『プロテスタンティズム――宗教改革から現代政治まで』（中公新書、二〇一七年）を参照。
2　マックス・ウェーバー（梶山力・大塚久雄訳）『プロテスタンティズムの倫理と資本主義の精神』上（岩波文庫、一九五五年）。
3　永積昭『オランダ東インド会社』（講談社学術文庫、二〇〇〇年）、七六―七七頁。
4　岡美穂子「長崎のユダヤ人」（『UP』、東京大学出版会、二〇一一年一〇月）。
5　永積洋子『朱印船』（吉川弘文館、二〇〇一年）、一二―一七頁
6　弘末雅士『東南アジアの港市世界――地域社会の形成と世界秩序』（岩波書店、二〇〇四年）、五六頁。
7　村上直次郎訳注、中村孝志校注『バタヴィア城日誌』二、三（平凡社、一九七二年、一九七五年）。

8　加藤榮一『幕藩制国家の形成と外国貿易』（校倉書房、一九九三年）。
9　東京大学史料編纂所編纂『日本関係海外史料　オランダ商館長日記』（以下、『日記』）訳文編之一二（二〇一五年）、九五―九七頁、一六五〇年九月二日条、一五八頁、一六五一年二月五日条。引用に際しては、わかりやすいように、表記を若干あらためた。Adam Clulow, *The Company and the Shogun: The Dutch Encounter with Tokugawa Japan* (New York: Columbia University Press, 2014) も参照のこと。
10　木村直樹『幕藩制国家と東アジア世界』（吉川弘文館、二〇〇九年）、八五―一一二頁。
11　カルロ・ギンズブルグ（杉山光信訳）『チーズとうじ虫――一六世紀の一粉挽屋の世界像』（みすず書房、二〇一二年）。
12　『日記』訳文編之四（上）（一九八三年）、一六三―一六四頁、一六三九年九月四日条。
13　『日記』訳文編之四（下）（一九八四年）、一七六頁、一六四〇年一一月九日条。
14　『日記』訳文編之五（一九八五年）、一七七頁、一六四一年八月二日条。
15　同右、一一三頁、一六四一年六月二四日条、一九二頁、一六四一年八月九日条。
16　同右、一七六頁、一六四一年八月二日条、二六〇―二六一頁、一六四一年九月二八日条。
17　同右、二〇六頁、一六四一年八月一二日条。
18　同右、三三二頁、附録一六四一年五月一六日付商館長ル・メール宛東インド総督ファン・ディーメン書状。
19　『日記』訳文編之七（一九九一年）、二五六―二五七頁、附録一六四二年一〇月二八日付総督ファン・ディーメン宛出島乙名海老屋四郎右衛門日本語書翰蘭訳。
20　『日記』訳文編之六（一九八七年）、一一六―一一七頁、一六四二年八月一一日条、一二三―一二七頁一六四二年八月二一日、二二日条。『日記』訳文編之七、四六―四九頁、一六四三年七月一日条、四日条。
21　和田萬吉『モンタヌス日本誌』（丙午出版社、一九二五年）。
22　阿久根晋「新たな日本情報源としてのオランダ人――『南蛮貿易』断絶以降におけるイエズス会日本管区の情報収集」（『洋学』二五号、二〇一八年）。
23　『日記』訳文編之七、三三―三四頁、一六四三年三月一七日条。

第Ⅱ部　ヨーロッパにおける寛容

第一章　レッシング『賢者ナータン』のアクチュアリティ

渡邉　直樹

はじめに

ゴットホールト・エーフライム・レッシング（一七二九―八一）の劇詩『賢者ナータン』（一七七九）[1]は、ユダヤ人ナータンによる「三つの指輪」の相続者の挿話が重要な意味を持つ（図1・図2）。ヨーロッパに古くから伝わる「三つの指輪」の逸話にキリスト教、ユダヤ教、イスラーム教を喩え、人間愛を指輪に備わる力として、その力を証明できる者が真の指輪の所有者であり、すなわち「唯一の真の宗教」であると説く。この指輪に備わる人間愛とは啓蒙主義における宗教的「寛容」の理念であると解釈され、『賢者ナータン』はその思想の普遍性ゆえ、今日なおアクチュアリティを失っていない。

しかし、劇行為においては「正しい指輪」の証明も、同様に「唯一の真の宗教」あるいは「正しい信仰」も示されていない。むしろ、このことが、宗教・神学的思索が真理へ至る「努力」の過程であり、「真理は神の手に委ねられている」[2]というレッシング自身の宗教思想のあらわれなのである。つまり、劇詩『賢者ナータン』はレッシングの宗教的世界観の表明であり、「賢者ナータン」はレッシングが追究し続けた「宗教的真理と信仰」に関する思索の代弁者である、ということができる。

レッシングは『賢者ナータン』の創作動機の一端が、ヘルマン・ザームエル・ライマールルスの過激な理神論の

図１　レッシング肖像（Anton Graff 作、油彩67×57㎝、1771年以降　Nr. LM 445 II G）

図２　レッシングハウス（レッシング・ミュージアム）全景（Carsta Off 撮影）

一部を公刊したことに始まる正統派牧師ヨーハン・メルヒオール・ゲッツェ（一七一七―八六）との神学論争にあったことを、そしてその論争を妨げた権力との対決にあったことを、ライマールスの妹エリーゼに宛てた手紙で明かしている。「わたしの元の説教壇、つまり舞台上で邪魔されずにわたしに説教をさせてくれるかどうか試してみた」[3]と。この意味で、『賢者ナータン』は確かに宗教の内的真理を追究するレッシングの多様な思索の具体的あらわれであるが、一方、時代の宗教・神学批判という社会性も有している。つまり、レッシングによる宗教の内的真理の追究と不合理な社会的矛盾の告発、この両者はともに啓蒙主義の「寛容」の精神を前提したものに他ならないのである。

本章は、劇詩『賢者ナータン』とレッシングの宗教・神学的思索の過程を検証しつつ、レッシングが本来的に有していた啓蒙主義の「寛容」思想のアクチュアリティを現代に蘇らせる試みである。

『賢者ナータン』と「三つの指輪」の話

レッシングが劇詩『賢者ナータン』（図3）をもって時代の宗教・神学問題に挑戦したのは一キリスト教のみを対象に議論しようとしたためではない。ユダヤ教、イスラーム教、キリスト教がそれぞれの教義と成立の歴史的過程、民族の違いを超えて共存できる人類普遍の宗教の在り方と社会とを、当時、ドイツ社会一般に受け入れられていなかったユダヤ人を主人公として描き出そうと意図したからである。

　ドイツではまだ馴染みがなかった五脚抑揚格の無韻詩行・ブランクヴァース[4]により創作された劇詩『賢者ナータン』は、単に偏狭なルター正統派への挑戦ではない。宗教の本質を自由な人間理性をもって思索し議論することを許さない一八世紀ドイツ社会と精神構造への批判であり、何よりも、宗教的真理を宗教のかたちではなく、信仰の在り方に追究するレッシング独自の思想のあらわれと見ることができる。

　『賢者ナータン』の枠組みとしての素材は、レッシングによれば、ジョヴァンニ・ボッカッチョの『デカメロン』（一三五三）にあるユダヤ人メルヒセデクの逸話に負う。中世以来、ヨーロッパには時と場所は異なるが「三つの指輪」の逸話が何度も文芸作品のモチーフとされてきた。[5] これらの逸話はもちろん同一ではなく、形式においても内容においても種々異同はあるが、宗教の問題がその主要テーマである点で一貫している。そこには、それぞれの時代精神と作者の創作意図があらわれており、宗教的精神の歴史的展開を読みとることができる。レッシングの『賢者ナータン』もこの延長線上に位置づけられる。

　レッシングがいつこの話を知り、このユダヤ人メルヒセデクの人となりをナータンに投影したかは弟カールに宛てた手紙が明らかにする。

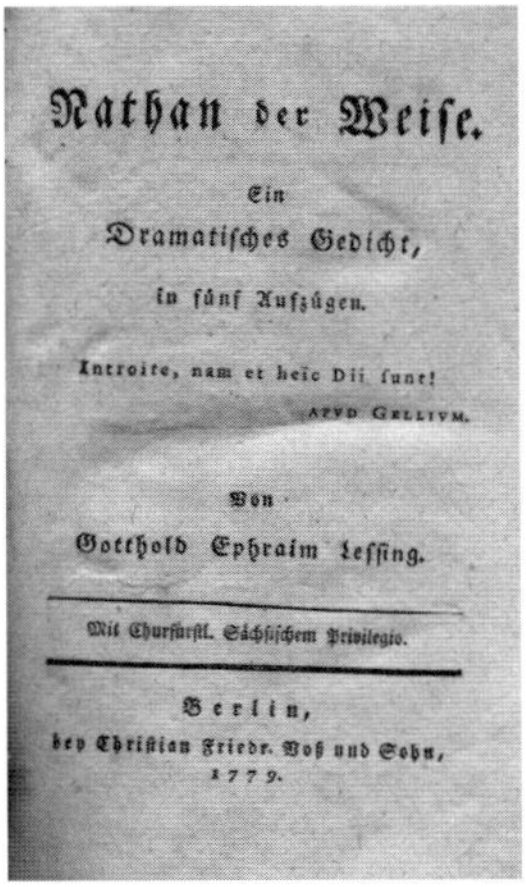

図3　『賢者ナータン』初版表紙（*Nathan der Weise*, Berlin, 1779, Nr. LM 939 Inv.-Nr.）

　わたしは、劇の内容があまり早く知られることはよくないと考える。しかし、お前やモーゼスがそれを知りたいというなら、ボッカッチョの『デカメロン』第一日のユダヤ人メルヒセデクの話をひもとくがよい。わたしは、それにあわせて非常に興味深い挿話を考え出した。[6]

劇詩『賢者ナータン』は、富裕なユダヤ人ナータン、イスラーム教徒の王・サラディン、そしてキリスト教徒の神殿騎士の三人を主たる登場人物とし、その縁の者数名の端役を加え、一一九二年のエルサレムにおけるある一日の出来事として劇行為が進行する。

ナータンがバビロンに旅行中住まいが全焼する。そのとき危うく焼け死ぬところであった養女レヒャは、サラディンに捕らえられていたキリスト教徒の神殿騎士により救い出される。ナータンは宗教・信仰の違いを超えてレヒャを救ってくれた神殿騎士に感謝するが、神殿騎士は当然の義務を果たしたまで、とつれない。ナータンの告白するところ、妻と七人の子供を家ともどもキリスト教徒に焼き殺された体験をもつ。ともあれ、この事件を切掛として、レヒャと神殿騎士との間に心が通い始める。

そのうちに意外な事実が判明する。神殿騎士とナータンの養女レヒャは、実は、兄妹であり、二人の父はサラディンの早世した弟アサート、母がドイツ人女性である、と。こうして、三者の血縁者同士は宗教の違いを超えてナータンを介して邂逅・抱擁しクライマックスを迎える。

この劇行為の進行において、ナータンによる喩え話が劇のテーマを象徴する。つまり、「三つの宗教」が「三つの指輪」に喩えられ、指輪の相続者に要求される人間愛と善行は真正な宗教にも同様に要求されることが、三者の血縁関係も踏まえ描き出されている。すなわち、民族・宗教の違いを超える人類普遍のヒューマニズムの理念である「愛」が、レッシングの宗教的寛容と真実の宗教の前提となっている。

『賢者ナータン』第三幕第五場のナータンとサラディンとの会話からひもとくことにしよう。

サラディン　　お前にとって最も良い信仰とは、律法とはどんなものであろうか。

ナータン　スルタン様。わたしはユダヤ人でございます。
サラディン　わしはイスラーム教徒だ。それにキリスト教徒もわしらのなかにいる。この三つの宗教のうちで真の宗教は一つしかありえまい。〔中略〕さっそく考えてみてくれ。すぐ戻る。[7]

この問への回答として第三幕第六場のナータンによる「三つの指輪」の挿話が続く。ナータンの挿話と『デカメロン』の「三つの指輪」の話、そしてナータンと『デカメロン』のメルヒセデクとの間にはいかなる連関があるのであろうか。『デカメロン』を見よう。

バビロンのスルタン・サラディンは、戦争と自分自身の浪費癖のため窮乏に瀕し、アレクサンドリアで高利貸を営むユダヤ人メルヒセデクに借金を申し込む。しかし、このユダヤ人はサラディンの願いをききいれようとはしない。そこでサラディンはメルヒセデクに難問を課し、そのことば尻を捉えてなんとか自分の望みをかなえさせようとする。その問いとは、ユダヤ教、イスラーム教、そしてキリスト教の三つの宗教のうち、いずれが真実の宗教か答えよというものであった。もちろん、賢いメルヒセデクはこの罠を見破り、直接答えるかわりに一つの喩え話をもってこれに応じる。

昔、裕福な男が一個の高価な指輪を所持しており、この指輪を家宝とするため、息子たちのうちこの指輪を相続したものが一家の長となるという家訓を定めた。こうして代々伝えられた指輪を、あるとき三人の息子をもつ父親が相続した。彼の息子たちはいずれも甲乙つけがたく、また父親にも従順であった。父も自分の息子たちに分け隔てなく対した。家宝の指輪の話をすでに知っていた息子たちは、それぞれ自分が指輪を相続するに相応しいと信じてその権利を主張した。

父親は思案の挙句、ついにそっくり同じ指輪を二個作らせ、息子たち一人ひとりに指輪を与えこの世を去った。三人の息子たちは、自分こそが指輪の相続者にして家長であると名乗りをあげたが、指輪は偽物も本物も区別がつかないほど精巧であったため、その真贋を特定できず、結局、正統な相続人も決定できないままであった。この喩え話をもって利口なユダヤ人メルヒセデクは、既存の三宗教はそのいずれが真実か未だ決定されない状況にあると答え、サラディンがかけた罠を巧みにはずした、という。

『デカメロン』においてはメルヒセデクのサラディンへの回答は、指輪の真贋が特定できないのと同様に三つの宗教のうちいずれが真実であるかも特定できないとして終えている。これに対しレッシングの『賢者ナータン』のユダヤ人ナータンによるサラディンへの回答には、訴え出た三人の息子たちに対する裁判官の判断が、続く第七場で示されている。つまり、レッシングはメルヒセデクをナータンに代えたばかりでなく、ナータンをして裁判官に言わしめる裁定を付加した。

裁判官曰く、指輪には「指輪の所有者を神にも人にも愛される者にするという神秘的力が備わっている」。したがって、指輪の真贋を特定できない今、三人の兄弟のうちだれが正統な相続人であるかを認定する基準は、この指輪に備わる神秘的力である「その所有者を何人にも好ましい者にする」ことにある。しかし、かりに三人が互いに憎悪し合っているとすると「指輪はいずれも自分にだけ働きかけるが、自分以外の人間には働きかけることはなく、自分だけを一番愛することになりいずれも贋物となる」[8]。指輪に本来備わる「神にも人にも愛される者にする力」は、イスラーム教、ユダヤ教、キリスト教それぞれに読み替えるならば同様に人間愛や善行の実践であり、これが宗教・信仰の真理でなければならない。この前提で、裁判官は次の裁定を与える。

　いずれも、身びいきのない
無我の愛を求めるがよい。

指輪の宝石の力があらわれるよう
いずれも励むがよい。
やさしい心根と安らぎの気持ち、
善意や神への帰依の心をもって
指輪の力を頼むがよい。[9]

裁判官は指輪の真贋の特定に喩えて三つの宗教の争いは無意味であり、唯一真実の宗教とは宗教のかたちではなく、「無我の愛を求める」努力にあり、それが真実の宗教の証であると説く。この裁定が、サラディンの問い「三つの宗教のうちいずれが真実か」に対するナータンの回答であり、また、神殿騎士、レヒャ、サラディン三者の抱擁で終わる劇行為とも一致する。

レッシングは神殿騎士とレヒャが兄妹であり、その父親がサラディンの弟アサート、母親がドイツ人女性であるという劇行為によって、信仰する宗教が異なっていようと人間愛の導きをもって宗教的真理は同一であることを指示している。しかし、ナータンが語る裁判官の裁定はサラディンの問いである「どの宗教が真実か」の直接的回答とは言えない。裁判官は最後にこう忠告を与える。

宝石に備わる力が、
お前たちの子孫の代にあらわれたなら、
数千年の時を隔てて、わたしは
お前たちをまたここに召喚しよう。
そのとき、わたしより賢明な人がこの座にいてそして、判決をくだすであろう。[10]

賢明な裁判官の判決は、数千年後の結果に基づき下される。現実はいずれの宗教も真実とは言えない。しかし、イスラーム教とユダヤ教、キリスト教の三つの宗教および民族が、互いに歴史上の憎悪や偏見を克服し、愛を取り戻したとき、宗教と民族の違いが克服され融和が可能となる。ここにおいて宗教的真理と普遍的ヒューマニズムとが一体的に開示される。レッシングはこの両者を仲介する啓蒙主義の人間理性に基づく「愛」・「寛容」の精神を個々人に要求する。これが、宗教的寛容に基づく宗教的真理であり、信仰の在り方であるということができる。

一方、『賢者ナータン』には宗教的真理と現実の信仰との間の乖離を認識し、両者間を架橋し、既存の神学的世界観を超える、いわば宗教を信仰の対象として改めて蘇らせようとするレッシングの宗教哲学的目論見を見て取ることができる。事実、レッシングは宗教の歴史を人類の発展過程になぞらえるという歴史的考察において一つの実り多い成果を上げることができた。これが、歴史哲学の最初の試みともみなされる『人類の教育』（一七八〇）である。

「だれにも愛される者」とは、すなわち自我を超克した人間としてのあるべき理想の姿である。幼年時代、青年時代、成人時代をそれぞれヒューマニズムに導かれ成長する人類の歴史において、人類が「必ずや新しい永遠の福音のとき」を迎えることをレッシングは提示しようとする。紆余曲折があっても「そのときは来るであろう。必ずや来るであろう。完成のときは」[11]と。

「新しい永遠の福音のとき」に人類が獲得するに至った「愛」こそが、レッシングの信仰の中核を形成するものであり、三つの宗教それぞれの最高目標とならなければならない。三つの宗教キリスト教、ユダヤ教、イスラーム教はそれぞれ今あるかたちが異なるとしても、宗教的真理である「愛」をもって啓示宗教として統一される。「愛」が人類共同体の形成を導く理念であり、ここに至る教育過程が歴史である。『人類の教育』は、この意味で、レッシングのまさに「啓示」ともいえる。

神の啓示の上に成立する三つの宗教は、その三つの啓示という矛盾の解決、つまり真正なるただ一つの宗教を求め理論のみならず戦争を伴う闘争を始めた。「三つの指輪」の喩え話もこうした宗教の歴史的展開のなかで時代の状況に支配されながら伝えられ、また創作されてきた。レッシングは、この話に宗教的平等主義や宗教的寛容を、一方、宗教的懐疑主義を敏感に感じ取っていた。なぜなら、政治権力が人間精神を支配していた一八世紀ドイツ社会こそが、宗教を互いに懐疑的かつ非寛容的にしていたからである。

宗教的真理と『人類の教育』

プロテスタントの牧師を父にもち、一度は神学を学ぶことを志したレッシングが「神学の研究者ではなく、神学に関心ある者」[12]に過ぎないと述べたところで、神学はやはり特別な位置を占めた。確かに、劇作家にあこがれ最終的には自由な著作家として身を立てざるを得なかったレッシングにとって、神学は精神を束縛するものであっても豊かにするものではなかったであろう。しかし、レッシング自身の思想と知的営為を規定し続けたものはやはり神学であり、レッシングに神学を学ぶことを放棄させたものもまた、神学に他ならなかった。

レッシングの宗教的考察は、二〇歳前後に書いた論文『人類の幸福について』（一七四七―四八）や詩『宗教』（一七四九）、および喜劇『自由思想家』（一七四九）に始まる。そして、宗教改革により宗教史上異端とされたヒエロニムス・カルダーヌス（一五〇一―七六）らの「救済」に、さらに宗教・神学に関する思索の深化はゲッツェらとの論争に、その他多数の批評や論考、聖書研究に見て取ることができる。

レッシング二〇歳代に父親に宛てた手紙にすでに既成宗教に対する疑問が示されている。

キリスト教の教義を覚え、それを理解もせずに始終唱え、教会へ通い、習慣のためだけにあらゆる儀式を行うのがより良き信徒であるのか、あるいは疑問に思ったことの探究の過程を経て確信に達するか、達する努力をはらうのがより良き信徒であるのか、時が教えてくれるでしょう。〔中略〕わたしはキリスト教の最も重要な教えの一つ『汝の敵を愛せよ』がより良く守られない限り、キリスト教徒と自称する者がほんとうにそうなのか、疑わしいのです。[13]

このことばから、レッシングが時代の宗教における聖職者の権威と救済を希求する市民公衆との間の乖離を洞察していたばかりでなく、すでに後の劇作『賢者ナータン』における宗教的テーマの中核となる「汝の敵を愛せよ」をもって宗教の存在意義と真理とを検証しようと志向していたことがわかる。そして、アクチュアルな宗教的課題を鋭く看破したレッシングの宗教的真理追究の姿勢は神学批判とキリスト教そのものの真理の再生というかたちにあらわれた。

神学がこの時代の市民的精神の自由への要求とは裏腹に、政治権力と結びついて宗教・信仰の自由を束縛する方向をとったとき、人間の良心の基盤であった宗教の本質が問われることになったのは必然であった。人間の精神と思想の自由を縛っている絆を断ち切ること、換言すれば国家と宗教、社会的秩序と宗教的秩序、教会と世俗とを切り離して思考することが宗教の自由の前提とならなければならなかった。この神学・宗教批判の底辺には啓蒙主義の合理主義的批判に堪え、なおかつ宗教的真理を提示できる新たな宗教哲学への要求が潜んでいた。

レッシングの宗教的立場は、確かに明確な体系として提起されることにはならなかった。しかし、信仰としての宗教的真理とキリスト教の真理の再生とを一体的に把握する宗教哲学的思索の過程のうちに、すなわち、硬直的神学と社会の支配体制に組み込まれた教会制度を批判し、キリスト教が有する宗教的真理を信仰者の観点から改めて提起しようとしたレッシングの試みのうちに、それはあった。

レッシングは、聖書の歴史を合理的体系的に研究し検証することには同意しない。キリストの教えを書き留めた聖書である啓示と人類の歴史とを区別し、信仰と理性との間に合理的連関を打ち立てるという方法によってキリスト教の合目的性を証明し、それを宗教的真理として規定しようとした。

つまり、伝統的キリスト教神学における真理の証明方法を転回させたのである。イエス・キリストが人類の救済者であることの意義は、教義が理性的検証に堪えうる真理かどうかではなく、イエス・キリストその人が歴史的意義を有するかどうかにあると。レッシングは『キリストの宗教』において、「キリストの宗教」と「キリスト教」との違いをこう説いている。

キリストの宗教は、イエス・キリストが人間として自覚し実践した、だれもが彼と共有できる宗教である。普通の人間としてのキリストに帰される性格が首尾一貫して愛すべきものであれば、だれでもますますキリストと共有できる宗教である。

キリスト教は、キリストが人間以上のものであり、そのキリストをそのまま崇拝の対象とした宗教である。[14]

キリスト教の救済思想は教義にではなく、イエス・キリストその人に帰されるべきであり、これが啓示としての真理である。しかし、この啓示的真理とそれを理性的真理として認識することには乖離がある。つまり、宗教的真理は、本来合理的思弁的に証明される性格のものではなく、人間一人ひとりが自己の精神に目を向け、宗教について考え、その極めがたい奥底を探究することによりその人にイエス・キリストとともに開示される、とレッシングは主張する。

ライマールスの未刊の著作を一部であれ、あえて公刊したことは、むしろキリスト教の内的真理を再確認しようとしたレッシングの一挑戦であり、ライマールスの徹底的な歴史批判的合理主義に対してキリスト教の啓示と真理とを弁護する試みであった。『編集者の反証』を見よう。

この人〔ライマールス〕の仮設や説明、証明は、キリスト教徒に何のかかわりがあろう。キリスト教徒にとって、キリスト教は現に存在し、キリスト教徒はそれを真実であると感じ、それで幸福を感じている。〔中略〕宗教とは福音記者や使徒たちが説いたがゆえに真なのではなく、その宗教が真であるがゆえに彼らは教えたのである。文字で語り伝えられたもの〔聖書〕は、宗教の内的真理から説明されなければならない。そして、文字で語り伝えられたもの全ては、内的真理をもたなければ宗教に内的真理を与えることはできない。[15]

レッシングの宗教的真理とは、神学や哲学により証明できるものではなく人間の内的体験に基づく信仰にあった。宗教的真理が仮説と形而上的思弁的推論に基づくならば、人間の内的精神によって把握される主観的真理ではなく信仰に値しない。キリスト教徒の、つまり信仰者の実践的敬虔的態度のうちに宗教それ自体の真理は自ずと開示される、と。こうして、キリスト教の宗教としての真理と聖書の解釈とが区別される。ゲッツェへの「反論」である『自明のこと』（一七七八）第一〇命題の証明を見よう。

内的真理はいたずら好きな神学者が自分の顔に似せて好きなように象ることができる蝋製の鼻ではない。内的真理はどこから得るか。それ自体からである。だからこそ、それは内的真理と呼ばれる。つまり、それは外からいかなる認証も必要としない真理である。[16]

歴史的真理と宗教的真理とは同一ではない。信仰は現代的自律的理性ではなく、伝統的他律的啓示を必要とする。宗教的真理は理性によって主体的に獲得されるのではなく、奇跡と予言による教えそのものによる。逆説的ともいえるが、レッシングによれば、宗教的真理は、この真理にかかわる信仰者の精神に従ってそれ自体から開示される。したがって、聖書の教えは宗教そのものに内在する真理に基づき説明されなければならない。

レッシングは、何よりも宗教の内的真理を「救済」しようと企図したのである。『自明のこと』第三命題および第四命題を見よう。

文字は精神ではない。そして、聖書は宗教ではない。
〔中略〕
したがって、文字や聖書に対する批判は、その精神と宗教に対する批判ではない。[17]

内に向かって「神の手に委ねられている真理」を求めるレッシングの宗教的精神と外に向かって正統派牧師らと闘うことは必然の結果であり、レッシングにおける宗教的真理は教会・聖職者との社会的闘いのなかで人間個人の内的精神の救済というかたちで追究された。この意味で、宗教が神学と分離したところで信仰の対象として改めて取り戻されるべく宗教の哲学的体系化が図られる必要があった。

理性と自律的思考とを掲げた啓蒙主義にあって、真理へ至る多様な方向を模索しつつ、宗教の真理において人間中心の思想を体系化しようとするレッシングの姿勢は精神的自由なくしては実現できなかった。信仰とは人間個人の内的精神のあらわれであり、その意味で宗教の相違は信仰の問題ではない。「啓示」である「聖書」の内容を批判的に検証することは、信仰としての宗教的真理を明らかにするための手段であって、「聖書」の内容が真実か否かはむしろ問題ではない。聖書の奇跡の物語は、それを信じる人がいることを認め、そのような宗教的世界の存在をレッシングは擁護した。レッシングにとって、宗教的真理とは、人間精神のあらわれである信仰者的態度によって保証されるものであり、そして、この主観的精神が宗教史上の異端者「救済」も可能にしたのである。

宗教的真理は信仰者としての自身のうちに開示されるものであるがゆえに、宗教は人類の精神的発展のためには必要不可欠であり、啓示は人類の教育手段として存在理由をもつ。この意味で、宗教の歴史を神学的にではなく、人類の発展過程になぞらえる歴史的考察をもって、つまり、宗教の歴史をそれぞれ多神教、偶像崇拝の混沌時代、ユダヤ教の時代、キリスト教の時代、新しい福音の時代と区別し、人類がこれら時代を経て成長し「完全に啓蒙化され、心の純化を獲得する」[18]過程を宗教哲学として示す必要があった。『人類の教育』は、その思索の結果である。一〇〇項からなるその第七六項においてレッシングは神と啓示と人間との関係を次のように説く。

啓示的真理を理性的真理へとかえていくことは、それを人類に役立てるためには確かに必要なことである。真理が啓示された段階では、それはもちろんまだ理性的真理ではなかったわけである。しかし、後に理性的真理となるためにこそ、それは啓示されたのである。〔中略〕神の本質と、わたしたちの本性、また神に対するわたしたちの関係について、人間理性が自らの力だけで正しい概念を得ることができなかったならば、わたしたちは宗教により、それらの正しい概念へ導かれることがあってもよいであろう。[19]

レッシングによれば、人類の発展とともに啓示は必要不可欠な知識として人類に理性的に認識される。レッシングは歴史性と合理性との間の矛盾を歴史哲学的認識論において解決を図った。宗教の真理を人間のうちなる精神の信仰者的姿勢に求めるならば、レッシングの宗教思想における思考方法は必然的に歴史的とならざるを得なかった。キリスト教、ユダヤ教、そしてイスラーム教、その他の異教も含め、それぞれ発展の最高段階において宗教的真理は必然的に同一となる。一方、人間の内的精神を根拠として、キリスト教の真理と宗教的信仰を再生しようと企てたレッシングは、それゆえにまた宗教の歴史を教育の場と認識したのである。

むすび

『賢者ナータン』における三つの指輪は、はじめは一つだけであった指輪が三つになるが、最終的にはほんものが見つけだされることを前提している。しかし、指輪に喩えられたユダヤ教、キリスト教、イスラーム教のうちどれが唯一真正な宗教かは明かされていない。なぜなら、レッシングの真正な宗教とは、これら三つの宗教それぞれの神の啓示に内在する人類普遍の「愛」の顕現なのであるから。ナータンはキリスト教徒の神殿騎士を前にしてこう述べる。

民族、民族とは何でしょう。
わたしたちは人間である前に
キリスト教徒であったり、ユダヤ教徒であったりするのでしょうか。
人間が人間でありさえすれば、それで十分であるお一人が
あなた様であってくださったことは
わたくしにはこの上ない喜びでございます。[20]

ナータンのヒューマニズムのうちに、確かにレッシングの宗教的真理が投影されている。そして、その宗教的真理は人間個人それぞれの体験と心情に根差す信仰者としての姿勢のうちにのみ開示され、それゆえにまた証明もできない。宗教的真理は「無我の愛」により「善」をなすその人の努力に「寛容」の精神として自ずとあらわれ出るのである。

レッシングが最も信頼を寄せ、ナータンのモデルとも称される生涯の友人ユダヤ人哲学者モーゼス・メンデル

スゾーンもまた、ユダヤ教徒とキリスト教徒との和解を促す努力をユダヤ教の教義の解釈だけにではなく、宗教的真理の洞察のうちに追究した。「真の宗教、神の宗教はその力を発揮するために手練手管は必要ない。真の宗教はただ精神であり、心なのだ」[21]と述べることにおいて、メンデルスゾーンの宗教哲学は心情を通した信仰により開示されるというレッシングのそれと同じ思想基盤に立っている。そして、メンデルスゾーンがユダヤ教に求めた新しい解釈とは、キリスト教社会のなかでドイツ人と共存していくための基本原理であり、この意味で「寛容」の精神であった。

『賢者ナータン』は、レッシングの死後二年、完成後四年あまりを経た一七八三年四月一四日ベルリンでデッベリーン一座によりようやく初演された。一八〇一年にはゲーテの依頼を受けたシラーによりかなりの脚色が施され、ヴァイマルでも上演されている。そして、ナータンが説く「愛」と「善」を前提する宗教的「寛容」の精神は時代を超えた真理であるがゆえに、わたしたちの眼前に「時として」アクチュアルに蘇えるのである。

註

1　本稿使用のテクストは『ラハマン・ムンカー版　レッシング全集　全二三巻』(一九七九年復刻版)による。『賢者ナータン』は第三巻、一－一七七頁に収載。
2　『再々抗弁』第一三巻、二四頁。
3　エリーゼ宛一七七七年九月六日付書簡。第一八巻、二八七頁。
4　ラムラー宛一七七八年一二月一八日付書簡。第一八巻、二九六－二九七頁。
5　『林達夫評論集』(岩波文庫、一九八二年)、一九九－二七一頁参照。
6　弟カール宛一七七八年八月一一日付書簡。第一八巻、二八五頁。
7　『賢者ナータン』八八頁。

8　『賢者ナータン』九四頁。
9　『賢者ナータン』九四―九五頁。
10　『賢者ナータン』九五頁。
11　『人類の教育』第一三巻、四三三頁。
12　『自明のこと』第一三巻、一〇九頁。
13　父親宛一七四九年五月三〇日付書簡。第一七巻、一七―一八頁。
14　『キリストの宗教』第一六巻、五一八頁。
15　『編集者の反証』第一二巻、四二八―四二九頁。
16　『自明のこと』第一三巻、一二八―一二九頁。
17　『自明のこと』第一三巻、一一四―一一五頁、および『編集者の反証』第一二巻、四二八頁。
18　『人類の教育』第一三巻　四三三―四三三頁。
19　『人類の教育』第一三巻、四三三頁。
20　『賢者ナータン』六三頁。
21　「マナセー・ベン・イスラエル、ユダヤ人の救済　序文」『モーゼス・メンデルスゾーン記念版全集　全二〇巻』（一九七一―）第八巻、一六頁。

第二章　モンテーニュと文化的寛容

久保田　剛史

はじめに

新大陸の発見にはじまる大航海時代は、世界市場が構築されてゆくグローバル経済の草創期であるとともに、文化や人間に対する認識が大きな変容をとげる時期でもある。とりわけヨーロッパ人にとって、新大陸の民族との接触は、世界の多様性を見いだし、異文化との対比を通して自国の文化を再認識する契機となった。そうした新大陸の文化や風習に刺激を受け、新しい視点からヨーロッパの社会や人間について考察した作家の一人が、ミシェル・ド・モンテーニュ（一五三三—九二）である（図1）。モンテーニュは著書『エセー』（一五八〇年初版）において、新旧両大陸の文明を比較検討しつつ、自文化中心主義の傲慢さを批判するとともに、異文化に対する寛容な態度を表明している。そこで本章では、『エセー』にみられる新大陸の逸話を手がかりとし、モンテーニュ自身の旅行や旅の思想にも注目したうえで、彼の文化的寛容について論じてみたい。

モンテーニュと新大陸

『エセー』第一巻第三一章の「食人種について」は、文化の定義や異文化理解の意義を考えるうえで示唆に富んだ章である。この章では、文化相対主義的な見解が提起され、ヨーロッパ世界を偏見や因習から解き放つための解毒剤として新大陸の逸話が持ち出される。モンテーニュは、新大陸の原住民を野蛮視する当時のヨーロッパ人に対して、次のように述べている。

　ところで、私の話に戻るが、新大陸の民族について私が聞いたところでは、彼らのうちには野蛮なものや未開なものは何もないように思う。ただし、各人が自分の習慣にないものを野蛮と呼ぶならば、話は別である。事実、われわれは自分が住んでいる国の意見や習慣を実例とし理想とするほかには、真理と理性の基準をもたないように思う。新大陸にも、やはり、完全な宗教があり、完全な政治があり、すべてのことについて完成された習慣がある。なるほど、彼らは野生である。自然がひとりでに、その通常の進み具合から生みだした果実を、われわれが野生と呼ぶのと同じ意味で野生である。けれども、実のところ、われわれが人工によって変質させ、普通の秩序から逸脱させたものをこそ、われわれはむしろ野蛮と呼ぶべきであろう。[1]

　ここでモンテーニュは、「野蛮」という語が相対的な意味しかもたないことを指摘する。実は「野蛮」とは、自国以外の習慣を軽蔑的に呼ぶための表現にすぎず、他国から見れば自国の習慣も野蛮となりうるのである。さらにモンテーニュは、新大陸の文明をヨーロッパ文明とは異なる形式の文明としてとらえる。新大陸の原住民は、独自の宗教や政治をもちながらも、自然と調和しながら暮らしている。彼らの文化や社会制度は、あくまでも自然に密着したものであり、それらは「野蛮 barbare」というよりも、むしろ「野生 sauvage」と呼ぶべきなのだ。こうした新大陸の原住民と根本的に異なるやり方で文明を築いたのはヨーロッパ人であり、モンテーニュによるとヨーロッパ文明とは、進歩の名のもとに無軌道に自然を操作し、「人工によって変質させ、普通の秩序から逸脱させ」たものである。つまりヨーロッパ人は、自然と対立させるかたちでしか文明を築けなかったのである。

　このようにモンテーニュは、新大陸の文明をヨーロッパ文明と対等なものとして認識しているが、だからと

図１　ミシェル・ド・モンテーニュ肖像画
（*Essais*, Paris, 1608, fol. viii r°）

いって新大陸の社会制度や風習を批判しないわけではない。たとえば「食人種について」の章では、新大陸であろうと旧大陸であろうと、あらゆる種類の戦争が非難に挙げられ、すべての民族に共通する「人間的な病い」[2]と断罪されている。また、新大陸の原住民に見られるカニバリズムの習慣についても、宗教戦争の際にフランスで繰り広げられた猟奇的行為（モンテーニュによるとこの行為はたんなる民族的習慣ではなく、宗教を口実とした卑劣な報復にすぎない）とともに、「恐るべき野蛮なこと」[3]として糾弾されている。モンテーニュは、あらゆる文明の価値を認めつつも、倫理や普遍的人道に反する文明は野蛮であると考える。人間の尊厳や生命を重んじない行為や習俗は、いかなるものであれ非難されるべきなのである。

さらに、モンテーニュにとって異文化は、自国の文化を見直して反省するための「鏡」としても機能する。異文化との接触や異質なる他者との出会いは、自国の文化を相対化させ、慣れ親しんだ習慣や社会制度に対して「異化」を引き起こす。実際に、「食人種について」の章の最後では、新大陸からフランスにやってきたブラジルの原住民に関する逸話が語られるが、この三人の原住民の言葉を通して、ヨーロッパ社会のゆがみや問題点があらわになる。

　彼ら〔ブラジルの原住民〕のうちの三人の者は〔中略〕、あわれにも新しい見聞への欲望にだまされ、彼らの静かな天をあとにして、故シャルル九世のご滞在中に、ルーアンにやってきた。国王は長い時間、彼らと話をなさった。人びとは彼らに、われわれの習慣、われわれの儀式、立派な都市の様子を見物させた。そのあとで、誰かがそれについて彼らの意見を求め、彼らが何にいちばん感心したかを知ろうとした。〔中略〕彼らはこう言った。「まず第一に不思議だと思うのは、王様のまわりにいる、髭をはやした、たくましい、武装した大勢の大男たち（どうやら近衛兵のスイス人たちのことを言ったものらしい）が、一人の子供に甘んじて服従していること、どうして大男のあいだから、誰か一人を選んで王様にしないのかということである。第二に、あなた方のあいだには、あらゆる種類の安楽でいっぱいになっている人たちがいるかと思うと、その半分たち（彼らの言語では、たがいに他人のことを「半分」と呼びあう習慣がある）が、飢えと貧しさで痩せおとろえて、彼らの門前に物乞いをしていること、しかもこれらの窮迫した半分たちが、このような不正を耐え忍んで、他の半分たちの首を絞めたり、その家に火をつけたりしないことが、不思議である」[4]。

原住民はここで二つの点を指摘している。第一点は、何人もの大人が一人の幼い国王（実際にシャルル九世はわずか一〇歳で即位した）のご機嫌をとっているという、世襲王制に対する揶揄である。国家の統治者が政治的手腕とは無関係に、血筋だけで選ばれるという制度は、当時の政治思想家からほとんど疑問視されることなく、ごく当たり前の制度として受け入れられていた。つまりこれは、習慣がいかに社会制度の硬直化を招き、いかに人びとの主体的思考を麻痺させているか、ということの証拠でもある。さらに第二点は、裕福な人たちが貧民たちを放置し、自分たちの贅沢な暮らしに満足しているという、格差社会に対する批判である。人民はみなキリスト教徒でありながら、貧困に苦しむ人たちへの憐れみや同情心を抱くことがない。そして貧民たちも、みずからが置かれている状況に疑問を抱くことさえせず、社会に対する不満を表明することも、反乱を起こすこともしないのである。社会的平等を理念としたフランス革命が勃発するのはそれから二世紀後のことだから、原住民の意見がいかに斬新で進歩的であるかが分かるだろう。

ようするに、高度な文明と科学技術を標榜し、みずからの優越的地位を誇っていたヨーロッパ人は、ブラジルの原住民の発言によって、ヨーロッパ国家の不条理な政治体制や、人民間の格差や不平等といった社会的亀裂を目の当たりにすることになる。ここでは、ブラジルの原住民の視点から、ヨーロッパの政治・社会に対する批判が暗に投げかけられているのである。

モンテーニュと異文化理解

異文化に対するモンテーニュの旺盛な好奇心は、『エセー』のいたるところで確認できる。第一巻第二三章の「習慣について」では、インドや中国をはじめとする世界各地の民族に見られる奇妙な風習や決まりごとが列挙されるとともに、人間の理性に反した習慣はひとつもないという文化相対主義の主張が述べられている。また、第一巻第四九章の「古代の習慣について」でも、古代ローマ人の礼儀作法や身だしなみ、テーブルマナーなどがフランスの習慣と対照的にとりあげられ、同じ地域の文化でさえも時代によって変わることが示されている。そしてモンテーニュ自身も、一五八〇年六月から一五八一年一一月までの一年五か月間にわたって、ドイツ、スイス、イタリアの各地を旅し、いろいろな地方の習慣にふれたという事実がある。このときの旅の様子は、モンテーニュ自身と秘書が二人で記した記録に残されており、それは一七七四年に『旅日記』として刊行されることになる。[5]

『旅日記』では、モンテーニュが外国の文化に強い興味をもって旅をする様子が書かれている。われわれ現代人は、ヨーロッパ各国の風習に大きな違いはないと思いがちだが、一六世紀の時代には、ドイツ、スイス、イタリアと一言でいっても、それぞれの国の都市によって風習が異なっていた。そうした地方ごとの文化的な違いについても、モンテーニュは十分な注意を払って記している。たとえば、スイスの都市バーゼルの住民たちの食事の出し方については、「われわれの出し方とは非常に違う」としたうえで、彼らが「けっしてぶどう酒を水で割らない」こと、「下僕たちも主人たちと同じ食卓でか、でなければ隣の食卓で一緒に食事をさせる」こと、フラ

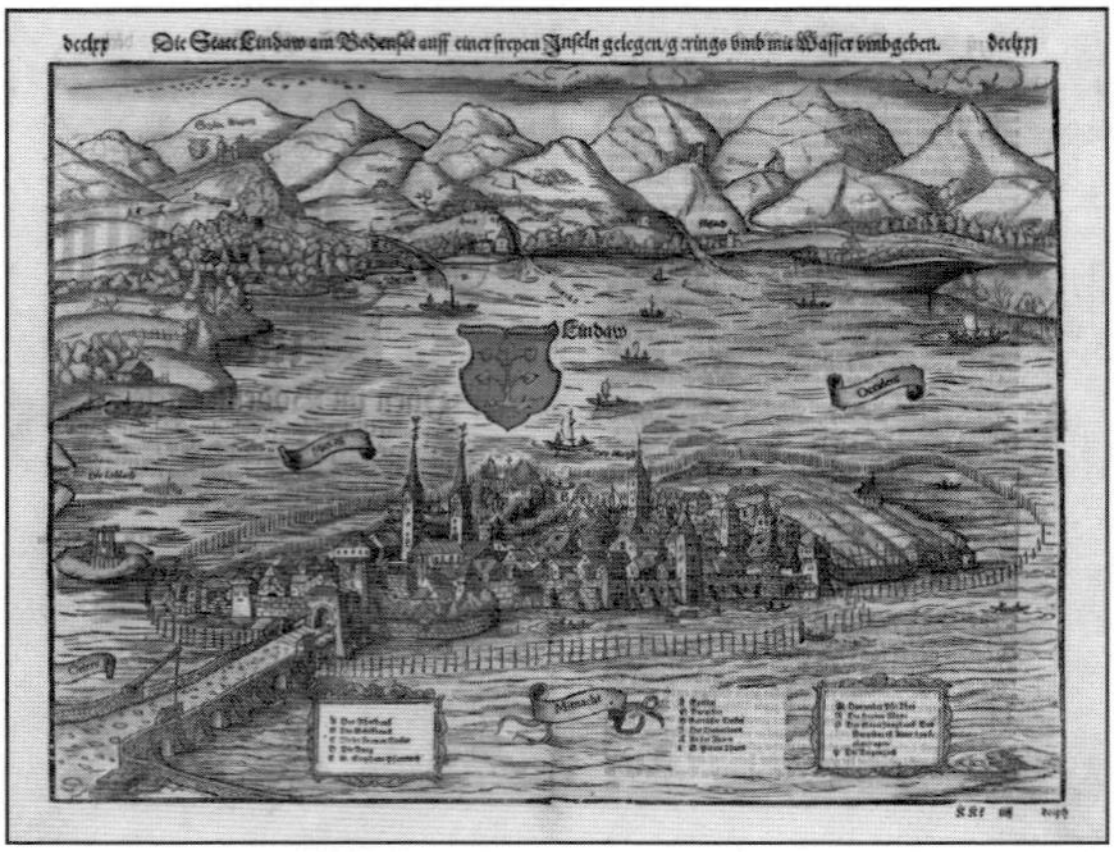

図２　リンダウの都市図（*Cosmographia*, Basel, 1598, pp. 770–771）

ンスとは違って「一回の給仕に二皿か三皿しか出さない」こと、なかでも「彼らはザリガニを珍重」しており、「それを出すときは特別扱いで、かならず蓋をして出す」ことなど、当時のフランスと異なる給仕の方法が詳細に記されている。[6] また、同じスイスの都市バーデンでは、モンテーニュは「さまざま風習習慣を完全に試みようとして、どんな困難を感じても、どこを訪れても、その地方地方のしきたりに従った」[7] ものの、バーゼルでは食事に小さなナプキンしか出されず、ナイフを使って食べることに苦労したという記述がある。当時のフランス人は、ナイフやフォークを使わずに手づかみで食べていたから、モンテーニュはむしろ大きなナプキンで指を拭くことに慣れていたのであろう。このように『旅日記』では、スイスやドイツのさまざまな風習が、当時のフランスの風習と対比するかたちで記されている。したがって『旅日記』は、スイスやドイツのみならず、フランスも含めた一六世紀ヨーロッパの文化的資料として読むことができる。

モンテーニュの『旅日記』は、当時の食文化や暮らしぶりはもとより、ドイツやスイスの宗教事情を知るうえでも貴重な作品である。というのも、モンテーニュは行く先々の土地の宗教事情にも興味をもって記しているからである。たとえば、ドイツの帝国自由都市の一つであったリンダウ（図2）については、「カトリック教、ルター教のいずれを信じるも自由で、まったく住民の意志に任せてある。彼らは、自分の好む宗旨には多かれ少なかれ熱心である」[8] という記述が見られる。このように信教の自由が容認されている都市はリンダウだけではない。

『旅日記』では、ドイツの他の都市やスイスのバーゼルなど、さまざまな宗派が共存している都市がいくつも記されている。さらには、カトリックとプロテスタントとの結婚が珍しくない都市もある。ドイツのアウクスブルクに関する記述には、「カトリック教徒とルター派教徒との結婚は普通のことで、より熱心なほうが相手の宗旨に従う。そういう夫婦は千組もいる。われわれの宿の亭主はカトリックで、おかみはルター派である」[9]とある。こうした宗教的共存は、新旧両派が殺しあう当時のフランスではまったく考えられなかったことだけに、モンテーニュも大いに驚いたにちがいない。

このドイツ、スイス、イタリアへの旅は、一五八一年八月にモンテーニュがボルドー市長に選出されたことにより中断する。フランス帰国後のモンテーニュは、一五八一年から一五八五年までの四年間にわたり、ボルドー市長として新旧両派の調停役に努める。さらにモンテーニュは、当時対立しあっていた国王アンリ三世とアンリ・ド・ナヴァール（のちにアンリ三世の暗殺によりカトリックに改宗し、アンリ四世として即位）との和解にも全力を尽くした[10]。こうしたモンテーニュの平和主義や宗教的寛容は、おそらく彼が実際に見聞きしたドイツやスイスの宗教事情からも培われたはずであろう。『旅日記』は、『エセー』と異なり、モンテーニュの思想がいっさい綴られることはないが、外国の宗教事情に対するモンテーニュの関心や共感が垣間見られる点で、非常に重要な作品なのである。

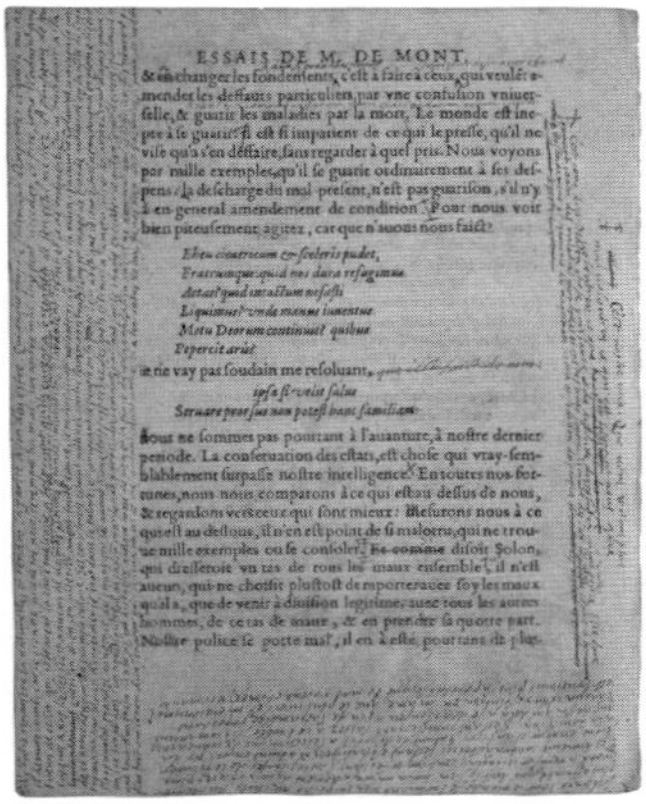

図3　1588年版『エセー』（*Essais*, Paris, 1588, fol. 430 v°）

旅と寛容

モンテーニュはこの旅行後も『エセー』を書き改め、死にいたるまで加筆訂正を続けていく。とりわけ一五八八年版以降の『エセー』（図3）では、世界各国のさまざまな習慣に関する記述や、旅をめぐる考察などが、さらに詳しく書かれるようになる。モンテーニュはみずからの旅行の経験を通して、旅に関する思想を深めていったのである。そうしたモンテーニュの旅の思想について、ここで簡単にふれてみたい。『エセー』第三巻第九章の「空しさについて」では、なぜモンテーニュが旅をするのかという理由とともに、旅というものの意義が述べられている。まず、モンテーニュにとって旅とは、われわれの精神を鍛え、人間性を豊かにするための有効な手段である。

旅をすることは、私には有益な修業であると思われる。精神は、そこで、未知のものや新奇なものに出会って、たえず訓練を受ける。また、私がしばしば言ったように、生活を形成するには、たえず多くの異なる生活、思想、習慣を見させ、われわれの本性が不断に変化するものであることを味わわせる以上に、すぐれた学校はないと思う。[11]

人は旅をしているとき、つねに目の前に現れるものに注意を払い、新しいものや珍しいものに出会って驚いたり感心したりする。こうして精神は、日常的な普通の状態よりもさらに多くの刺激を受けることで、知的好奇心や探求心を高めてゆく。それに人は、旅を通して人間の生き方や考え方の多様性をじかに学びとり、それを自分の生活や思想に生かすことができる。だから旅はひとつの学校なのである。

さらに旅というのは、モンテーニュによれば、知性や思考力だけでなく、寛容の心をはぐくむための場でもある。彼は次のように述べている。

私は、自由な体質と、世間の人たちと共通の趣味をもっている。国と国とのあいだの風習の相違は、私に変化の面白さを味わわせてくれるだけである。どの習慣にも、それぞれの理由がある。皿は、錫《すず》製であろうと、木製であろうと、土器であろうと、肉は煮こんだものであろうと、焼いたものであろうと、バターであろうと、胡桃油であろうと、オリーヴ油であろうと、熱かろうと冷《つめ》たかろうと、私にとってはどうでもいいことである。〔中略〕私がフランスの外に出ていたとき、そして人びとが私に対する礼儀から「フランス風の食事をさしあげましょうか」とたずねたとき、私はそれを笑って、いつでも外国人たちの最もたてこんでいる食卓についたものである。

私は、わが国の人びとが、自分たちの習慣に反する習慣に腹を立てるという、あの愚かな気分にひたっているのを見て、恥ずかしく思う。彼らは、自分たちの村から一歩外に出ると、まるで自分たちの生活圏の外に出たように思うのである。彼らはどこへ行っても自分たちの習慣にこだわり、外国の習慣を忌みきらう。もしハンガリーで一人の同国人に出会うものなら、彼らはこの偶然に大喜びする。さっそく彼らは集まり、いっしょになって、彼らの眼につくたくさんの野蛮な風習を断罪する。それらはフランス式ではないのだから、どうして野蛮でないわけがあろうか。もっとも、それらに気がついて、悪口を言えるのは、まだしも賢い人たちである。大部分の連中は、ただ帰ってくるために出かける。彼らは、無口の、うちとけることのない慎重さで身を固め、見知の土地の空気に染まらないように、用心しながら旅をする。[12]

引用が長くなってしまったが、第一段落では、異文化に対するモンテーニュの寛容な態度が示されている。モンテーニュは、さまざまな国の習慣を拒むことも見下すこともせず、むしろ好意的に受け入れようとする。そして食器の素材（錫製は裕福層が、木製は中流層が、土器は貧民層が主に用いる）、調理の方法（煮たものは家庭的で、焼いたものは祝祭的である）、調味料の種類（バターは北ヨーロッパで、オリーブオイルは南ヨーロッパで、胡桃油はアキテーヌ地方で主に使用される）を例に挙げながら、「私にとってはどうでもいいこと」と述べて柔軟な姿勢を見せる。こうしたモンテーニュの寛大な姿勢とは反対に、第二段落ではフランス人旅行者の不寛容が非難されている。この旅行者たちは、自国の習慣こそが優れているという偏見をもっているため、旅先でみずから外国人との交流を求めるモンテーニュとは違い、異文化に順応しようとしない。モンテーニュは彼らの旅の仕方について、皮肉まじりに「ただ帰ってくるために出かける」と言っているが、「ツアー tour」という語がラテン語の「回転・周回 tornus」に由来することを考えれば、現代の観光客に対する批判にも十分通じるものであろう。なにしろ現代のツアーでも、自宅と同じくらい快適な環境が保証されており、添乗員がツアー客のために現地でコミュニケーションをとってくれるからだ。そのように旅先でも自分の殻のなかに閉じこもり、自国の延長のような気分を味わいたいのなら、なぜ旅に出かける必要があるのか、とモンテーニュは根本的な疑問を投げかけているのである。

モンテーニュは旅を、文化の多様性や相対的価値を学ぶための場、寛容の精神を養うための場と見なしている。旅は、いろいろな生き方や考え方をわれわれに見せてくれ、自国の文化が唯一の絶対的なものではなく、世界中のさまざまな文化のうちの一つにすぎないのだ、ということを教えてくれる。つまり人間の精神は、文化の異なる他者と交わることで、揺さぶりにかけられ（これはある意味で懐疑主義的な体験といえる）、より広く公平な視点から人間や社会について見直すようになるのである。こうして自分を客観的に眺めようとするグローバルな精神を、モンテーニュは旅行のときだけでなく、彼自身の生活全般における指針としている。そうしたモンテーニュの国籍や民族や党派にとらわれない態度、いわばコスモポリタンな精神は、次の言葉にはっきりと見てとれる。

ソクラテスが語ったからではなく、本当にこれが私の気持ちだから言うのだが〔中略〕、私は、すべての人間を私の同胞だと思っている。私はポーランド人をもフランス人と同じように抱擁する。私は国民的な結びつきを、人類共通の普遍的な結びつきの下に置く。私は生まれ故郷の甘い空気にそれほど恋々としない。

まったく新たに自分で選んだ知人も、近隣同士の知人や偶然で結ばれた親友と同じだけの価値があるように思われる。われわれが自分で獲得した純粋な友情は、共通の風土や血のつながりによって結ばれる友情にまさるのがつねである。自然はわれわれを、自由で束縛されないものとして、この世に送り出してくれた。それなのに、われわれは自分自身を一定の場所に閉じこめる。ペルシアの国王たちは、コアスペス河の水しか飲むまいと自分で自分を束縛したために、愚かにも、他のすべての河の水を飲む権利を棄てた。彼らにとっては、世界じゅうの他のすべての河は、涸れたも同然だった。[13]

引用文におけるソクラテスの発言は、プルタルコスの『モラリア』（「追放について」五の六〇〇F）からの借用とされる。しかし、プルタルコスの作品においては、天上の世界こそあらゆる人間の故郷であるというプラトン哲学を擁護すべく、ソクラテスの「世界人」という発言が引きあいに出されているにすぎない。ところがモンテーニュは、この「世界人」というコンセプトを博愛主義的な意味でとらえ、世界中の人びとをフランス人と同じように快く迎えると述べる。そして国籍や文化といった障壁を乗り越えて築きあげる人間関係に、いっさいの利害を離れた、より純粋な友情のしるしを見てとる。モンテーニュにとって、国籍や習慣や、おそらくは宗教も、人間に付随的なものであって、人間の自然本性をなすものではない。なぜならば、人間は自由で束縛されることのない存在として生まれたからである。自然はいかなる境界も設けなかったのに、人間が国境を定めたり社会階層を作ったりして、たがいに隔離しながら暮らしているのだ。そうした排他主義がもたらした愚行の例として、引用文の最後にペルシア王の逸話が語られているが、ここでのコアスペス河は、たんなる地理的区画であるだけでなく、ペルシア王たちの精神的空間の偏狭さをも象徴している。

モンテーニュは精神の柔軟さや幅広さにおいて、同時代の思想家たちを凌駕している。『エセー』のなかには、国境や時代を超えた視点に立ち、当時の社会状況や人びとの考え方について論じている箇所がいくつも見受けられる。たとえば、第二巻第五章の「良心について」では、当時のヨーロッパ諸国で公認されていた拷問が激しく非難されている。[14] モンテーニュによると、罪が確定していない人を苦しめて自白を強いるのは、古代ギリシアや古代ローマ人でさえ野蛮と見なしていた方法であり、拷問で得られた自白にはいかなる信憑性もないのだ。また、第二巻第一一章「残酷について」では、狩りや動物虐待への批判がなされ、同じ生き物としての立場から、動物に向けた共感と愛情が示されている。[15] さらに、第二巻第三〇章の「ある奇形児について」では、われわれが奇形と呼ぶものは、広大無辺な自然から見ればなんら奇形ではなく、人間の狭小な精神が自分の知らないものを異常扱いしているにすぎない、と述べている。[16] このようにモンテーニュは、時流に迎合することなく、きわめて広い視野から人間や世界について考察している。

むすび

モンテーニュは彼自身の旅行の経験をもとに、『エセー』において旅の思想を結実させた。モンテーニュによると、旅とは、自己成長や自己変容の場であるとともに、異文化の視点から自己を相対化するための機会でもある。こうした自己相対化の作業は、モンテーニュが思想的に強い影響を受けた懐疑主義とも密接な関係をもっている。というのも、懐疑主義は特定の見解にとらわれることのないよう、つねに他の見解と拮抗させて相対化をはかるからである。[17] 懐疑主義者にとって、人間の考えには何も確実なものはないのだから、さまざまな意見が対立しあうことや、習慣や生き方に差異が見られることは、ごく当然のことなのだ。モンテーニュもまた、「私は、私の意見に反対する意見を、けっして憎みはしない。私は、私の意見と他人の意見との不一致を見て驚いたりしない。私は、私とは考えや党派が異なるからといって、そうした人たちの社会と自分が相容れないなどとは思わない。それどころか、むしろ反対に、多様性こそは自然が歩んできたもっとも一般的な様相である、と私は思っている」[18] と述べつつ、画一的で排他的な価値観をしりぞけて意見の多様性を認めている。こうした多様性や差異こそ、モンテーニュによれば人間の本性とも言うべきものなのだ。以上のように、ヨーロッパの世界観が大きく揺らいでゆくルネサンス期において、懐疑主義的かつ相対主義的な立場から人間の多様性を賛美するモンテーニュの姿勢に、寛容の精神を見いだすことができよう。

註

1 モンテーニュ（松浪信三郎訳）『随想録（エセー）』第一巻第三一章「食人種について」（世界の大思想〈5〉、河出書房新社、一九七四年）上巻、一七八頁。
2 同書、上巻、一八二頁。
3 同書。
4 同書、上巻、一八五—一八六頁。
5 『旅日記』の刊行にいたる経緯や作品構成については、斎藤広信『旅するモンテーニュ——十六世紀ヨーロッパ紀行』（法政大学出版局、二〇一二年）を参照。
6 『モンテーニュ旅日記』関根秀雄・斎藤広信訳（白水社、一九九二年）、二四—二五頁。
7 同書、三一頁。
8 同書、四一—四二頁。
9 同書、五六頁。
10 ボルドー市長としてのモンテーニュの仕事については、関根秀雄『モンテーニュとその時代』（白水社、一九七六年）、四九三—五三〇頁を参照。
11 モンテーニュ『随想録（エセー）』、上掲訳書、下巻、三三九頁。
12 同書、下巻、三五一頁。
13 同書、下巻、三三八頁。
14 同書、上巻、三〇四—三〇五頁。

15　同書、上巻、三六一―三六三頁。

16　同書、下巻、九九頁。

17　「懐疑主義の構成原理は、なかんずく、あらゆる言論にそれと同等の言論が対立［矛盾］する、ということである。なぜなら、ここから出発してわれわれは、ドグマをもたない状態に立ちいたると思われるからである」（セクストス・エンペイリコス『ピュロン主義哲学の概要』第一巻第一六章一二、金山弥平・金山万里子訳、京都大学学術出版会、一二頁）。モンテーニュをはじめとする近代思想家に見られる懐疑主義の影響については、リチャード・H・ポプキン（野田又夫、岩坪紹夫訳）『懐疑　近世哲学の源流』（紀伊國屋書店、一九八一年）を参照。

18　モンテーニュ『随想録（エセー）』、上掲訳書、下巻、一六六頁。

第三章　一六―一七世紀前半のイングランドにおける宗教改革と反カトリック

山本　信太郎

はじめに――今に残る反カトリック

イギリスでは、二〇一一年にウィリアム王子とキャサリン妃が結婚した後、二〇一三年に新たな王位継承法が制定され、それまでの王位継承における男子優先が撤廃された。つまり、北欧諸国やオランダ、ベルギーが二〇世紀中にはそうしていたように男女の別なく君主の第一子が王位を継承することが定められたのである。このようなイギリスにおける王位継承のあり方の変更は日本でも比較的ニュースなどで良く報じられたが、他方、この二〇一三年の王位継承法におけるもう一つの変更はあまり知られてない。すなわち、名誉革命体制下の一七〇一年に定められた王位継承法の、配偶者がカトリック教徒である者の王位からの排除を定めた規定が撤廃されたのである。これによって王位継承権が復活した王族なども存在する。[1] 逆に考えると、二一世紀の現在までこの王位継承におけるカトリック教徒に対する差別はずっと存続していた。法的規制ではないとしても、二〇世紀後半のイギリスにおいても反カトリックの存在をうかがわせる出来事は厳然として存在していた。例えば、妻子がカトリック教徒であったトニー・ブレア首相が、首相在任中はイングランド国教会に所属したが、退任後ほどなくしてカトリックに改宗した出来事は有名である。

もちろん、現在のイギリスに近世のような強烈な反カトリックがそのまま残っているわけではない。前述のウィリアム王子の結婚式にもカトリックの大司教たちは他の宗教指導者たちとともに招待されている。特に現在のイングランド国教会（聖公会）はプロテスタントとカトリックの間に立つ「ブリッジ・チャーチ」との自覚を持ち、カトリックとの和解を進めている。しかし、近世においては反カトリックこそがイングランド国教会のアイデンティティであり、そのような反カトリックがイギリス国家の国民意識の形成に大きく寄与したことは広く指摘されている。制度的にもカトリック教徒は非国教徒の宗教的実践（礼拝など）を認める一六八九年の寛容法の対象からは除外されたし、一六七三年の審査法により、一八二九年のカトリック解放法まで公職からも除外され続けた[2]。カトリック解放法の後でも、例えば大学入学については、一八七一年の大学審査法までカトリック教徒の大学入学は阻まれたのである。

本章では、近世のイングランドで見られた宗教的な不寛容とも捉えられる反カトリックが、一六世紀からいわゆるピューリタン革命の前夜まで、つまり「長い一六世紀」とも呼ばれる時期を中心に、どのように生成されたかを考えてみたい。まず、イングランド宗教改革の過程を辿り、それが生成される反カトリックとどのような関係にあったかを検討する。その上で、反カトリックがどのようにして生まれたのか、そして、そもそも反カトリックをどのように捉えるべきなのかを考察してみたい。

イングランド宗教改革と国教会の成立

イングランド宗教改革の始まりについては、かつては大陸ヨーロッパの場合と同じく、カトリック教会の腐敗と堕落、そしてそれらに対する改革の機運が強調された。例えば宗教改革の「明けの明星」として教皇と体制教会への批判を展開した一四世紀のジョン・ウィクリフ（一三八四死去）や、その衣鉢を継いだロラード派の広がりがそうである。ロラード派は中世後期には大学や宮廷社会からは排除され、素朴な反体制宗教感情として宗教改革前夜まで脈々と引き継がれたとされる。一五二〇年代初頭には西ヨーロッパ・キリスト教世界に衝撃をもたらしたルターの著作がイングランドにも流入し、そのような中世以来の改革の機運と合流したと考えられた。

しかし、イングランド王国の普遍的な西ヨーロッパ・キリスト教世界からの離脱は、やはり国王ヘンリ八世（一四九一―一五四七、位一五〇九―四七）の離婚問題によって始まった。スペインのカトリック両王たるフェルナンド二世とイサベルの四女キャサリン・オヴ・アラゴン（一四八五―一五三六）と結婚したヘンリ八世は、当初先進国スペインから来た教養高い年上の王妃を敬意をもって愛したが、一五二〇年代に入るとキャサリンがいくたびもの死産を経験して、女子であるメアリ（後の一世）しか成長しなかった状況に対し、正統な男子継承者を得るためにローマ教皇クレメンス七世にこの婚姻が初めから無効であることを訴えた。キャサリンは当初、一五歳で早世したヘンリ八世の兄アーサー（一四八六―一五〇二）と結婚し、弟ヘンリとの再婚にあたっては近親婚の規定を免除する教皇特免を教皇から得ていたので、この特免の無効を訴えたのである。しかし、おりしも一五二七年五月には、一五世紀末から続いていたイタリア戦争の中で、いわゆるローマ劫掠が起こった。ローマを包囲していた神聖ローマ帝国軍は、指揮官であったブルボン公シャルル三世の戦死によって統制を失い、永遠の都ローマになだれ込んで破壊と略奪の限りを尽くしたのである。

ローマ劫掠の結果、教皇クレメンス七世は事実上神聖ローマ皇帝カール五世の虜囚となった。そして、ヘンリ八世が今まさに婚姻の無効を教皇に訴えているキャサリン・オヴ・アラゴンは皇帝の叔母であった。こうして、ヘンリ八世の離婚問題は解決の糸口を見失ったのである。この間、イングランドではヨーク大司教、大法官、教皇特使として絶大な権力を振るい、一時期は教皇位をもうかがったウルジ枢機卿（一四七〇／七一―一五三〇）がヘンリ八世の離婚問題を解決することが出来ず、王の寵愛を失って失脚した。代わってヘンリの両腕となったのは、ウルジの秘書でありプロテスタント信仰を持つようになっていたトマス・クロムウェル（一四八五頃―一五四〇）と、ドイツに外交使節として渡った際に著名なプロテスタントと交流を深め、そのサークルから妻を迎えていた後のカンタベリ大主教トマス・クランマ（一四八九―一五五六）であった。一五二九年から三六年に渡って開催された宗教改革議会はクロムウェルの主導のもと、矢継ぎ早に宗教改革的な、あるいは反ローマ的な立法を成立させていった。本来ヘンリ八世の離婚問題を解決することを目指した動きは、最終的にはローマ教皇の離婚許可を得ることが出来ず、イングランド教会のローマ・カトリック世界からの全面的な離脱につながったのである。一五三三年の上告禁止法は「このイングランド王国はエンパイアである」こと、すなわち主権国家であることを宣言して、超国家的なローマ教皇の権威を否定した。翌年の国王至上法はイングランドの教会の至上の長はイングランド国王であることを述べて、ここに国王を首長とするイングランド国教会が成立したのである。

教区教会の普通の人々と宗教改革

このように成立したイングランド国教会は、ローマ教皇の権威を否定したという点では明らかにプロテスタント教会であった。しかし、一五三四年のイングランド国教会の成立と同時に近世イングランドで高まった反カトリックが即座に形成されたとは言いがたい。クロムウェルやクランマのようにカトリックのありようを改革しなければならないと考えたプロテスタント改革派は宮廷と教会で力を蓄えたが、他方、教皇権の否定はしぶしぶ受け入れたものの、国教会のありようをこれ以上変える必要はないと考えた保守派は明らかに存在し、改革派と激しい綱引きを繰り広げたのである。イングランド最高位の貴族ノーフォーク公爵トマス・ハワード（一四七三―一五五四）やイングランドで最も裕福な主教区を管轄するウィンチェスタ主教スティーヴン・ガードナ（一四九五頃―一五五五）などである。ヘンリ八世自身も個人的には、ローマ教皇との関係を断絶させたものの終生保守的なカトリック信仰を持っていたとされる。

他方、このような「君主の出来事」であり、議会制定法によって推し進められたイングランド宗教改革は普通に生きていた人々の世界にどう関わったのであろうか。そもそも宗教改革のもとでの普通の人々の経験を知るための史料は、決して多くは残されていない。ただし、カトリック教会における教会行政の最末端の単位であり、イングランド国教会にも引き継がれた教区 parish の史料はある程度まとまった形で残存している。イングランドとウェールズにあわせて約八、五〇〇存在した教区には、聖務をつかさどる教区聖職者の他に、俗人信徒から選ばれた教区委員が存在し、その教区委員が管理した教区委員会計簿がある。その教区委員会計簿を可能な限り多数見ていくと、イングランド宗教改革の激動の中で教区民たちがどのようにその動きを受け止めたか、おおよその姿が分かる。[3]

まず、ヘンリ八世治下の一五三六年と三八年に国王宗教指令が出され、教区教会には英訳聖書の設置が義務づけられた他、長年教区教会を彩り、崇敬の対象となってきた聖画像や巡礼が迷信として非難の対象とされた。その後、一五四七年にヘンリ八世の長男で一五歳のエドワード六世（一五三七―五三、位四七―五三）が即位すると、プロテスタントの教育を施された少年王とそれを取り巻くプロテスタント貴族やカンタベリ大主教クランマがプロテスタント宗教改革政策をさらに推し進めた。教区教会に対しては、より多くのプロテスタント宗教書の設置を義務づけ、迷信とされた聖画像や、カトリックの儀礼の中心となった祭壇 altar の撤去が求められたのである。[4]しかし、少年王がわずか一五歳で死去すると、キャサリン・オヴ・アラゴンの娘で確固としたカトリック信仰を持つメアリ一世（一五一六―五八、位五三―五八）が即位し、宗教指令と議会制定法によってカトリック復帰と教区教会の復旧を目指した。さらにメアリ一世が夫でスペイン王たるフェリーペ二世との間に子を残さずにわずか五年でこの世を去ると、プロテスタントのエリザベス一世（一五三三―一六〇三、位一五五八―一六〇三）が即位した。エリザベスは当初、国教会への国民の包括を目指して穏健な宗教政策を採ったとされるが、方向性は明確にプロテスタント路線であり、教区教会からの聖画像や祭壇の撤去が再び推し進められたのである。

このようないわゆるミッド・テューダー期の宗教的激動に関して教区委員会計簿を見ていくと、多くの教区において教区民が実に従順にこれらの宗教政策の変更に従っていたように見える。つまり、わずかの期間に君主が交代するとともに一八〇度転換した宗教政策に対し、ひとたびは聖画像を撤去し、復活が求められると再び聖画像を聖堂に配置し、エリザベスが即位すると時にはそれらを破壊したのである。イングランド宗教改革をめぐっては、普通の人々は宗教改革を歓迎し積極的に支持したという学説と、全く反対に人々は保守的で宗教改革に抵抗を示し続け、イングランド国家のプロテスタント化は遅々として進まなかったという学説の長きにわたる論争があるが、上記のような教区民の動向を考えると、少なくとも、いわゆる強烈な反カトリックはこのミッド・テューダー期の宗教改革の過程によって生まれたとは言えないことが理解出来よう。

また、宗教改革期に起こった反乱には、人々の宗教改革への反抗と伝統宗教への愛着を見ることが出来る。例えば、エドワード六世治世の一五四九年に起こった西部反乱における反徒の要求文書には人々の宗教的保守性がありありと読み取れる。先に述べたように少年王エドワード六世が即位すると、積極的なプロテスタント改革政策が採られ、その頂点が一五四九年に定められた礼拝統一法とその付則である英語の共通祈禱書であった。ラテン語のミサから一般の人々にも理解出来る英語の礼拝への移行は、しかし、激しい反発を招いた。イングランド最西部の州であるコーンウォルとデヴォンシャにおいて同時多発的に起こった西部反乱は、共通祈禱書の実施に反発して起こったので「祈禱書反乱」とも呼ばれる。両州の反徒はデヴォンシャで合流し、反乱は西部最大の都市であるエクセタの攻囲戦へと発展したが、この地域に大きな利害を持ち、後にベドフォード伯に序せられることになるラッセル男爵ジョン・ラッセル（一四八五頃—一五五五）率いる派遣軍によって徹底的に鎮圧された。この西部反乱における反徒たちの要求文書には、極めて具体的な宗教的要求が多数見られる。英語の共通祈禱書はまるでお遊びのようだから拒否すると徹底的にこき下ろされ、英訳聖書の回収が要求され、エドワード六世治下の議会制定法で認められた聖職者の結婚に対しては、これに反対し聖職者は純潔を保つべきであると述べている。[5]つまり、エドワード治下のプロテスタント改革のほとんどに反対したのである。もちろん、西部反乱はロンドンより遠く離れた地域の出来事であり、特殊な事例だとの反論も可能だろう。しかし、反乱に身を投じた人々の宗教的保守性と伝統宗教への愛着は確実に見て取ることが出来る。

エリザベス体制とカトリック

前節では、教区教会の人々が経験した一六世紀半ばの宗教改革の過程に反カトリックが生まれる契機が見られなかったこと、むしろ人々の中には伝統宗教への愛着があったことを見てきた。しかし、人々は決してカトリックであり続けることを選択したとは言えない。プロテスタント改革派は聖書に根拠をもたないことがらをカトリック的な迷信として改革を推し進めたが、普通の人々にとっては、カトリック的要素とプロテスタント的要素が峻別され、聖書を基準に伝統的な儀式や習慣の善悪が判断されたとは当然考えられない。人々はカトリック信仰を守ったのではなく、自分たちが生活の中で営々と続けてきた伝統宗教のあり様に執着したのである。そこにはそもそもカトリックという概念は存在していない。反カトリックが生成されるには、カトリックが定義付けられていくことが必要なのである。その意味では、メアリ一世治下にカトリック復帰がなされ、目に見える形でプロテスタント弾圧が起こり、三〇〇名近くのプロテスタントが火刑に処せられたが、それらはカトリックとプロテスタントという区別を新たに可視化する役割を果たしたとも言えよう。そして、長いエリザベス一世の治世において、他者としてのカトリックはますますその輪郭を明確にさせていくことになる。

先に述べた通り、エリザベス一世の即位当初、復活した国教会は何より国民の包括をその目的とした。一五五九年に父王ヘンリ八世の国王至上法と弟エドワード六世の礼拝統一法が再び制定されたが、再制定された国王至上法において女王エリザベス一世の立場が、首長、すなわち至高の長 supreme head から教会の自律性に配慮した至高の統治者 supreme governor に改められたことは良く知られている通りである。また、その後国教会の信条となった一五六三年発布の三九カ条が、カトリック教徒には絶対受け入れられない第二九条を保留して出されたことも、何よりも国教会への国民の包括を最優先としたエリザベス体制の特徴を良くあらわしているとされてきた。

エリザベスの宗教解決が中道 Via Media と呼ばれるゆえんである。しかし、左右両極の包括をも目指したエリザベスの国教会体制は治世後半に向けて破綻していくことになる。ここではプロテスタント急進派、いわゆる「ピューリタン」についての説明は省略し、主にその対極にいるカトリックについて見ていこう。

先に述べたように三九カ条のうち、カトリックが絶対に認められないために保留された第二九条は一五七一年に最終的に認められ、三九カ条は議会制定法となった。その時に何があったのか。一五六九年には北部カトリック大貴族による反乱、世に言う北部反乱が勃発する。宗教的に保守的なイングランド北部地域に絶大な影響力を持つネヴィル家（ウェストモランド伯）とパーシー家（ノーサンバランド伯）はカトリック大貴族として共謀して蜂起し、一五七〇年には鎮圧された。そして同年、決定的な出来事としてローマ教皇ピウス五世が教皇勅書「レグナンス・イン・エクセルシス」をもって、エリザベス一世を破門したのである。[6] 教皇によるエリザベスの破門は、もはや君主としてのエリザベスに従う義務がないことを宣言したものであり、イングランド国内のカトリック教徒は信仰の上での異端者ではなく、国家の反逆者となった。

国内のカトリックは、国教忌避者 recusant として取り締まられることになった。国教忌避者刑罰法と呼ばれる一連の議会制定法によって、カトリック教徒は世俗の犯罪者として厳しい処罰の対象となったのである。[7] また、エリザベス治世初期に発足した教会委員会は、治世後半には高等宗務官裁判所 Court of High Commission に発展し、イングランド国教会の儀式や礼拝出席を強制する機関として活動した。

他方、カトリック教会は新たにイングランドを再カトリック化するための活動を活発化させた。メアリ一世治下に任命されたカトリック司教の多くはその職位を剝奪されたので、イングランドのカトリック宣教を担ったのは国外のカトリックとなった。それらカトリック宣教の尖兵となったのは、言うまでもなく一六世紀のヨーロッパにおけるカトリックの版図の失地回復を一手に担ったイエズス会であった。ブリテン島に渡ったイエズス会士の多くを待ち受けていた運命は逮捕と処刑であったので、彼らの宣教活動はまさに命がけであった。イエズス会士のイングランド宣教はエリザベス治世に本格化したが、それを担ったのは「外国の」イエズス会士ではなかった。イングランドに渡った多くのイエズス会士は、イングランド出身で大陸の神学院でもっぱらイングランド宣教のために教育を受けた宣教師たちであった。最も有名な神学院は、スペイン領ネーデルラント（現在はフランス領）にオックスフォードに学んだイングランド人ウィリアム・アレン（一五三二―九四）が一五六八年に建てたドゥエ神学院である。[8] ドゥエ神学院は多くの宣教師をブリテン島に送り、多くの殉教者を生んだ。イングランドからドゥエに渡って学び、再びイングランドでカトリックの宣教活動を行った上で一五八一年に反逆罪で処刑されたエドマンド・カンピオン（一五四〇―八一）は最も有名な事例であろう。こうして、それまでの単に伝統宗教に親近感を持った人々とは全く違う、新たなカトリックの姿がブリテン島の人々の目に焼き付けられていくことになる。

生成される反カトリック

それでは次に、そのイメージを明確にしつつあったカトリックに対する反発がいかに形成されたかを考えてみよう。これまで述べてきたように、カトリック教徒が単にイングランド国家の取り締まりの対象となったというだけでは、普通の人々の敵となるわけではない。カトリックが「イングランド国民」の敵となり、近世を通じて一貫して流れ続けた反カトリックが形成されるためには、いくつもの契機の積み重ねが存在していた。ここでは最も重要な契機として、スペイン無敵艦隊の襲来と撃退、『殉教者の書』の出版と流布、一七世紀初頭に入って起こった火薬陰謀事件を取り上げておきたい。

一五八八年のスペイン無敵艦隊（アルマダ）の襲来は、エリザベス一世治世の出来事として最も有名なものの一つであるとともに、そのことによってプロテスタント国家イングランドの敵としてのカトリックが明確に意識された画期でもあった。スペイン領ネーデルラントの独立運動、すなわちオランダ独立戦争に同じプロテスタントとして支援を行うとともに、女王配下の私掠者たちがスペインの新世界との通商に被害を与え続けたことによって、イングランドとスペインの関係は悪化し続けた。プロテスタント貴族の反乱により故国スコットランドを追われイングランドに亡命していたスコットランド女王メアリ・ステュアート（一五四二―八七、位四二―六七）はイングランド王位継承権を持っており、イングランドが再びカトリック君主を戴くことを夢見る者たちの希望であったが、一五八七年に処刑された。その翌年、当時世界最強とうたわれたスペイン無敵艦隊はブリテン島に向けて出撃したのである。ローマ教皇シクストゥス五世は、このスペインの軍事行動に十字軍の宣言を発して強力に支持したが、結果として無敵艦隊は敗れた。海戦における被害はさしたるものではなかったが、イギリス海峡を封鎖された無敵艦隊は、ブリテン島の北部まで回航し、アイルランド島の西を通って本国に帰還する長大な航海の過程で甚大な被害を受けたのである。

ただしこのスペイン無敵艦隊の敗北は、ある意味では一局地戦であって、この一戦によってスペインの制海権がいっきに失われてイングランドの一大海上帝国への発展に直接つながったわけではないことは広く指摘されている。本章が扱う反カトリックの生成という文脈で言えば、この無敵艦隊への勝利が神話化され、繰り返し絵画や出版物の中に表象された点が重要である。例えば、エリザベスの背後の窓に嵐によって沈みゆく無敵艦隊を描いたいわゆる「アルマダ・ポートレート」はいくつかのヴァージョンが確認されているし（図1）、無敵艦隊来襲の際にエリザベス自身がテムズ河口のティルベリを守る兵士たちを鼓舞したとされる有名なティルベリ演説は直後に出版されている。それらは、無敵艦隊撃破の栄光を喧伝する上で大きな役割を担ったと考えられよう。無敵艦隊への勝利は、カトリック超大国スペインを新興のプロテスタント国家イングランドが神の恩寵によって破った出来事であり、敵としてのカトリックが明確化される画期でもあったのである。

同じくエリザベスの治世に敵としてのカトリック、さらには残虐な迫害者としてのカトリックのイメージを流布させる上で大きな役割を担ったのがジョン・フォックス（一五一六／一七―八七）による著作『殉教者の書 *The Book of Martyrs*』である。[9]　フォックスはヘンリ八世の治世にオックスフォード大学で学問的研鑽を積み熱心なプロテスタントとなって、それゆえにメアリ一世治下には大陸に亡命し、ネーデルラントやフランクフルト、シュトラスブルクに滞在した。エリザベスが即位するとイングランドに戻り、それ以前に出版していた著作をもとに、一五六三年に『殉教者の書』の第一版を刊行したのである。『殉教者の書』の本来のタイトルは、その長大な書名の冒頭を取って『行為と事績 *Acts and Monuments*』とされるが、古代から一六世紀までの殉教者たちの列伝となっており、同時代から『殉教者の書』とも呼ばれていた。古代からの殉教者の歴史という体裁を取っているが、紙数の多くは宗教改革以降のイングランドで殉教したプロテスタントたちに割かれており、苦難を生きぬいて栄光の時を迎えたイングランドのプロテスタントの姿と、激しいプロテスタント弾圧と迫害を行いながらも敗れ去るカトリックの姿を浮き彫りにしているとも言えよう。

図１　アルマダ・ポートレート

『殉教者の書』の特徴は、何よりも多数の挿絵が添えられた大部の書物であったという点である。第一版は約一八〇〇頁に五三点の挿絵が挿入されていたが、一五七〇年の第二版では約二三〇〇頁に約一五〇点の挿絵が添えられた。挿絵の数はその後ほとんど増えなかったが、一七世紀末までには全部で九版を数えている。挿絵は分かりやすくドラマチックなものが多く、『殉教者の書』におけるプロテスタントとカトリックの善悪を対比させたストーリーを視覚的に印象付けるものになっている。

例えば、イングランド宗教改革の先駆者とされるジョン・ウィクリフがコンスタンツ公会議で異端とされ、その遺体が掘り起こされて火刑に処された場面を描く図2を見てみよう（二つの図版はともに第二版より）。ウィクリフの死は一三八四年、遺体の掘り起こしは一四二八年なので実際にどの程度遺骨が残っていたか真偽のほどは分からないが、掘り起こされたウィクリフの頭蓋骨が火にくべられるこの図像はいかにもおどろおどろしい。また、建物には「ラタワース」と書かれて、ウィクリフがオックスフォード大学を追放されて晩年を過ごした地であることが分かる。挿絵の登場人物には「役人」「大執事」などと書き込まれ、「ウィクリフ〔の遺体〕の灰が川に投げ込まれる」といったキャプションもあり、ある種の「マンガ」的効果があって分かりやすい。

『殉教者の書』が膨大な紙幅を割いているのはもちろん「ブラッディ・メアリ」の時代であるが、メアリのもとで火刑に処されたカンタベリ大主教クランマを描いた図3も印象的で、クランマの台詞である「主よ、私の魂を受け入れたまえ」は現在のマンガで言う吹き出しになっている。また、クランマはメアリの即位後、自分がこれまで推し進めたプロテスタント政策が罪深い間違いであったとし、それらを悔いることを告白した転向声明文に何度も署名して弱々しく火刑台に登ったが、最後の瞬間には突如として語調を変え、これまでの声明文への署名は死への恐怖からであったことを決然と述べ、それらの文書に署名したことこそが誤りであって、そのような行為をしたこの右手がまず焼かれるべきであるとして右手を炎の中に差し出したとされる。まさに、この絵は炎に右手を差し出すクランマの姿を描いており、ドラマチックなストーリーを盛り上げていると言えよう。『殉教者の書』の流布の程度については様々な議論があるが、この書物が憎悪される残虐な敵としてのカトリックのイメージを作り上げることに大いに寄与したことは間違いない。

最後に挙げたいのは、ジェイムズ一世（一五六六―一六二五、スコットランド王位一五六七―一六二五、イングランド王位一六〇三―二五）のイングランド国王即位後の一六〇五年に起こった「火薬陰謀事件」である。[10] 事件は、一部の急進的なカトリック教徒が議会の議場であるウェストミンスタ宮殿を国王ごと爆破しようとしたが、これが未遂に終わったというものである。陰謀団はロバート・ケイツビ（一五七二頃―一六〇五）をリーダーとする一三名で、議会が開会する一一月五日までに入念な計画のもとに議場の地下の部屋を借り、そこに三六樽の爆薬を持ち込んだが、一一月五日未明に爆薬とともにいた一味の一人ガイ・フォークス（一五七〇―一六〇六）が発見されるとと

図2　『殉教者の書』の挿絵「ジョン・ウィクリフの死後41年目の遺体の掘り起こしの命令と実行および遺骨の焼却」（John Foxe, *Actes and Monumentes*, London, 1570, p. 552）

図3　『殉教者の書』の挿絵「カンタベリ大主教トマス・クランマ博士の殉教」（*Ibid.*, p. 2067）

図４　イングランド南部ルイス（Lewes）の街のガイ・フォークス・ナイトの様子（菅原未宇氏2007年11月５日撮影）

もに逮捕され、ロンドンから逃亡した残りの陰謀団も全て追っ手と戦って命を落とすか、逮捕されて処刑された。しかし、この事件をめぐっては未だに謎が多く、そもそも本当に爆破計画があったのか、全ては当時の秘書長官でソールズベリ伯に叙せられたばかりの重臣ロバート・セシル（一五六三―一六一二）が反カトリックを煽るためにでっち上げたのではないかといった意見まである。おそらくセシルによる陰謀団のある程度の「泳がせ」はあったと考えられているが、事件の真相は闇の中である。

重要なことは、事件そのものよりもこの陰謀が未然に防がれた一一月五日を神に感謝する記念日として、毎年この日に全ての大聖堂と教区教会で特別の礼拝が捧げられ、説教がなされるべきことが翌年の議会制定法によって定められた事実である。[11]現在でも一一月五日は、ウェストミンスタ宮殿の地下で発見された陰謀団の一人ガイ・フォークスの名をとって、ガイ・フォークス・デイとしてお祭りが行われている。現在の祭りは松明を持って練り歩いて花火を打ち上げることが中心となっているが（図４）、これは近世のガイ・フォークス・デイが火祭りであったことの名残である。議会制定法が定めたのは記念の礼拝と説教の挙行のみであったが、当初のガイ・フォークス・デイにおいては、邪悪なカトリックの陰謀から国王と議会が守られたことを神に感謝し、かがり火をたくとともに、ガイ・フォークスをかたどった人形を焼き、時にはローマ教皇の人形が焼き払われた。このガイ・フォークス・デイも近世のイングランドにおいて敵としてのカトリックのイメージを定着させ、反カトリックの生成に大きな役割を果したと言えるであろう。さらにその後の名誉革命の際には、最後のカトリック王ジェイムズ二世（一六三三—一七〇一、位一六八五—八八）が亡命し、プロテスタントのオラニエ公ウィレム（ウィリアム三世）（一六五〇—一七〇二、位一六八九—一七〇二）が軍隊を率いてイングランドのトーベイに上陸したのが一一月五日であったため、名誉革命体制においてガイ・フォークス・デイは二重の意味でプロテスタントの祝祭日となっていった。

もちろん、反カトリック生成の契機はこれ以外にもいくつも挙げられるであろう。しかし、ここで強調しておきたいのは、反カトリックはいわゆるイングランド宗教改革の開始とともに醸成されていったわけではなく、むしろ一六世紀半ばの宗教的激動とは別の、その後の幾重にも重なった契機の中で新たに生成されてきたということである。

むすび——隣人としてのカトリック

ここまで反カトリックの生成について考えてきたが、議論されてきた反カトリックの対象としてのカトリックは、少なくとも普通の人々にとっては直接向きあった実在のカトリック教徒ではなく、イングランドの征服をうかがう外国人であったり、歴史的に迫害を繰り返した残虐な人々であったり、国家転覆の陰謀を企む極悪人であった。反カトリックについては「反カトリック主義」と言う場合と「反カトリック感情」と言う場合があって、厳密には両者を区別することは出来ないが、感情としての面をより深く考察するためには、（国教忌避者の取り締まりに熱心に関わった「ピューリタン」のような人々ではなく）普通の人々が、ブリテン島内に存続し続けたカトリック教徒とどう接し、関わったか、あるいはどう見ていたのかをより精緻に見ていく必要があるように思われる。

見てきたように、反カトリックは一六世紀の後半から一七世紀にかけて生成され強められていった。しかし、

図５　聖ウィニフリッドの泉。泉を覆うチャペルと泉の水を引いて造られた巡礼者が体を浸すための石造りのプール（筆者撮影）

実際のカトリック教徒は減少の一途を辿り、一七世紀半ばには人口の数％程度であったと考えられている。他方、一七世紀初頭には爵位貴族の五人に一人はカトリックだったと言われており、貴族の館にはカトリックの司祭がかくまわれ、館を中心にカトリック教徒のコミュニティが形成されていることも多くあった。爵位貴族クラスでなくても、ジェントリ層にもカトリックは多く、そのジェントリの庇護のもと特定の集落にカトリック教徒が集中している場合も見られた。しかし、貴族の館を中心としたカトリックのコミュニティは、普通の人々にとってはますます縁遠い存在であっただろう。

他方、宗教改革以前から崇敬を集めて巡礼地となっていた野外の聖域（今で言ういわゆるパワースポット）が、イエズス会宣教師の働きかけなどもあって、カトリックの新たな拠点として形成されることもあった。一つの事例として、一六世紀前半にイングランド王国に正式に統合されたウェールズの北部フリントシャにある小都市ホーリーウェルの聖ウィニフリッドの泉を挙げておきたい[12]（図５）。

聖ウィニフリッドの泉の起源は七世紀にさかのぼり、病を癒す奇跡の泉とされて、中世には何人ものイングランド国王が訪れた有名な巡礼地であった。一五世紀末には泉の湧水点を覆う立派なチャペルが建立されたが、宗教改革以降、巡礼そのものがカトリック的な迷信として批判され、この奇跡の泉にもたびたび圧力がかけられた。しかし、一五八〇年代以降はイエズス会を中心としてこの聖ウィニフリッドの泉を拠点とし、カトリックのコミュニティが築かれていく。ここで重要なことは、聖ウィニフリッドの泉が近世を通じて奇跡の聖域としてカトリック教徒以外の訪問者・巡礼者をも集め続けた点である。小都市ホーリーウェルの中でプロテスタントとカトリックはどうつきあい、折り合いを付けたのか、また、この泉を訪れた非カトリックはカトリックのコミュニティをどう見ていたのか、反カトリック感情を考える上で様々な材料を提供してくれるように思われる。いずれにせよ、今後は圧倒的少数派であるカトリック・コミュニティのありようを検討するだけでなく、カトリック教徒の隣人となった人々とそのまなざしのありようも考察されるべきであろう。[13]

註

1　君塚直隆『立憲君主制の現在——日本人は「象徴天皇」を維持できるか』（新潮社、二〇一八年）、一二九—一三二頁。

2　プロテスタント非国教徒の公職からの排除については、一七二七年の免責法により事実上撤廃されている。

3　ミッド・テューダー期の教区教会の経験については、以下を参照。山本信太郎『イングランド宗教改革の社会史——ミッド・テューダー期の教区教会』（立教大学出版会、二〇〇九年）。

4　ヘンリ八世とエドワード六世の国王宗教指令のテクストは以下。G. Bray, ed., *Documents of the English Reformation*, Minneapolis, 1994, pp. 175–183, 247–257.

5　反徒の要求文書については、以下。F. Rose-Troup, *The Western Rebellion of 1549: An account of the insurrections in Devonshire and Cornwall against religious innovations in the reign of Edward VI*, London, 1913, pp. 211–231.

6　以下を参照。川村大膳「『レグナンス・イン・エクセルシス』について」『関西学院史学』一六巻（一九七五年）、四六—七〇頁。

7　世俗の犯罪者としての国教忌避者については、以下を参照。後藤はる美「一七世紀イングランド北部における法廷と地域秩序——国教忌避者訴追をめぐって」『史学雑誌』一二一巻一〇号（二〇一二年）、一—三六頁、特に四—八頁。

8　以下を参照。川村大膳「ドゥーエー神学院の活動と迫害」『人文論究』（関西学院大学）二五巻四号（一九七六年）、一—一九頁。

9　『殉教者の書』については、以下に多くを負っている。指昭博『『殉教者の書』とイングランド宗教改革』『神戸市外国語大学外国学研究』五三号、二〇〇一年、七一─一三三頁。最近の研究文献としては、以下。E. Evenden & T. S. Freeman, *Religion and the Book in Early Modern England. The making of Foxe's 'Book of martyrs'*, Cambridge, 2011.

10　火薬陰謀事件については、以下を参照。見市雅俊『ロンドン＝炎が生んだ世界都市──大火・ペスト・反カソリック』（講談社選書メチエ、一九九九年）、二〇〇─二一五頁。指昭博「ガイ・フォークス・デイの政治と祝祭」『追手門学院大学文学部紀要』二八号（一九九三年）、二三九─二五一頁。

11　3 James I, c. 1, 'An Acte for a publique Thanckesgiving to Almighty God everie Yeere on the fifte day of November', in *The Statutes of the Realm*, vol. 4, pt. 2, London, 1819, pp. 1067–1068.

12　聖ウィニフリッドの泉については、以下を参照。山本信太郎「ウェールズにおける聖なる泉への巡礼──中世から近世の聖ウィニフリッドの泉」上原雅文編『自然・人間・神々──時代と地域の交差する場』（御茶の水書房、二〇一九年）。

13　宗教改革以降のブリテン島のカトリックについては古くから研究があるが、特に近年になって急速に活況を呈している。最新の成果として以下を参照。A. Walsham, *Catholic Reformation in Protestant Britain*, Farnham, 2014; J. E. Kelly, S. Royal, eds., *Early Modern English Catholicism: Identity, memory and counter-Reformation*, Leiden, 2017.

第四章　近世ヨーロッパを生き抜く宗教的マイノリティ再洗礼派

――多宗派併存都市ノイヴィートのメノー派を中心に

永本　哲也

はじめに

中世後期から一六世紀は、ヨーロッパで聖職者から市井の人々まで、社会のキリスト教化を進めようという情熱を燃やした時代であった。その中でドイツのヴィッテンベルク大学神学教授マルティン・ルターが、カトリック教会の瀆宥を批判したことを契機に、ヨーロッパ各地に宗教改革が広がった。その結果ローマ・カトリック教会を離脱する教会が現れ、ヨーロッパで様々な教会・宗教集団が併存する状態が生まれた。

諸宗派に教会が分裂した状況で、正しい一つの信仰、宗教的純粋さを求めるヨーロッパのキリスト教徒の情熱は、時に信仰を異にする者に対する攻撃を引きおこした。一五世紀末以降にイベリア半島で起こったユダヤ人やムスリムに対する強制改宗や追放、処刑はその先駆的な例である。各支配領域に住む宗教的マイノリティは、世俗権力や公認教会から迫害を受け、時に処刑されることすらあった。さらに、スイス、神聖ローマ帝国、フランス、低地地方、イギリスでは宗教戦争が引きおこされた。こうしてヨーロッパのキリスト教徒の宗教的情熱は、多くの争い、暴力、弾圧を引きおこした。

しかし、他方で、異なる信仰を持つ人々が入り交じる状況を、暴力や強制によって、同じ信仰を持つ者のみが居住する状況へと変えるのは不可能だということが次第に明らかになっていった。そのため、複数の宗派が併存する状況を前提とした社会秩序の形成も試みられた。その意味では、一六世紀から一八世紀にかけての近世という時代は、ヨーロッパのキリスト教徒が、信仰を異にする人々と隣り合い、入り交じりあいながら生活をしていく方法を編み出していった時代だと言えるかも知れない。

では、近世ヨーロッパで、宗教的マイノリティを含めた様々な信仰を持つ人々が争うことなく暮らしていくことは、いかに可能だったのだろうか？　本章では、近世の宗教的マイノリティの一派である再洗礼派がいかに近世を生き抜いたかを検討することによって、多宗派共存を可能とする条件の一端を明らかにしようと試みる。

迫害されたマイノリティ再洗礼派はいかに生き残ったか？

一六世紀のヨーロッパでは、社会のキリスト教化を進めようという多様な個人・集団が現れたが、再洗礼派もその一つである。再洗礼派とは、キリスト教徒になるための入信儀式である洗礼は、教えを受け信仰を持った者が、自らの意志で受けることではじめて効力を持つと考えた人々である。そのため彼らは、まだ教えを理解することもできず、信仰を自覚することもない幼児に対する洗礼は無効だと考え、成人に洗礼を行った。しかし、この考えは、カトリックもプロテスタントも幼児洗礼を行っていた当時、異端的で反乱的だと危険視されることとなった[1]。

ただし、再洗礼派とは一枚岩の集団ではない。最初に信仰洗礼が実行されたのはスイスのチューリヒだったが、信仰洗礼を実行する集団は、南ドイツや北ドイツ・低地地方でも生じ、オーストリアやモラヴィアにも広がっていった。しかし、これら多様な再洗礼派集団は全て、カトリックからもプロテスタントからも異端視されていたため、ヨーロッパ全土で迫害されることとなった。

最も早い段階で、再洗礼派に対する取締令を出したのが、スイスのチューリヒ市であった。彼らは一五二六年三月七日に以下のような命令を出した。[2]

再洗礼派の幾人かは全く頑迷に、彼らの宣誓、誓約、約束に反し、自身の意志に固執している。そして公共の福利やキリスト教的本質にとって不利益となる破壊的な結果で、お上の統治に対し不服従であることを示した。〔中略〕今後他の者を洗礼しようとする者を、我らが主たち〔市長や市参事会員〕は逮捕し、彼らに今判決を下した後いかなる慈悲もなしに溺死刑に処するであろう。

ここに見られるように、チューリヒ市参事会は、再洗礼派を単なる異端としてキリスト教の教会に害をなすだけでなく、都市の公益を害する存在であり、統治権力に服従しない反乱者として位置づけている。

同様の見方は、一五二九年四月二三日に神聖ローマ皇帝カール五世によって出された勅令にも見られる。[3]

公示された普通法、さらに我々が出した勅令により、数百年前に永劫の罰を下され、禁止されてきたそのような古き再洗礼派のセクトが時を経るごとにより大きく激しく勢力を取り戻し、蔓延していることを、予は日々認めている。そのような悪、そこから生じうることを防ぎ、神聖なる帝国の平和と一致を保ち、再洗礼の罰のせいで起こりうる全ての論争と疑いを終わらせるために、我々は以前の皇帝の法、加えて上述のそれに続き布告されたわれらの命令を更新する。

ここでも再洗礼派は、一方では「古き再洗礼派のセクト」つまり古代末期のドナトゥス派という異端の末裔として、他方では帝国の平和と一致を乱す反乱者として位置づけられている。この時期は、再洗礼派に限らず、宗教的に異端視された宗教集団は、社会の秩序や利益を犯す世俗的な意味でも危険な反乱者だと見なされるのが通例であった。

もちろん、再洗礼派が迫害されたのは、スイス、神聖ローマ帝国に限らなかった。特に迫害が厳しかったのが、再洗礼派が生まれて間もない一六世紀前半である。一五二〇年から六五年の間にヨーロッパでは、約三千人が異端として処刑されたと推定されている。この中にはもちろんルター派や改革派の信徒も含まれるが、その三分の二ほどは再洗礼派だったと考えられている。[4] 再洗礼派の数は非常に少なかったが、にもかかわらず処刑された者の過半数を占めるというのは、いかに彼らに対する迫害が厳しかったかを物語っている。

この激烈な迫害の時期に、各地の再洗礼派集団の大半が壊滅し、初期の主要な再洗礼派指導者はそのほとんどが命を失った。しかし、この厳しい迫害にもかかわらず、再洗礼派は根絶されることはなかった。彼らが生き残った方法は、大きく分けると二つあった。[5]

一つは、非合法な立場のまま、当局の目を逃れながら信仰生活を送ることである。この方法で生き残ったのが、スイスの再洗礼派である。彼らは、当局に見つからないように、農村部の様々な場所に散らばって居住し、集会も隠れながら行った。当局も一六世紀後半には、再洗礼派に対する厳しい取り締まりを行わなくなっていたし、農村では再洗礼派に共感する支援者もいたため、スイスの再洗礼派は、非合法的な立場にありながら一六世紀を通じて信仰生活を保つことができた。

しかし、一七世紀に入り、スイス諸州の当局が、再び再洗礼派に対する取り締まりを厳しくしたことで、スイス再洗礼派の大半は、エルザスやプファルツ、オランダへの移住を余儀なくされた。このことは、非合法化での再洗礼派の生活は、当局の取り締まりに対する態度が変化するだけで容易に破壊される脆い土台の上に立ったものだったことを示している。

もう一つの生き残り方法は、当局から居住の許可を得られる場所へと移住することであった。ヨーロッパには、帝国や王国、領邦国家、貴族の諸領、都市など、大小無数の支配領域があった。これらの支配領域では、宗教的マイノリティに対する態度も様々であり、主に労働力確保などの経済的利益を見込んで居住特権を与える世俗権力も少数ながら存在していた。そのため、再洗礼派が、迫害されることなく居住を許される場所を見つけることは困難ではあっても不可能ではなかった。

ハプスブルク家支配下の低地地方に住んでいた再洗礼派の一派メノー派の一部は一六世紀半ばにポーランド王国の一部である西プロイセンに移住した。彼らは、湿地帯だったヴィスワ川河口地域の干拓事業を行う労働力として、居住の許可を与えられた。一六四二年にはポーランド王がメノー派の保護を約束する特許状を公布した。国王の庇護もあり、プロイセンのメノー派は一八世紀まで安住し続けることができた。

他方、低地地方に残ったメノー派も、ハプスブルク家の支配に対する反乱が生じ、ヘントの和約やユトレヒト同盟規約により、信仰を理由とした迫害が禁止されると、迫害を受けることなく暮らすことができるようになった。それにより、経済的に成功するメノー派も現れるなど、彼らは次第に社会に統合されていった。

一五二〇―三〇年代にスイスや南ドイツ、オーストリアで迫害された再洗礼派の多くはモラヴィアに移住し、ティロール出身のヤーコプ・フッター（一五〇〇―三六）を指導者として財産共有を行う共同体を作った。このフッター派がモラヴィアで居住することができたのは、領主たちが、勤勉に労働し、経済的利益をもたらす彼らを庇護したためである。

神聖ローマ帝国でも、一七世紀以降都市部にメノー派が移住することがあった。ハンブルクやアルトナのような交易都市、クレーフェルトのような工業都市、フリードリヒシュタットやノイヴィートのような新しく作られた都市などである。これら諸都市では、移住者がもたらす経済的な利益を見込んで、彼らに居住や私的礼拝の自由を認める特権が与えられた。

それでは、当局から特権を認められて居住していた再洗礼派は、宗教的マイノリティとしてどのように生き延びていたのであろうか。その一例として、神聖ローマ帝国の都市ノイヴィートのメノー派を見ていく。

ノイヴィートのメノー派に与えられた特権

ノイヴィートは、中部ライン地方ヴィート伯領に位置する都市である。ヴィート伯フリードリヒ三世（一六一八―九八）は、三〇年戦争で荒廃した自領を経済復興させるために、ライン川交易の中継地となる都市を造ろうと考えた。こうしてヴィート伯が、一六五三年に建設したのがノイヴィートであった。しかし、都市を建造したとは言っても、当初はヴィート伯が自分で建造した宮殿、そのほとんどが伯の官吏のものであった少数の家が建っているだけであった。

都市の人口を増やすためには、市外からの移住者を呼び込む必要があった。その際にヴィート伯が採った方法が、宗教的マイノリティの移住を促すことであった。ヴィート伯は改革派の信徒であり、伯領の公認宗派も改革派であった。しかし、ヴィート伯は、一六六二年にノイヴィートで改革派以外の信徒にも良心の自由と家の中での宗教行為を許可する認可状を交付した。この特権は印刷され、市内への移住を促すために、市外で広められることとなった。[6]

この認可状の対象は、さしあたり一六四八年に出されたヴェストファーレン条約により帝国で公認されていたルター派とカトリックの信徒に限定されていた。しかし、実際には、ヴィート伯がノイヴィートに移住させようとしていたのは、帝国で公認されていた宗派に留まらなかった。まだ伯の官吏の家しかなかった一六五九年に市内に家を建てた最初期の市民ミヒェル・ジンツェニヒは、メノー派であった。[7] 一六六一年にはユダヤ人も市内で家を建てていたことから、伯は、当初から宗教的マイノリティを受け入れる気があったことが分かる。このような伯の態度故に、一六五〇―六〇年代にかけて近隣のユーリヒ＝ベルク公領やモンシャウ地方で迫害、追放されたメノー派がノイヴィートに移住した。教会台帳には一六六三年までに一一人のメノー派新生児が記録されているので、都市ができてすぐに小さなメノー派共同体が作られていたことになる。[8]

フリードリヒ三世が、宗教的マイノリティの居住を促したのは、彼が寛容な考えを持っていたためではなかった。彼はノイヴィート以外の伯領では改革派の信仰告白から逸れることを許さなかったので、都市の人口を増やすための手段として宗教的マイノリティの受け入れを行っていたことが分かる。[9]ただし、ノイヴィートができてしばらくは、メノー派は法的に居住を認められていたわけではなく、伯から黙認されているに過ぎなかった。伯によってメノー派に対する認可状が公布され、こうした不安定な法的立場が変わったのは一六八〇年一二月一六日のことである。

その契機となったのは、改革派教会とメノー派の間で起こった争いであった。その経緯は、認可状の中で説明されている。メノー派は改革派の教会を訪れ、説教師の説教を聞くことを求められたが、これを良心の自由に反する強制だと見なしていた。そのため、ジンツェニヒ家やルップ家などのメノー派男性たちが、伯に対し改革派教会への出席を免除し、良心の自由の下で静かに暮らせるようにすることを求める嘆願を行った。伯は、一五二九年シュパイヤー帝国議会での最終決定でメノー派は帝国で存在を許されないと定められており、ヴェストファーレン条約でもカトリック、ルター派、改革派しか帝国で容認されていないため、帝国最高法院によってメノー派への認可が拒絶されたと記している。しかし、伯は、ブランデンブルク選帝侯、プファルツ選帝侯、ホルシュタイン侯をはじめとする帝国諸侯、そして諸都市が自らの裁判権の下、帝国最終決定に反しメノー派に良心の自由を許可し、自領に住まわせていると指摘した。そしてヴィート伯は、メノー派に以下の特権を付与した。

今からそしていつの時代にも上述のメノー派とその子どもだけでなく、その子どもの子ども、そして子孫たちにも良心の自由と彼らの家の中での教えを許可する。そして彼らは直接的にも間接的にも、予、予の相続人、後継者、予の聖俗の官吏によって、かなりの程度改革派の説教を聞くこと、あるいはその他の彼らの教会の規定や儀式を強要されるのではなく、彼らの霊的な判断の中で自由に任されるべきである。[10]

これによりノイヴィートのメノー派は、改革派の礼拝式への参加を強制されることなく、自らの家という私的な場所に限定されてはいるが、良心の自由、そして自分たちで礼拝や宗教行為を行う自由を法的に認められた。

ここで重要なのは、ヴィート伯フリードリヒ三世が、特権を彼に直接嘆願を行ったメノー派だけでなく、彼らの子孫にも認め、特権の維持を、自分の後継者や官吏にも命じていることである。この認可状の中でも書かれているように、メノー派を領内に居住させることは本来帝国法に抵触することであり、伯がノイヴィートで公布した認可状も帝国で法的に認められるものではなかった。その意味で、いかに伯がノイヴィートのメノー派に特権を与えようとも、市内でのメノー派の法的地位は不安定なものであった。もし、フリードリヒ三世の後継者がメノー派の特権を侵害したとしても、メノー派は帝国にその侵害に対し訴えを起こすことはできなかったためである。[11]だからこそ伯は、メノー派が安心して市内に居住する、あるいは市外から移住できるよう、自らの後継者にもこの特権の保護を命じる必要があった。

こうして、メノー派はノイヴィート市内において、良心の自由と私的礼拝の自由を法的に保証されることとなった。おそらくこの認可状の影響もあり、その後もメノー派が、主にプファルツやスイスから移住してきた。これにより市内のメノー派の数は、一六七〇年には四〇人、一七五〇年には一〇〇人まで増加した。[12]

ノイヴィートにおけるメノー派の地位

フリードリヒ三世が始めた宗教的寛容を呼び水に人口増加を図るという政策は、彼の後継者フリードリヒ・ヴィルヘルム（一六八五―一七三七）、フリードリヒ・アレクサンダー（一七〇六―九一）にも受け継がれた。そのため、一八世紀後半のノイヴィートでは、改革派、ルター派、カトリック、メノー派、ユダヤ人、霊感派、ヘルンフート兄弟団という七つの宗教集団が共存していた。

ただし、近世の他の支配領域と同様に、ノイヴィート市内では、唯一の公認宗派である改革派とそれ以外の宗教集団には、法的地位に確固とした違いがあった。当然のことながらメノー派も改革派と比べれば、様々なかたちで宗教行為を制限されていた。メノー派に許されていたのは、家の中での私的な宗教行為だけであり、自分たちの教会堂を持つことは一八世紀半ばまで認められていなかった。自分たちで結婚や埋葬を行う権利も持っていなかった。伯から市内のツンフトへの加入を認められたのも、ようやく一七一七年のことであった[13]。しかし、メノー派は自分たちに与えられた自由の制限に対し、表だって異議申し立てすることはほとんどせず、改革派など他の宗派と目立った争いを行うことはなかった。

この態度は、同じく市内で宗教的なマイノリティだったカトリックやルター派とは対照的である。彼らは、一七世紀末から自分たちの教会、学校、墓地の建設など公然とした宗教行為に関わる自由を許可するよう、伯と市当局に求め、しばしば市内で改革派や市当局との争いを引きおこしていたためである[14]。

ただし、メノー派も、自分たちの宗教的信念に抵触する命令には従わなかった。例えば、メノー派は宗教的信念から宣誓を拒否していた。ノイヴィートでは、市民宣誓が行われていたが、おそらくメノー派はこれを行わなかった。ライナー・コーベ氏は、ノイヴィートのメノー派は、クレーフェルトという別の都市のメノー派と同じように、宣誓の代わりに握手をすることで市民宣誓を回避するという手段を用いたのではないかと推測している[15]。

また、メノー派は、原則的に無抵抗非暴力主義を取っていたため、都市の警備や防衛には参加しなかった。一八世紀半ばの軍事行進をめぐる争いでは、彼らのこのような態度が問題となった。ノイヴィートの市民は、一八世紀半ばには年一回武器を持ち軍事行進を行うことを義務づけられていた。しかし、一七五一年三月二六日に行われた軍事行進には、やはり武器携行を拒否した霊感派の市民が参加しなかった。そのため、市当局は彼らの財産を没収し、霊感派がこれに抗議するという事件が起こった。この争いは主に霊感派を中心として行われたものだったが、霊感派と同じ態度を取るメノー派の処遇も問題となった。この後、軍事行進に参加しない者の処遇をめぐり、都市の代官、霊感派、ヴィート伯の間で交渉が行われた。しかし、この件は、一七五三年に伯が分担金の支払いの代わりに、軍事行進への参加免除を認めたことで決着した。[16]

都市社会に適応するメノー派

このような市民義務に従わない面があったにせよ、遅くとも一八世紀半ばには、メノー派は、ノイヴィートという都市の社会に適応していたと思われる。

メノー派の活発な経済活動は、その一つの証である。メノー派の多くは、農民もしくは、織工、粉屋、時計工、火酒の蒸留業者、金属細工職人などの手工業者であった。しかし一八世紀には、彼らの中にも、亜麻布、綿、綿布の工場を建てる者も出てきた。一七五一年の租税記録からは、改革派と並んでメノー派も他の宗派の住民と比べ徴税額の上層に属する者がやや多かったことが分かる。また一七七〇年代には、全人口に対する各宗派の比率と全家屋に対する彼らが所有する家の比率はほとんど変わらなかったが、メノー派のみ所有する家の比率が若干上回っていた。このことは、メノー派が他の宗派の住民と比べ少なくとも同等以上に経済的に成功していたことを示している。[17]

一八世紀のメノー派を代表する経営者が、時計工房を経営するペーター・キンツィンク（一七四五―一八一六）である。彼の経営上の重要なパートナーは、やはり宗教的マイノリティであるヘルンフート兄弟団に属する家具工房の経営者ダーフィト・レントゲン（一七四三―一八〇七）であった。キンツィンクはレントゲンと組んで、豪奢な仕掛け時計を作成し、国際的な名声を得た。[18]その時計の購入者には、フランス王妃マリー・アントワネットやロシア皇帝エカチェリーナ二世も含まれるほどであった。キンツィンクとレントゲンという当時のノイヴィートを代表する工房経営者が共に宗教的マイノリティの出身だったことは、ノイヴィート経済において彼らの存在がいかに重要であったかを示している。

メノー派に教会堂の建築が認められたこともまた、彼らの都市社会での立場の変化を物語っている。ヴィート伯フリードリヒ・アレクサンダーは、一八世紀の君主らしく啓蒙主義的な考えを持っており、一貫して宗教的マイノリティにも寛容な政策を採っていた。もちろんこれは、一七三九年に急進的敬虔主義者の一派である霊感派、一七五〇年にやはり敬虔主義の影響を受けたヘルンフート兄弟団をノイヴィートに受け入れたように、都市の人口を増やし、経済発展を促すという目的のために採られた態度でもあった。

このような伯の寛容な態度は、メノー派にも向けられた。その証が、一七六六から六八年にかけて建てられたメノー派の教会堂である[19]。一八世紀半ばには既にルター派とカトリックは自分たちの教会を持っていたし、ユダヤ人も伯からの許可を得て一七四八年にはシナゴーグを建設していた。このように一八世紀半ばには、改革派以外の宗教的マイノリティも、自分たちの教会堂を持つことが許されていた。メノー派の中には、自分たちで高額な教会建設の費用を担うことに対する不安を訴える者もおり、この教会建設もメノー派自身というより伯の勧めによって行われたという性格が強かった。ノイヴィートのメノー派は教会建設のための資金援助を得ようと、低地地方のメノー派に繰り返し支援を求める手紙を送っていた。こうして完成したメノー派教会は、ヴィート伯の宮殿の向かい、ライン川に面した場所に建てられた二階建てのバロック建築であった。

メノー派の教会の建設は、ノイヴィートにおいて、宗教的マイノリティの宗教行為を完全に私的な場所でのみ行わねばならないという状況が終わりつつあったことを意味していた。ノイヴィートのみならず近世ヨーロッパで宗教的マイノリティの宗教行為が認められていたのは、原則として家の中など私的な場所に限られていた。つまり、宗教行為が公的領域で認められるのはその国や都市の公認宗派だけであった。公の場での宗教行為を支配的宗派が独占し、宗教的マイノリティは私的領域での宗教行為しか許されないという、公私の区別をつけることが、正しい教えは一つしか存在しないと人々が信じていた近世社会で、かろうじて複数宗派の共存が認められる条件となっていた[20]。

しかし、都市創建当初から複数宗派が共存していたノイヴィートでは、少なくとも一八世紀半ば頃には、こう

図１　旧メノー派教会。現在はノイヴィート市のギャラリーとして利用されている（著者撮影）

した区別は、伯にとっても住民の間でもかなりの程度重要性を失ってきていたと思われる。市民の多数派である改革派は、一七世紀末にルター派やカトリックが教会建設を求めたときにはこれに反対していた。しかし、一八世紀のユダヤ人のシナゴーグやメノー派の教会堂建設の場合、改革派からの反対は確認できない。おそらく、ノイヴィートでは改革派の信徒も、宗教的マイノリティが、一目で宗教行為が行われると分かる教会堂を、公の場に建てることに慣れており、それが都市の宗教的秩序を脅かすとはもはや思っていなかったのであろう。

ただし、ノイヴィートでも、支配的宗派と宗教的マイノリティの区別が、完全に消し去られたわけではなかった。メノー派の教会は、一七七四年には伯によって「メノー派教会」と呼ぶよう命じられたが、教会堂には塔と鐘はつけられなかった。これにより、メノー派の教会は、尖塔と鐘を完備した改革派の教会と区別された。図1に見られるように現在のメノー派教会には鐘と塔があるが、塔が増築されたのは一八六〇年、ヴィート侯から贈られた鐘が設置されたのは一八六一年のことである。[21] そしてこれは、唯一公的な宗教行為を許されていた公認教会である改革派と法的には私的な宗教行為しか認められていなかったメノー派を区別するしるしでもあった。ただし、たとえ塔がなかったとしても宗教行為を行う場所だということが誰にでも分かる教会堂の建築が許されていたことは、公認宗派と宗教的マイノリティを分かつ区分が、一八世紀後半にはかなりの程度形骸化していたことを示している。

こうしてノイヴィートのメノー派は、都市創建以来ずっとヴィート伯の法的保護を受けながら、平穏に暮らし続けることができた。

むすび

これまでノイヴィートのメノー派を中心に、近世ヨーロッパで宗教的マイノリティである再洗礼派がいかに生き延びてきたかを概観した。最後に、これまで明らかになったことを基に、近世で宗教的マイノリティを含む複数宗派共存が実現した条件について考察を加える。

再洗礼派はヨーロッパの中で公認教会を作ることができず、至るところで迫害を受けたが、それでも近世を通して生き残ることができた。そのために最も重要だったのは、世俗権力が、特に居住や私的礼拝を認める特権を与えることによって、彼らを保護することであった。再洗礼派が、非合法的な立場のまま居住することは不可能ではなかったが、スイスの例を見れば分かるように、長期的に安定した生活を続けることは極めて困難であった。ただし、近世を通して、世俗権力が宗教的マイノリティに与えた特権や保護は、著しく不安定であった。何故なら、彼らを保護するかどうかは、かなりの程度個々の世俗権力の一存で決まるが故に、その宗教政策が変わると、既存の特権や庇護が変更・剥奪されることがあったためである。実際に、モラヴィアではハプスブルク家の影響力が強まり、在地領主が庇護できなくなったことで、一六二二年にフッター派に対する追放令が出され、彼らは移住することを余儀なくされた。プロイセンでも、一八世紀に君主がポーランド王からプロイセン王に変わると、一七八九年に土地購入を禁止されるようになり、メノー派の多くがロシアに移住した。[22] そもそも宗教的マイノリティを受け入れようという場所自体限られていたし、ノイヴィートのように再洗礼派が長期にわたり安全に暮らせた場所は、近世ヨーロッパでは例外的であった。

しかし、このような宗教的マイノリティの法的立場の不安定さは、近代にヨーロッパ諸国で彼らにも市民権が与えられるようになると解決された。では、近代国家の成立により、再洗礼派などの宗教的マイノリティは、法によって守られ安全に暮らせるようになったと言えるのだろうか？

ドイツや低地地方の再洗礼派に関しては、かなりの程度そう言えるだろう。彼らは、近代に市民権を与えられたことによって、市民社会に同化していったためである。[23] しかし、近現代のユダヤ人に起こったことを考えると、そうとは言い切れない。一九世紀になりドイツで一度はユダヤ人にも公民権が与えられたにもかかわらず、ナチス時代ニュルンベルク人種法によって再び剝奪されたためである。

これが起こりえたのは、ユダヤ人が既に市民としてドイツ社会に同化しても、ドイツ人の多くは彼らを異質な存在として差別し続け、ナチスの反ユダヤ人政策を事実上是認したことによる。[24] ここから、宗教的マイノリティへの差別が社会に根付いている場合、彼らに不利なように法を改正することは近現代でも起こりえることが分かる。とするならば、やはり宗教的マイノリティが多数派と共存するためには、法的な保護だけでなく、多数派との日常レベルでの良好な関係が必要だと言える。近年近世史で、人々が行った日常的な実践の中で宗教的寛容が育まれてきたことに注目が集まってきているように、[25] これは、法的保護が未発達だった近世における諸宗派共存を考える際に、重要な意味を持つことになるであろう。本章ではこの点を十分扱えなかったが、今後はノイヴィートのメノー派と他宗派の住民との関係の推移を検証することで、この問題を掘り下げたい。

註

1　再洗礼派については以下を参照。永本哲也、猪刈由紀、早川朝子、山本大丙編『旅する教会——再洗礼派と宗教改革』（新教出版社、二〇一七年）。John D. Roth and James M. Stayer, eds., *A Companion to Anabaptism and Spiritualism, 1521–1700*, Leiden / Boston, 2007.

2 Hans-Jürgen Goertz, *Die Täufer. Geschichte und Deutung*, 2. Aufl., München 1988, S. 194.

3 Gustav Bossert（Hg.）, *Quellen zur Geschichte der Wiedertäufer. 1. Band Herzogtum Württemberg*, Leipzig 1930, Nachdruck New York / London 1971, S. 4.

4 William Monter, "Heresy Executions in Reformation Europe, 1555–1565," Ole Peter Grell and Bob Scribner, eds., *Tolerance and Intolerance in the European Reformation*, Cambridge, 1996, p. 49.

5 各再洗礼派集団の生き残り策は、永本哲也他編前掲『旅する教会』を参照。

6 J. J. Scotti（Hg.）, *Sammlung der Gesetze und Verordnungen, welche in den vormaligen Wied-Neuwiedischen, Wied-Runkel'schen, Sayn-Altenkirchen'schen, Sayn-Hachenburg'schen, Solms-Braunfels'schen, Solms-Hohensolms-resp. Lich'schen, Nassau-Usingen'schen, Nassau-Weilburg'schen, Herzoglich Nassauischen und Wetzlar'schen (resp. fürstl. Primatischen, großherzogl. Frankfurt'schen etc.) nunmehr Königl. preußischen-Landes-Gebieten, über Gegenstände der Landeshoheit, Verfassung, Verwaltung und Rechtspflege ergangen sind, von Eintrittszeitpunkt ihrer Wirkungskraft, bis zu jenem der königl preußischen Gesetzgebung in den Jahren 1815 und 1816*, Düsseldorf 1836, S. 9–12; Walter Grossmann, "Städtisches Wachstum und religiöse Toleranzpolitik am Beispiel Neuwied," *Archiv für Kulturgeschichte* 62–63, 1980 / 81, S. 211–214; Stefan Volk, "Peuplierung und religiöse Toleranz. Neuwied von der Mitte des 17. bis zur Mitte des 18. Jahrhunderts," *Rheinische Vierteljahresblätter* 55, 1991, S. 208–210.

7 Albert Meinhardt, "Der Werdegang Neuwieds," Albert Meinhardt（Hg.）, *1653–1953, 300 Jahre Stadt Neuwied*, Neuwied 1953, S. 70.

8 Dirk Cattepoel, "Die Neuwieder Mennonitengemeinde," Mennonitischen Geschichtsverein Weierhof（Hg.）, *Beiträge zur Geschichte rheinischer Mennoniten. Festgabe zum 5. Deutschen Mennoniten-Tag vom 17. bis 19. Juli 1939 zu Krefeld*, 1939, S. 144f.

9 Volk, S. 217.

10 Cattepoel, 1939, S. 153.

11 Volk, S. 212.

12 Dirk Cattepoel, "Die Mennonitengemeinde," Meinhardt（Hg.）, *300 Jahre Stadt Neuwied*, S. 384f.

13 Cattepoel, 1939, S. 146.

14 Volk, S. 212–219, 227f.

15 Rainer Kobe, "Neuwieder Toleranz. Die Mennonitengemeinde in Neuwied im 17. und 18. Jahrhundert," *Jahrbuch für Evangelische*

Kirchengeschichte des Rheinlandes 62, 2013, S. 110f.

16　Fritz Voß, *Bürgerwehr in Neuwied von 1648 bis 1856*, Leipzig 1936, S. 22–41.

17　メノー派の職業については Cattepoel, 1939, S. 145, 147; Werner Troßbach, *Der Schatten der Aufklärung. Bauern, Bürger und Illuminaten in der Grafschaft Wied-Neuwied*, Fulda 1991, S. 244, 経済的階層については Volk, S. 230 を参照。

18　Cattepoel, 1939, S. 147; Troßbach, S. 234, 244f.; Stadt Neuwied (Hg.), *Roentgen. Möbelkunst der Extraklasse*, Neuwied 2007.

19　メノー派の教会建設については以下を参照。Cattepoel, 1939, S. 147.

20　Benjamin J. Kaplan, *Divided by Faith: Religious Conflict and the Practice of Toleration in Early Modern Europe*, Cambridge/London, 2007, pp. 172–197. 安平弦司「宗派間関係と寛容の機能——一六七〇年代ユトレヒトにおける信仰実践をめぐる闘争」(『史林』第九八巻二号、二〇一五年)、五—六頁。

21　Cattepoel, 1953, S. 386.

22　永本哲也他編前掲『旅する教会』一八九、二〇一—二〇九頁。

23　Michael Driedger, "Anabaptists and the Early Modern State: A Long-Term View," Roth et. al., eds., *A Companion to Anabaptism and Spiritualism*, pp. 507–544.

24　近現代ドイツでの反ユダヤ主義については以下を参照。レイモンド・P・シェインドリン（入江規夫訳）『ユダヤ人の歴史』(河出文庫、二〇一二年、第九章)、ジョージ・L・モッセ（植村和秀他訳）『フェルキッシュ革命——ドイツ民族主義から反ユダヤ主義へ』(柏書房、一九八八年)。

25　Kaplan. 鍵和田賢「近世都市ケルンのプロテスタント共同体——ヴェストファーレン講和会議期の宗派間交渉の考察」(『史学雑誌』第一二一編第八号、二〇一二年、二五頁)。

＊本稿は、平成二九年度上廣倫理財団の研究助成を受けて行われた研究成果の一部である。

第五章　中近世スペインにおける宗教的マイノリティ

関　哲行

はじめに

宗教的寛容と不寛容は歴史的相対概念であり、主体と客体、時空間によって大きく変化し、多様な相貌を見せる。本章では、中近世スペインに時空間を限定し、宗教的マイノリティへの不寛容を手掛かりに、宗教的寛容と不寛容の問題に迫りたい。いうまでもなくユダヤ教、キリスト教、イスラームは、東地中海ないしその周縁地域で成立した一神教である。神と宗教儀礼を異にするこれら三つの一神教が、対立と「併存 coexistencia」を繰り広げた典型的時空間の一つが、中近世のスペインであった。

「絶対王政」の起点ともいうべきカトリック両王（カスティーリャ女王イサベル一世とアラゴン王フェルナンド二世）期のスペインは、言語と宗教、エスニシティ、法制度を異にする多様な地域から構成されるモザイク国家であった。こうしたモザイク国家統合の主要紐帯となったのが、王権とカトリック教会であり、ユダヤ人やムデハル（キリスト教徒支配下のムスリム）といった宗教的マイノリティに関する問題は、中近世スペインの政治・社会的統合の核心に抵触する問題に他ならない。ユダヤ人とムデハル追放令は、その当然の帰結であり、多数のユダヤ人とムデハルが改宗を強制され、コンベルソ（改宗ユダヤ人）やモリスコ（改宗ムスリム）へと転じた。[1]

宗教的マイノリティ問題は、中近世スペインの宗教的寛容を映し出す反面鏡でもある。宗教的寛容といっても、中近世スペインのそれは、宗教的マイノリティの信仰の自由や権利尊重を前提とした現代的意味での「共存convivencia」ではなく、差別と偏見を踏まえた「併存」にすぎなかった。[2] 本章の目的は、「併存」を強いられた中近世スペインの宗教的マイノリティを、同化過程を含め多様な視点から展望し、中近世スペインの宗教的寛容の実態を探ることにある。

ユダヤ人とコンベルソ

一四―一五世紀のスペインは、ペストによる大幅な人口減少、貧民の増加、内乱などを背景に、深刻な社会・経済危機に直面した。そうした中でキリスト教徒のユダヤ人観も根底的に変化した。ユダヤ人は高利貸しや徴税請負によってキリスト教徒を収奪する「悪魔サタンの手先」であるばかりか、メシアとしてのイエスを否定し、イエスを殺害した「神殺しの民」とみなされた。儀礼殺人を行い、聖体冒涜を繰り返すユダヤ人との「共存」は不可能とされ、物理的手段（暴力）によるユダヤ人政策が追求された。一三九一年と一五世紀初頭の反ユダヤ運動は、その好例である。一三九一年、セビーリャで始まった反ユダヤ運動は、数カ月の間にコルドバ、トレード、バレンシア、バルセローナなど商業ルート沿いの主要都市に飛び火し、全国規模の反ユダヤ運動とシナゴーグ破壊を誘発した。一五世紀初頭にはドミニコ会士ビセンテ・フェレール（一三五〇―一四一九）が、熱狂的な信者を伴ってスペイン各地で反ユダヤ説教を行い、同様に多数のユダヤ人を改宗させた。こうした反ユダヤ運動や反ユダヤ説教により、一五世紀末までに約一五万人のユダヤ人が改宗したといわれる。

カトリック教会や王権が、組織的なコンベルソ教化策をとらなかったこともあり、多数の強制改宗者を含むコンベルソの同化は容易ではなかった。改宗後もコンベルソはユダヤ人地区に居住し、ユダヤ人と緊密な社会・経済・家族関係を維持しながら、従来と同様の職業に従事した。そのためコンベルソの中には、ユダヤ教の宗教儀礼を実践し続ける者が続出した。一四四九年にトレードで勃発した反コンベルソ運動とその過程で制定された

「判決法規」は、コンベルソへの不信を表明したものに他ならない。「判決法規」によりユダヤ人の家系に連なる者、「偽装改宗者（マラーノ、フダイサンテ）」の可能性を孕む者は、キリスト教徒を支配する都市官職保有を禁じられたのである。この「判決法規」を敷衍させたものが、一六世紀の「血の純潔規約」であり、これによりコンベルソやモリスコといった「新キリスト教徒」は、都市役人のみならず、国王役人、聖職者などへの道を閉ざされたのである。[3]

近世的異端審問所とユダヤ人追放

一四六〇―七〇年代前半の不安定な政治・社会情勢の中で、反コンベルソ運動が各地で再燃した。これに危機感を募らせたのが、「絶対王政」の確立を目指すカトリック両王と、カトリック社会への同化の進んだ側近の有力コンベルソであった。カトリック両王は有力コンベルソの提言などを踏まえつつ、ローマ教皇シクストゥス四世から新たな異端審問所の設立認可を取り付け、一四八〇年セビーリャに最初の異端審問所を開設した。カトリック両王の推挙により初代異端審問長官には、コンベルソのドミニコ会士トマス・デ・トルケマーダ（一四二〇―九八）が任命され、異端審問長官の統括する異端審問会議と、それに従属する各地の異端審問所から成る新たな（近世的）異端審問制度が成立したのである。それはローマ教皇の普遍的権威に依りながらも、実質的に王権の利害と緊密に結びついた国王行政機構の一部であり、異端根絶を名目に、地方特権によって分断されたスペイン各地への王権の浸透を図る権力装置でもあった。教皇権主導の中世的異端審問所との決定的な差が、ここにある。[4]

新たな異端審問所はコンベルソの「真の改宗」を目的とした、国家と教会の組織的対応を意味し、コンベルソへの疑念を払拭できない「旧キリスト教徒」――四世代を遡って異教徒の「血」の混じっていない伝統的キリスト教徒――、とりわけ民衆の強い支持を受けた。しかしこの異端審問所をもってしても、ユダヤ人がスペイン国内に留まる限り、巧妙な「偽装改宗者」を防止できず、コンベルソ問題の抜本的解決には至らなかった。こうし

図１　1683年　異端審問裁判の一場面“アウト・デ・フェ”（異端判決宣告式）

た中でカトリック両王は一四九二年三月、異端審問所や国王側近の有力コンベルソのかねてからの要求に沿って、ユダヤ人追放令を発した。ユダヤ人に四カ月以内の追放か改宗かの二者択一を迫ったユダヤ人追放令の目的は、ユダヤ人の追放ではなく、ユダヤ人の改宗とコンベルソの「真の改宗」にあった。ユダヤ人追放による宗教的統合は、言語や法制度を異にするばかりか、多くの異教徒を包摂したモザイク国家スペインの政治・社会統合に不可欠の手段であり、スペイン「絶対王政」の大前提でもあった。一四九二年の追放令により数万人のユダヤ人が改宗する一方で、ユダヤ人民衆を中心とする七万―一〇万人のユダヤ人が信仰を守ってスペインを離れた。

スペインを追われたユダヤ人は主としてポルトガル、オスマン帝国、マグリブ諸都市に向かった。しかし一四九六年末にポルトガルでもユダヤ人追放令が出され、多数のユダヤ人がイスタンブルなどのオスマン帝国治下のイスラーム諸都市への移住を強いられた。地中海の覇権をめぐってスペインと激突したオスマン帝国は、スペインを追放されたユダヤ人の資本、軍事・産業技術、情報ネットワークに着目し、彼らを積極的に受容したのである。

一六世紀後半―一七世紀のスペインやポルトガルのマラーノは、オランダ独立戦争――一六〇九年オランダはスペインから事実上独立――、スペインのポルトガル併合（一五八〇―一六四〇）、三十年戦争を契機に、イベリア半島を脱出してユダヤ教に再改宗した。とりわけ興味深いのは、一六〇九―二一年のスペイン・オランダ停戦協定であり、オランダ船がスペインとポルトガルの主要港に寄港したため、多くのマラーノがこれを利用して、オランダに亡命することができた。しかも三十年戦争の過程で、オランダがブラジル北東部の都市レシフェを占領したことから、ユダヤ人はアメリカ大陸にまで進出した。追放によってスペイン系ユダヤ人（スファラディム）は、伝統的居住空間である地中海地域を脱却し、またイスラーム世界、カトリック世界、プロテスタント世界という相対立する宗教圏を越えて、地中海と大西洋に跨る国際的ネットワークを樹立できたのである。[5]

以下では一六―一七世紀前半の二人のスファラディム、ヨセフ・ナシとウリエル・ダ・コスタを例に、改宗と再改宗を繰り返しながら、激動の時代を生きたスペイン系ユダヤ人の軌跡を追究したい。

ヨセフ・ナシ[6]

オスマン帝国の経済的繁栄と寛容な宗教政策、ユダヤ人誘致策を背景に、帝都イスタンブルのユダヤ人は一五三五年には四万人を超え、一六世紀にあって世界最大のユダヤ人居住都市となった。イスラーム世界においてスファラディムは法的にはジンミー（庇護民）とされ、スルタンへの人頭税の支払いとイスラーム法の遵守を条件に、信仰の自由と自治権を保障され、シナゴーグをもつユダヤ人共同体を構築した。

イスタンブルの有力ユダヤ人は金融業や徴税請負の他に、スルタン側近の宮廷ユダヤ人や宮廷医として活躍し、ヨーロッパ諸国との国際商業にも従事した。アメリカ貿易とアジア貿易の拠点都市セビーリャやリスボン、アムステルダムには、彼らの親族であったコンベルソやユダヤ人商人が居住していたし、フェズやアルジェ、チュニスといった北アフリカ諸都市にも多数のユダヤ人商人が定住していた。彼らはそのネットワークを活用し、地中海と大西洋を結ぶ大規模な国際商業を展開したのである。一六世紀のオスマン帝国で活躍した、ポルトガル系ユダヤ人のヨセフ・ナシ（一五二四頃―七九）は、その典型である。

ナシ家はアラゴン連合王国やカスティーリャ王国の宮廷医、徴税請負人を務めた有力ユダヤ人家門であったが、一五世紀末にポルトガルに亡命・改宗し、ポルトガルの有力マラーノ家門の一つとなった。異端審問所の摘発を恐れ、一六世紀半ばにイスタンブルに亡命したヨセフ・ナシは、義母グラシア・ナシと共に、ナシ家のグローバルな経済活動を担った。

ヨーロッパの政治・経済・軍事情報に精通したヨセフ・ナシは、スレイマン一世に歓待され、イスタンブルの宮廷ユダヤ人の一人となった。次いでセリム二世時代には、そのスルタン位継承に枢要な働きをしたことから、寵臣として重用された。ヨセフ・ナシは、ユダヤ人でありながらナクソス公に任じられ、種々の特権を恵与されたのみならず、宮廷内で大きな影響力を行使した。宮廷ユダヤ人としてのこうした政治力を背景に、ヨセフ・ナシはムスリムとの共同出資会社を設立し、大規模な国際商業や金融業を展開した。グラシア・ナシの「商業帝国」を実質的に拡大させたのは、甥にして女婿《じょせい》のヨセフ・ナシであった。

ヨーロッパの事情に精通し、多言語を操るヨセフ・ナシは、セリム二世の外交顧問を務め、オランダ独立戦争にも関与した。スペイン帝国の内情を熟知していたヨセフ・ナシは、その最大の弱点がオランダ独立戦争にあることを看破していた。そこでヨセフ・ナシは、オラニエ公やプロテスタントと接触し、オランダ独立戦争を側面から支援した。オランダの独立は、スペイン帝国を弱体化させるばかりか、イベリア半島のマラーノに重要な「保護区」を提供するからである。同様の思惑から、スペインのモリスコ反乱も支援し、東地中海の戦略拠点キプロス攻略を実現した。しかしキプロス攻略は、スペイン、ヴェネツィアなどによる対トルコ同盟の結成を促し、レパントの敗戦の序章、ヨセフ・ナシ失脚の一因ともなった。

ヨセフ・ナシはグラシア・ナシの意を継いで、また有力ユダヤ人の宗教的義務として、迫害と貧困に苦しむマラーノやユダヤ人の救済に強い関心を示した。シナゴーグや学校、施療院を各地に建設したのみならず、荒廃したガリラヤ湖西岸の小都市ティベリアスの再開発に奔走したのである。荒廃したとはいえティベリアスは、エルサレム、ヘブロン、サフェドと並ぶ、ユダヤ教の四大聖地の一つで、中世最大のユダヤ人哲学者マイモニデスの墓所もここにあった。一六世紀半ばには、ヨーロッパを追われた多数のユダヤ人が、ユダヤ神秘主義の影響下に、「メシア再臨の地」とされるガリラヤ湖北部の都市サフェドに定住しており、ヨセフ・ナシのティベリアス再開発も、こうした動向と無縁であったとは思われない。

ウリエル・ダ・コスタ[7]

ウリエル・ダ・コスタは一五八四年頃、ポルトガル北部の主要都市ポルトで、コンベルソ（マラーノ）の家庭に生まれた。聖書に精通した父の影響で、ウリエルもコインブラ大学へ進み、聖書の研究に没頭した。しかし父が亡くなり、没落したダ・コスタ家は、母がマラーノであったことも手伝い、再改宗を決断し、一六一七年にアムステルダムに亡命した。ダ・コスタ家の親族はアムステルダム、ハンブルクなど各地に拡散しており、同家が、西ヨーロッパ最大のユダヤ人共同体を有するアムステルダムへの移住を決断したのは、合理的な選択であった。アムステルダムでは母方の親族が、ユダヤ人共同体の創設者の一人に名を連ねていたし、ウリエルの弟のジョアンも同地のユダヤ人共同体に短期間で同化していた。アムステルダムでは、こうした親族の援助が期待できたのであり、生活基盤の再建は比較的容易であったろう。

アムステルダム定住後ウリエルは、ユダヤ教の宗教儀礼や解釈をめぐり、ラビを含むユダヤ人共同体当局と対立を深め、異端者として破門される。そのため一時期、ハンブルクに滞在するが、再び追放され、屈辱的な条件を飲んで、アムステルダムへの帰還を許された。しかし異端的言説を繰り返し、家族からも忌避され、一六四〇年、自ら命を絶った。宗教的自由を求めて亡命したはずのアムステルダムにおいて、ウリエルは異端者として自らの生涯を閉じたのである。

アムステルダムやハンブルクにおいて、ウリエルが目にしたユダヤ教は、ポルトガルで長い間、思い描いてきたそれとは、大きく乖離していた。あまりに儀礼的で、『旧約聖書』の言説から離脱した、空疎なユダヤ教というのが、ウリエルの率直な印象であった。安息日の衣替えや断食など、瑣末な宗教儀礼が日常的に実践されているばかりか、霊魂の不滅や死者の復活、神の啓示、殉教がユダヤ教の根本教義として、シナゴーグで説かれている。コインブラ大学でキリスト教神学、反ユダヤ教的説教の洗礼を受けたウリエルによれば、これらは聖書に根拠を持たないラビの「創作」にすぎず、「真のユダヤ教」から逸脱し、それを歪める教義である。絶えざる暴力や抗争の主要因も、そこにある。

ウリエルのユダヤ教正統派批判は、彼がポルトガルでマラーノとして孤立しながら、キリスト教的雰囲気の中で聖書を学び、解釈したことと深く関わっている。一七世紀前半のアムステルダムのユダヤ人共同体から、異端者として断罪、排斥されたウリエルは、同様の運命を辿るスピノザの先達、ユダヤ教世俗化の先駆者としても、注目すべき知識人である。

ムデハルとモリスコ

ユダヤ人の「負のイメージ」が累積され、物理的手段による反ユダヤ政策が追求された中世末期、ユダヤ人と並ぶ宗教的マイノリティであるムデハル（キリスト教徒支配下のムスリム）像も劣化を免れなかった。ユダヤ人や外部権力と結びキリスト教社会の破壊を目論む「悪魔サタンの手先」とのムデハル像が、マジョリティ社会に浸透しつつあった。こうした状況下の一四五五年、多数のムデハルを包摂したバレンシアで、都市民衆による中世スペイン最大の反ムデハル運動が生起した。この反ムデハル運動は、コンスタンティノープル陥落を契機とした終末論の浸透、バレンシア出身のローマ教皇カリクストゥス三世による対トルコ十字軍の提起と密接に関わっていた。ビザンツ帝国は、エルサレムの第二神殿を破壊したローマ帝国の継承国家に他ならず、ムスリムによるその首都攻略は終末の予兆とみなされた。一五世紀後半には、信仰の自由と自治権を保障されたムデハルに対しても、三日月形の印章や黄緑色のフードの強制着用など、差別的政策が導入され、ムデハルとの「併存」の道も確実に狭まっていた。

一四九二年カトリック両王がナスル朝グラナダ王国の首都グラナダに入城し、レコンキスタ運動が終焉する。降伏協定により「旧グラナダ王国」のムデハルにも信仰の自由と自治権が保障されたが、グラナダ大司教シスネーロスの強圧的な改宗政策を機に、ムデハル反乱が勃発した。第一次アルプハーラス反乱である。カトリック両王はこれを降伏協定違反と断じ、一五〇二年にムデハル追放令を発した。追放か改宗かの二者択一を迫られたムデハルの多くは改宗を余儀なくされ、多数のモリスコ（改宗ムスリム）が誕生した。カルロス一世時代の一五二五―二六年、アラゴン連合王国でもムデハル追放令が公布され、同様に多数のモリスコが創出された。ムデハル追放令を機に教会や王権によるモリスコへの教化活動が展開されるが、実質的な強制改宗であり、多くのモリスコがイスラーム的習俗を保持し続けた。

「新キリスト教徒」としてのモリスコは、言語、習俗、ムスリム名、食文化を含む「イスラーム文化」全般の放棄を求められた。とりわけ重視されたのは言語と習俗であり、支配言語たるスペイン語の習得、「コーランの言語（アラビア語）」やイスラーム的習俗の放棄、カトリックの宗教儀礼への参加を強要された。しかし「イスラーム文化」の根絶は容易ではなく、「旧キリスト教徒」のモリスコへの差別と偏見の温床ともなった。

モリスコ教化策の分水嶺となったのは、一五六七年のフェリーペ二世の王令であった。フェリーペ二世はトリエント公会議の決定に従い、信仰の純化を求める王令を発し、カルロス一世時代に策定されたモリスコ教化策の厳格な実施を命じた。三年以内のスペイン語の習得、アラビア語契約文書の失効、ムスリム名やイスラーム的習俗の禁止などが、その主たる内容である。しかし「旧グラナダ王国」東部アルプハーラス地方のモリスコ農民にとって、三年以内でのスペイン語習得は事実上不可能であり、「旧キリスト教徒」領主権力との間で交わされたアラビア語契約文書の失効も、地代の増額を意味した。それ以上に深刻であったのは、ムスリム名の禁止に伴うスペイン名への変更であった。ムスリム名の禁止は、アラビア語により維持されてきた伝統的親族関係や部族関係といった、アイデンティティの根幹を破壊するからである。オスマン帝国の台頭や宗教改革を背景に、モリスコの間に終末論すら浸透し始める中、フェリーペ二世の王令への批判は一層強まった。とりわけ批判的であったのは、グラナダ市郊外アルバイシン地区のモリスコ民衆と、アルプハーラス地方のモリスコ農民であり、彼らを中心に反乱軍が組織される。[8]

第二次アルプハーラス反乱

第二次アルプハーラス反乱の起点となったのは、一五六八年四月のアルバイシン地区でのモリスコと「旧キリスト教徒」の騒擾であった。激高した一部のモリスコ民衆は、急進派の指導下にアルバイシン地区の「解放」を試み、民衆の信任の厚い有力モリスコで都市役人のエルナンド・デ・コルドバ（一五四五頃―六九）を「国王」に選出した。「後ウマイヤ朝」の再興を期する青年エルナンドは、逡巡しつつも「国王」となり、ムーレイ・ムハンマドと改名し、所領のあるアルプハーラス地方に拠点を移した。「カリフ」をも称したムーレイ・ムハンマドの戴冠は、半世紀に及ぶモリスコ教化策の破綻を意味した。一五六八年一二月に開始された第二次アルプハーラス反乱は、アルプハーラス地方はもとより、グラナダ全域のモリスコに大きな影響を与え、グラナダ各地からモリスコ民衆が馳せ参じた。反乱地域では「国王」ムーレイ・ムハンマドの下で、軍事・行政機構が整備され、イスラーム回帰も顕著であった。各地にモスクが再建され、イスラームの宗教儀礼が復活する一方で、カトリック教会の破壊や聖職者殺害が相次いだ。

それと並行して、オスマン帝国やマグリブ地方のイスラーム権力との関係も緊密化する。ムーレイ・ムハンマドはオスマン帝国のスルタン、セリム二世への臣従を条件に、オスマン帝国のアルジェ総督から軍事援助を引き出すことに成功した。サアド朝のスルタンも軍事支援を約束し、約四〇〇人のムスリム義勇兵がアルプハーラス地方に入り、反乱軍に加わった。ここにアルプハーラス反乱は、国際的反乱へと転じたのである。しかし内陸部に拠点をもつイスラーム国家には、様々な弱点があった。最大の弱点が武器、弾薬、食料などの兵站にあったことはいうまでもない。こうした中でフェリーペ二世は、反乱に参加しないまでも、反乱軍との内通を疑われていた「平和のモリスコ」を、カスティーリャ王国内陸部へ強制移住させる。兵站を断たれ深刻な危機に直面したイスラーム国家では、戦略・戦術を巡る反乱軍指導部の対立が表面化し、ムーレイ・ムハンマドも殺害されて、アルプハーラス反乱は収束した。

反乱軍が外部のムスリム権力と結び、国際性を帯びたことを認識していたフェリーペ二世は、イスラーム軍の侵攻による「第二のスペイン喪失」を恐れ、約二万のスペイン軍精鋭部隊を投入して、反乱鎮圧に全力を傾注した。一五七一年三月には反乱鎮圧に成功するが、フェリーペ二世にとって、それは薄氷を踏む勝利であったろう。第二次アルプハーラス反乱に呼応して、バレンシアやアラゴン地方のモリスコが蜂起し、マグリブ地方のイスラーム軍やピレネー北麓のユグノー――ユグノーの指導者アンリ・ド・ナヴァール（後のフランス王アンリ四世）は反乱支援の意思があった――が介入すれば、スペイン帝国の根幹が揺らぐ事態になりかねなかったからである。[9]

モリスコ追放

一五九八年に即位したフェリーペ三世の寵臣として、スペイン帝国の対内対外政策を主導したのがレルマ公である。レルマ公は多数のモリスコを抱えたバレンシア地方の領主権力への損失補塡を約束し、国務会議でモリスコ追放を決議させた。それは、未完に終わったフェリーペ二世時代のモリスコ追放令の追認でもあった。深刻な経済危機を背景にレルマ公は、一六〇九年にオランダとの停戦協定を締結したが、停戦協定（事実上の独立）は、オランダのカトリックを異端者（プロテスタント）の手に委ねることを意味し、「カトリックの擁護者」たるフェリーペ三世にとって、受容し難いものであった。オランダのカトリックの「霊的代替」とされたのが、偽装改宗者にしてムスリムの「第五列」たるモリスコである。

神の恩寵に支えられた「メシア帝国」の安寧のためには、スペイン帝国の「呪われた種子」を排除し、帝国を純化しなければならない。各地で地震や日食、月食などの異変が観測され、終末論的雰囲気が醸成される中で、フェリーペ三世はエルサレムを解放し、「十字架の帝国」を樹立する一環として、一六〇九年九月モリスコ追放を命じた。フェリーペ三世にとってスペイン帝国の構築は、一四九二年一月のグラナダ攻略（レコンキスタ運動完了）、同年三月のユダヤ人追放と不可分であった。グラナダ攻略とユダヤ人追放によるスペインの宗教的純化が、コロンブスのアメリカ「発見」という神の恩寵をもたらし、スペインは広大なアメリカ植民地を有する帝国へと変貌することができた。危機に瀕した「メシア帝国」を再建するには、モリスコやコンベルソを追放する必要がある。コンベルソの追放こそ断念したものの、モリスコについては同化の進んだ一部の有力モリスコ、「旧キリスト教徒」と結婚したモリスコ女性とその子供などを除き、約三〇万人のモリスコが追放された。

オスマン帝国やサアド朝と結び、ムスリムのスペイン侵攻を企む異端者モリスコを排除することは、スペイン帝国にとって喫緊の課題であった。終末論や聖戦を強く意識したサアド朝のスルタン、ムーレイ・ザイダーンがマグリブ西部全域を支配することになれば、モリスコは第二次アルプハーラス反乱時のように、ムーレイ・ザイダーンやオスマン帝国に軍事援助を求め、イスラーム軍がスペインに侵攻する危険がある。「第二のスペイン喪失」を防止するには、モリスコを追放せざるをえない。スペインの王位継承権を有するアンリ四世の介入を排除するためにも、モリスコ追放は不可欠であった。アンリ四世はバレンシアのモリスコ反乱の首謀者と繋がり、モリスコ反乱者への武器供与やフランス艦隊の派遣を画策していた。プロテスタントやムスリムを巻き込んだ国際的な反乱計画の真偽はともあれ、国務会議がこういう認識を共有し、それがモリスコ追放の一因となったことは否定できない。

追放されたモリスコの一部は、フランス経由でイスタンブルやサロニカに向かったが、大部分はフェズ、マラケシュ、アルジェ、チュニスなどのマグリブ諸都市に定住した。しかしマグリブ諸都市が全てのモリスコにとって、「約束の地」となったわけではなかった。追放されたモリスコの中には、スペイン社会への同化が進み、アラビア語やムスリムとしてのアイデンティティを喪失した者も少なくなく、在地ムスリム社会への同化が容易ではなかったのである。そうした中で一部のモリスコは、スペインの城塞都市セウタ、メリーリャ、オラン経由でスペインへ帰還し、再びキリスト教に再々改宗している。[10]

以下ではユーデル・パシャとハジャリーを例に、追放（拉致）されたモリスコの軌跡を具体的に追究したい。

ユーデル・パシャ[11]

サアド朝最盛期のスルタン、アフマド・アル・マンスールは、一時期イスタンブルに亡命しており、オスマン帝国の政治・軍事制度に習熟していた。一五七八年のアルカサルキビールの戦いに勝利し、即位したマンスールは、スルタン権力を強化するため、モリスコやユダヤ人といった宗教的マイノリティを積極的に登用すると共に、オスマン帝国のイェニチェリに倣い、スルタン権力への忠誠心の強い宗教的マイノリティ軍を組織した。マンスール側近の宦官として、首都マラケシュ総督、モリスコ軍の司令官を務めたのが、ユーデル・パシャであった。ユーデル・パシャは一五六〇年頃に、スペイン南部アルメリーア地方のモリスコの家に生まれた。第二次アルプハーラス反乱後に、ユーデル・パシャはテトゥワンを拠点とするムスリム「海賊」に拉致され、宦官としてモロッコでの第一歩を踏み出した。

サアド朝の王族と共に宮廷で政治・軍事教育を受けたユーデル・パシャは、マンスールの側近として頭角を現し、軍人や徴税官として活躍した。マンスールは彼の能力を高く評価し、首都マラケシュの総督に抜擢した。同時に敵対する「黄金の国」ソンガイ帝国征服に着手し、その遠征軍司令官にユーデル・パシャを任命したのである。金と黒人奴隷、塩を主要商品とするトランスサハラ貿易の独占、それを財源とした軍事力の強化、ニジェール川中流域の黒人国家ソンガイ帝国への「正統派」イスラームの扶植が、マンスールの主要目的であった。

マンスールの命を受けたユーデル・パシャは、火縄銃を装備した約二五〇〇人の歩兵と騎兵、二〇〇〇人のマグリブ人槍兵から成る遠征軍を編成し、食料、水、武器、弾薬を運ぶ九〇〇〇頭のラクダと馬も調達した。火縄銃を装備した二五〇〇名の歩兵と騎兵の多くは、イスラームに再改宗したモリスコであった。一五九〇年一〇月にマラケシュを出発した遠征軍は、一三〇日をかけ多くの犠牲を払いながらサハラ砂漠を縦断し、一五九一年二月トンディビの戦い――大量の火縄銃を動員したサハラ以南最初の戦い――で、ソンガイ軍を撃破した。ニジェール川中流域の主要都市トンブクトゥとガオを攻略し、ソンガイ帝国を征服して、初代トンブクトゥ総督に任命されたが、ニジェール川以南への侵攻を拒否し、マンスールに罷免された。

ハジャリー[12]

ハジャリーは洗礼名をディエゴ・ベハラーノといい、一五七〇年頃にグラナダもしくはエストレマドゥーラ地方のモリスコの家に生まれた。偽装改宗者であった両親の下で、「隠れムスリム」として育てられたため、オーラル言語としてのアラビア語とスペイン語の双方に堪能であった。

やがてハジャリーは、スペイン帝国の首都マドリードに移住し、モリスコの医者から文字言語としてのアラビア語を教授された。宗教的マイノリティであったハジャリーは、他の多くのモリスコ同様、各地を転々とせざるをえなかったが、セビーリャやグラナダ滞在中に、モロッコの海港都市アシーラ城代のイブン・テューダの知己を得ることができた。イブン・テューダは、王位継承争いに敗れたサアド朝の王族ムーレイ・シャイフに従って、フェリーペ二世治下のスペインに亡命したムスリム貴族である。しかし主君のムーレイ・シャイフがキリスト教に改宗するに及んで、モロッコに帰還しスルタン、マンスールの廷臣となった。

一五九九年にモロッコに亡命したハジャリーは、ムスリムに再改宗し、イブン・テューダの推挙により、マンスールの継承スルタン、ムーレイ・ザイダーンに仕え、書記官、通訳、外交官として活動した。一六一一—一三年、ハジャリーは外交官としてルイ一三世治下のフランス、事実上の独立を達成したオランダに赴き、モリスコ追放令発令時に、不当に簒奪されたモリスコ財産の返還請求、対スペイン同盟の締結を実現している。帰国後、多数のモリスコの居住するモロッコ北部の都市サレに居を構え、アラビア語の不得手なモリスコのために、ムハンマドの生涯や奇跡譚のスペイン語訳に従事した。

ハジャリーはイスラームのみならず、キリスト教やユダヤ教にも精通した知識人であった。フランス、オランダ滞在中にカトリック、プロテスタント、ユダヤ知識人と三位一体説や偶像崇拝などを巡り神学論争を展開している。それればかりではない。ハジャリーは一五八八年に、グラナダで「発見」された羊皮紙文書にも、関与した可能性が大きい。同文書はイエス昇天後の一世紀に、聖母マリアと使徒たちが開催した「公会議」の議事録という体裁をとり、スペイン語、ラテン語、アラビア語の三言語で併記された偽文書である。「捏造」の目的は、アラビア語を使うモリスコの存在を宗教的・歴史的に正当化することにあった。

政治的混乱が表面化したサアド朝末期の一六三四年、念願のメッカ巡礼に出発し、三七年チュニスに居を定めた。チュニスでは、ムスリムの聖戦への寄与を目的に、スペイン語銃砲書のアラビア語訳に携わった。ハジャリーがチュニスもしくはその近郊で没したのは、一六四一年頃であった。

むすび

中近世スペインは、西ヨーロッパで最も多くの異教徒（ユダヤ人とムスリム）を包摂した辺境地域であったばかりか、言語や宗教、エスニシティ、法制度を異にする多様な地域から構成された典型的なモザイク国家であった。こうしたモザイク国家を再編し、「絶対王政」を確立するには、カトリックによる宗教的統合が不可欠であった。ユダヤ人追放令とムデハルやモリスコ追放令は、それを象徴するものであり、これらは異端審問所や

「血の純潔規約」と共に、近世スペインの政治・宗教的統合、従って社会的統合と宗教的不寛容の大前提を成した。

コンベルソの多くは異端審問所の脅威に晒されながらも、スペイン社会への同化を進める一方、一部のマラーノは宗教的不寛容の故に（信仰を守って）、イスラーム世界やプロテスタント世界、アメリカ植民地に脱出し、地中海と大西洋を越えたグローバル・ネットワークを樹立した。キリスト教世界でもイスラーム世界でも、宗教的不寛容の対象となったマイノリティであればこそ、ユダヤ人は「近代世界システム」の一翼を担うこのネットワークを構築できたのである。ヨセフ・ナシやウリエル・ダ・コスタの亡命や活動も、こうしたグローバル・ネットワークと密接に関わっていた。

コンベルソは日本とも無縁ではなく、カトリックの教勢拡大に重要な役割を担った、一六世紀後半のイエズス会布教長コスメ・デ・トーレス（一五一〇頃―七〇）は、バレンシア出身のコンベルソであった。トーレス家はイエズス会と関係の深いコンベルソ家門で、ディエゴ・デ・トーレス（一五四八―一六三七）はケチュア語やアイマラ語を習得し、ペルーのインディオ布教に携わったイエズス会士として知られる。

ムデハルの多くもモリスコとしてスペインに残留したが、「メシア帝国」の安寧を目指した一七世紀初頭のモリスコ追放令により、大多数がマグリブ地方に放逐された。多くがスペイン社会に同化したコンベルソとの大きな差異が、ここにある。サアド朝のマンスールの宦官で、ソンガイ帝国への軍事遠征を指揮したユーデル・パシャと、ムーレイ・ダイダーンに書記官、通訳、外交官として仕えたハジャリーは、宗教的不寛容の犠牲となりスペインを追われたモリスコであった。

このように中近世のスペインでは、宗教的マイノリティへの差別と偏見、要するに宗教的不寛容は日常的光景であり、それを支えたのは王権と教会、とりわけ「旧キリスト教徒」民衆の強い支持を受けた異端審問所であった。しかし異端審問所が、宗教的マイノリティを標的とした活発な活動を展開できたのは、一七世紀後半―一八世紀初頭までであり、啓蒙主義時代にあたる一八世紀後半以降、急速に活動を低下させる。ユダヤ人追放やムデハル追放から二五〇年、モリスコ追放から一五〇年近くが経過し、コンベルソとモリスコのスペイン社会への同化がほぼ完了したためである[13]。

自由主義的改革の時代にあたる一九世紀に入ると、宗教的マイノリティの同化は一層加速し、一八三四年に異端審問所が、次いで一八六五年には「血の純潔規約」が廃止された。こうした中で、追放されたスペイン系ユダヤ人の記憶も失われ、東欧やバルカン半島在住のスペイン系ユダヤ人が再発見されるのは、一九世紀末のことであった。一九世紀末の西ヨーロッパでは、「人種論的反ユダヤ主義 antisemitism」が台頭し始めるが、コンベルソが完全に同化し、ユダヤ人がほとんど存在しないスペインで、それが支配的言説となることはなかった。第二次世界大戦末期にフランコ政権が、ドイツの強制収容所に拘束されていた、スペイン国籍をもつ一部の東欧系ユダヤ人を救済したことは、スペインにおける「人種論的反ユダヤ主義」の限界を傍証するものである。前近代の宗教的不寛容の予期せぬ成果というべきであろうか。宗教的不寛容の長い歴史をもつスペインにおいて、信教の自由が憲法によって保障されるには、フランコ没後の一九七八年憲法を待たねばならない[14]。

註

1　関哲行「中近世イベリア半島における宗教的マイノリティの移動（以下、「宗教的マイノリティの移動」と略記）」（長谷部史彦編著『地中海世界の旅人――移動と記述の中近世史』慶應義塾大学言語文化研究所、二〇一四年）、二〇一―二一一頁。関哲行「中近世スペインにおけるモリスコ問題」（以下、「モリスコ問題」と略記）（甚野尚志、踊共二編著『中近世ヨーロッパの宗教と政治』ミネルヴァ書房、二〇一四年）、二四五頁。

2　J.Pérez, *Los judíos en España*, Madrid, 2005, p. 83.

3　関哲行「宗教的マイノリティの移動」二―三頁。E・ケドゥリー編（関哲行、立石博高、宮前安子訳）『スペインのユダヤ

人』（平凡社、一九九五年）、二四三—二四七頁。

4　関哲行「宗教的マイノリティの移動」三頁。

5　同右、四—五頁。

6　同右、一三—一六頁。

7　同右、一二—一三頁。

8　関哲行「中近世スペインにおける宗教的マイノリティの『不在』」『歴史学研究』九四六号、二〇一六年、三七頁。
関哲行「第二次アルプハーラス反乱再考」（神崎忠昭編著『断絶と新生——中近世ヨーロッパとイスラームの信仰・思想・統治』慶應義塾大学言語文化研究所、二〇一六年）、二〇九—二一八頁。

9　関哲行「第二次アルプハーラス反乱再考」、二一九—二二二頁。

10　関哲行「モリスコ問題」三五三—三五六頁。

11　同右、三五八—三五九頁。

12　関哲行、踊共二『忘れられたマイノリティ』（山川出版社、二〇一六年）、一七六—一七八頁。佐藤健太郎「一七世紀モリスコの旅行記——ハジャリーのイスラーム再確認の旅」（前掲『地中海世界の旅人』）、二五—五三頁。

13　E・ケドゥリー編『スペインのユダヤ人』二五六—二六二頁。コスメ・デ・トーレスを含むトーレス家については、J. C. Gómez-Menor, Linage judío de escritores religiosos y místicos españoles del siglo XVI, *Judíos. Sefarditas. Conversos*, Valladolid, 1995, p. 600 参照。

14　J. *Pérez, op.cit.*, pp. 293, 300–08, 331–32.　関哲行、立石博高、中塚次郎編『世界歴史体系スペイン史』二（山川出版社、二〇〇八年）、二四五頁。

第六章　偏見と寛容

――クリュニー修道院長ペトルス・ヴェネラビリスとイスラーム

神崎　忠昭

はじめに

一九五七年生まれの筆者が幼い頃、外国旅行は限られた人のものだった。だが現在では毎日何百万もの人々があたりまえのように国境を越えて世界を移動している。またＩＴ革命の結果、ＰＣやスマートフォンなどを通じて地球の裏側とも瞬時にやりとりでき、カラー映像で世界中のことを知ることができる。モノのグローバル化も進み、世界中のさまざまな新奇な商品を居ながらにして手にしている。世界は縮み、人間の知の地平線は広がり、多くの国々や人々を身近に知ることができるようになったのだ。

この動きは、だが当然ながら副作用を伴わないわけではない。人と情報の移動の容易さは、絶景に惹かれた豊かな社会の人々を秘境へと向かわせただけでない。スマートフォンがもたらした「情報の民主化」はアラブ圏で「ジャスミン革命」を起こし、従来の体制を覆した。さらに戦闘と飢えに苦しむ人々は、どれほどのリスクがあろうとも、まるでマッチ売りの少女が小さな炎の中に見いだした団欒の光景に魅せられたように、スマートフォンの映像で知った世界へと溢れ出ていった。繰り返す移民の波は西洋の秩序を揺るがし、従来の価値観を否定しようとしている。英国のＥＵ離脱や、イタリアやドイツなどにおける移民排斥勢力の台頭はその表れのひとつだろう。

学問の世界も、この荒波と無縁ではいられない。二〇〇八年に刊行されたグーゲナムの『モン・サン・ミッシェルのアリストテレス――キリスト教的ヨーロッパのギリシア的ルーツ』[1]は「事件」と呼ばれるほどの反響を巻き起こした。[2]彼は、それまで定説となっていた「スペインのアラブ世界でギリシア語の著作が翻訳され、ヨーロッパは、それらの作品をさらにラテン語に翻訳することで、ルネサンスと近代化の端緒を開いた」ことを否定し、「フランスのモン・サン・ミッシェル修道院で、コンスタンティノープルに滞在したことのあるヴェネツィア出身の修道士ヤコブス（一一四七没）がアリストテレスを翻訳したことがきっかけである」と主張し、ビザンツからの直接の影響を強調する一方で、イスラーム文明の寄与を低めたのである。この事件は激しい賛否の嵐を呼び起こし、イスラームの知的貢献をどのように考えるか、今なおその議論の嵐は吹き止まない。[3]これも西欧とイスラーム世界の関係を見直そうとする現在の政治や社会の傾向と無関係ではないだろう。二つの世界は、どのように互いを見ることになるのだろうか。

本章は、十字軍が燃え盛る時代にあって、西欧で初めてのクルアーン翻訳を依頼したクリュニー修道院第九代院長ペトルス・ヴェネラビリス（一〇九二頃―一一五六、以下ペトルスと略す）のイスラーム観を、先行研究に頼りながら検討し、西欧中世におけるイスラームへの偏見と寛容について考えることを目的とする。

魂の救いのために戦う人々

一一世紀の西欧人にとって、イスラームは過ぎ去った脅威ではなく、身近に感じられ続けた脅威だった。イベリア半島にはなお強力なイスラーム勢力が存在し、ときに攻勢をしかけていた。さらに聖地も不信仰の輩に支配され、神聖なる聖墳墓教会がファーティマ朝カリフ・ハーキムによって一〇〇九年に破壊されるような事件も起こっていた。この脅威に対してどのように対応すべきだろうか。一つの道は攻撃であり、その端的な例はもちろん十字軍である。

西欧人たちは聖地奪取を目指し、武器を掲げ近東へと向かった。なぜ彼らはエルサレムに向かったのだろうか。さまざまな動機が考えられるが、彼らが地上のエルサレムと、天上のエルサレム、すなわち天国を同一視していたことは大きかっただろう。彼らにとって聖地とは「ヨハネの黙示録」で示されたイエスが再臨する地であり、「聖なる都《みやこ》、新しいエルサレムが、夫のために着飾った花嫁のように用意を整えて、神のもとを離れ、〔終末の時に〕天から下って来るのを見た。〔中略〕渇いている者には、命の水の泉から価なしに飲ませよう。勝利を得る者は、これらのものを受け継ぐ。わたしはその者の神になり、その者はわたしの子となる」（新共同訳「ヨハネの黙示録」第二一章）とあるように、功徳を積んで終末に立ち会った者はその地で永遠の生を受けるのである。

「無知」も無視できない。[4] 当時の西欧人の視界はひじょうに限られ、なお「神話的」だった。中世に作成された「世界図 mappa mundi」を見ると、バベルの塔やノアの箱舟など聖書のエピソードが現実のものとして記されているだけでなく、多くの「怪物的人間」も描かれている。その代表的な作品で一三〇〇年頃つくられた「ヘレフォード図」（図1）には、馬の足をもつ「ヒッポポデス」、大きな一本足をもつ「スキアポデス」などが示されている。[5] 彼らにとって、怪物的人間は天使や悪魔と同じように当然の存在であり、無知ゆえの、外の世界に対する根深い偏見と優越感が見てとれよう。[6] 十字軍士たちは、極言すれば、幻想の中に生きていたのである。

では修道士や聖職者はどうだろうか。彼らもまた時代の子であり、その多くは領主身分出身で、同じ空気、同じ文化を共有しており、騎士の攻撃衝動は彼らとも無縁ではなかった。実際には遠征に加わらなかったが十字軍士たちの話しを聞いて『フランク人を通じての神の業《わざ》』を著した修道院長ノジャンのギルベルトゥス（一〇五五頃―一一二四）は、「〔前二世紀セレウコス朝の支配下にあったユダヤの独立を達成した〕マカベイ家の者らが、彼らの礼拝と聖所のために戦って、もっとも高い称賛にかつて値したのであるならば、あなたたちも、キリストの兵士たちよ、あなたの御国の自由を守るため武器をとって、そのような称賛に値せよ。〔中略〕また細心の注意をもって考

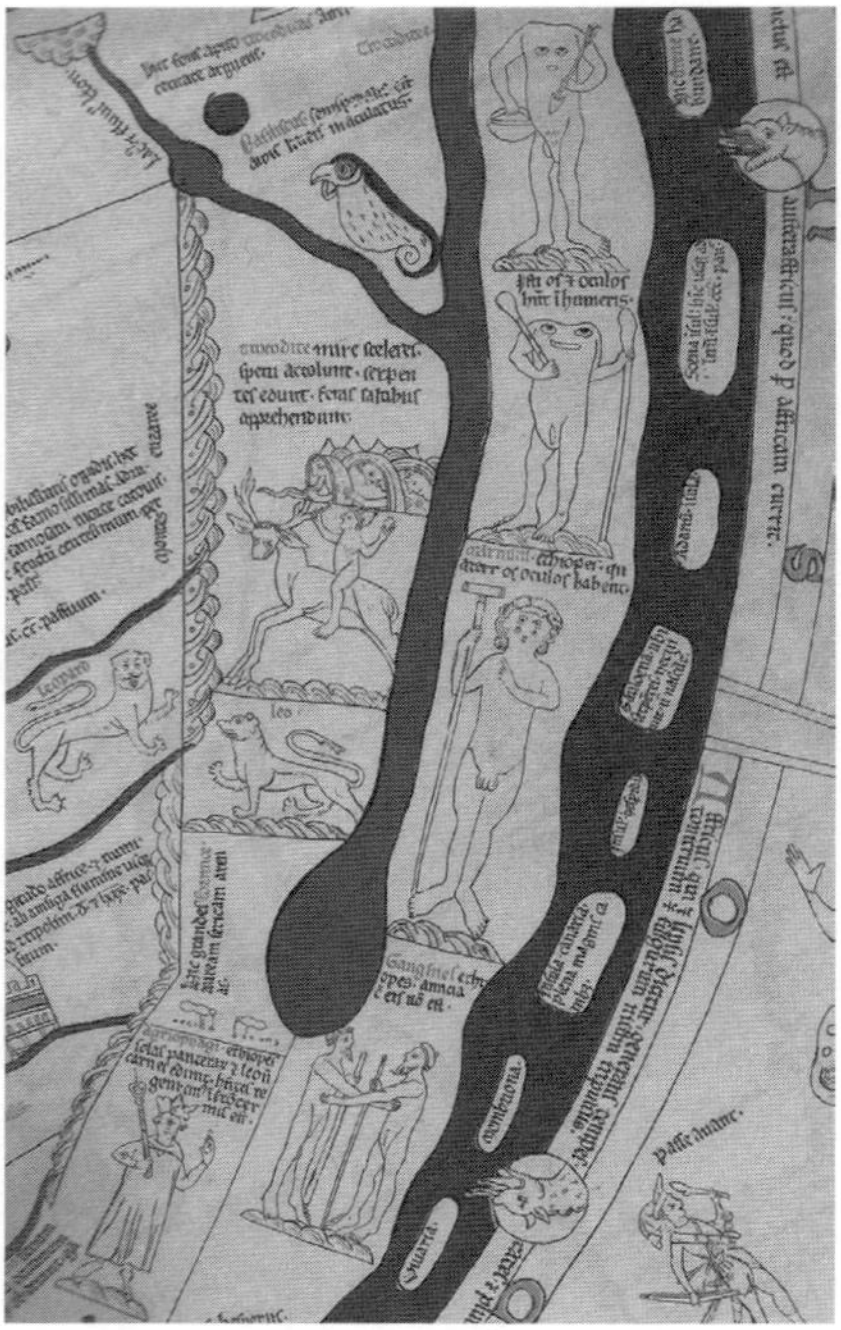

図1　「ヘレフォード図」のナイル川付近の部分
頭がなく胸に眼と口をもつ「ブレミエ」や「四ツ目人」などが描かれている

えよ、諸教会の母である〔エルサレム〕教会を回復せんとするあなたたちの努力を通じて、神ご自身の業が働いていることを。神は東方の地で信仰が回復されるのを、アンチキリストの到来が迫っているにもかかわらず、望んでいらっしゃる。〔中略〕あなたたちが敬虔な戦いを熱心に遂行するならば、あなたたちが神の知恵の苗床をエルサレムから受けたゆえに、あなたたちは恩寵を回復するだろう。このようにして、あなたたちを通じて、正統信仰の御名が広められ、アンチキリストと彼に従う者たちの不信仰を破るだろう」[7]と高らかに説き、十字軍はアンチキリストとの戦いであると考えたのである。

　このような戦いを鼓吹する修道士の中で、もっとも有名なのがクレルヴォーのベルナルドゥス（一〇九〇―一一五三）である。一二世紀が「ベルナルドゥスの世紀」と呼ばれるほど、彼の活動は多岐にわたるが、本章との関連でいえば、ベルナルドゥスが騎士のキリスト教化に果たした役割は特に大きい。戦士とは、突き詰めれば、武力を用いて人を襲い殺す者にほかならない。中世初期において、彼らにはまだキリスト教的秩序の中に十分に正当な「場」が与えられていなかったが、この頃からいくつかの救済の道が用意されることになる。その一つが騎士修道会である。一一一九年頃騎士ユーグ・ド・パイヤンとその仲間たちが巡礼者と聖地の保護を目的として活動を始めたが、彼らは戦士でありつつ修道士たらんとする矛盾した両面性を認めてもらい、教会内にしかるべき位置を得たいと望んでいた。この要望に応えたのがベルナルドゥスである。彼は一一二九年のトロワ教会会議において、彼らをテンプル騎士団として認めさせるのに尽力した。そのとき認可され、その後改定された彼らの「最初の規律」を見ると、新会士の受入れ方法、衣服や寝具、食事、沈黙、会士間の付き合い方、懲罰、病人、女性関係などについてはひじょうに具体的な規定がなされているが、戦闘やムスリム、あるいは死については言及されていない。[8] 彼らは自らの死、あるいはムスリムの死をどのように考えていたのだろうか。

それを明らかにしてくれるのが、トロワ教会会議ののちに、ベルナルドゥスがテンプル騎士団を称賛して著した『新しき騎士への称賛 *De laude novae militiae*』である。この作品は、グレゴリウス七世以来の方針に沿いながら、[9] 衝撃的なほどに「戦い」を賛美している。

> 新しい種類の騎士が最近現れたと聞いた。かつて〔主が〕肉身のうちに現れ、「高きところから明ける〔キリストという〕太陽が訪れた」地〔であるエルサレム〕においてである。かつて〔主は〕「その強き手で」闇の支配者たちを退けられたが、現在はご自身の護衛〔であるテンプル騎士団〕によって、「不信の子ら」を、ご自身の強き者らの手によって滅ぼし追い払われていらっしゃる。そして今も自らの民の贖い主となり、再び「自らの子であるダヴィデの家に、私たちの救いの〔力のしるしである〕角笛を立てられた」のである。

と本文を始めて、テンプル騎士団がキリストの護衛であると宣言し、「戦闘で勝利し〔生き延び〕た者たちは、どれほどの栄光をもって帰還することだろうか。しかし戦闘において殉教した者たちは、どれほどの至福をもって死することだろうか。喜びなさい、信仰のために競い戦う強き者よ、もしあなたが生き残り、主のうちに勝利を収めるならば。しかし、さらに歓喜し誇りなさい、もしあなたが死して主と結ばれるならば。〔現世の〕生は確かに実り多いものであり、勝利は栄光に満ちている。しかし、いずれに対しても聖なる死は当然ながら優る。なぜなら「主のうちに死す者は幸い」であるならば、主のために死す者ははるかにより幸いではないだろうか」（傍点は筆者による）と殉教の死を賛美している。[10]

そして世俗の騎士の悪行を非難したのちに「これに反して、キリストの騎士たちは安んじて自らの主の戦闘を戦っている。敵を殺すことによって罪を恐れることはなく、自らが倒れることによって危険を恐れることもない。それは、キリストのための死は、犯すものであれ被ったものであれ、何らの罪も有さないからであり、大いなる栄光に値するからである。まったくキリストのために〔栄光は得られるが〕、むしろ〔これらの騎士たちには、栄光よりもはるかに大いなる〕キリスト自身が得られるのである。主は当然のものとしてなされるべき罰として喜んで敵の死を受入れ、〔殺した〕騎士にさらに喜んでご自身を慰めとして与えられるだろう。キリストの騎士よ、私は言う、安んじて殺し、より安んじて死になさい。死ぬのは自らのためとなり、殺すのはキリストのためとなる。「剣を佩いているのは理由がないわけではない。神に仕える者は悪をなす者を罰し、善をなす者を称えるためにあるのだから」[11]と異教徒の死を当然の罰としている。教会人も異教徒排斥の狂熱に囚われていたといえよう。

そのような十字軍は、よく知られているように、行く先々で多くの惨劇をひきおこした。不十分な準備のための飢えや仲間割れ、さらにビザンツ人を含む現地人からの敵意も、彼らの不安や所業をエスカレートさせた。たとえば一〇九八年のアンティオキア（現アンタキヤ）の攻城戦（図2）において、明け方の薄明かりの中で十字軍士たちは「老若男女を問わずムスリムたちを容赦せず殺戮した。地面は血と屍体で覆われ、その中にはギリシア系、シリア系、アルメニア系のキリスト教徒たちも含まれていた。驚くことではなかった。誰を赦すべきか、誰を殺すべきか、〔薄明かりの中で〕彼らにはまったく分からなかったのである」。市が陥落すると、「市のあらゆる通りはどこも屍体で満ち、死臭のため誰もそこにとどまることができず、屍体をまたがなくては市内の狭い通りを歩くこともできなかった」という。[12]

ペトルス・ヴェネラビリス

これらの好戦的な人々と対照的に、穏健で理性的として描かれるのがクリュニー修道院の第九代院長であるペトルスである。彼はイスラーム教に対して「剣よりも、言葉を用いよ」と主張し、クルアーン翻訳を命じたと評価される。たとえば二〇世紀の歴史家サザーンは、「あらゆる異端の巣窟ともいうべきイスラーム教には、反論し、弁明しておくことがどうしても必要」であったが、「〔ペトルスが命じたクルアーンの翻訳によって〕西欧はイスラーム教を真面目に研究するための道具をはじめて手に」したと評価している。[13]

図２　アンティオキア攻城戦の虐殺（一三世紀後半の写本）
（http://visualiseur.bnf.fr/ConsulterElementNum?O=IFN-08101727&E=JPEG&Deb=8&Fin=8&Param=C）

実際、同時代の人々からも「穏やかで、知的で、開かれている」と称えられる彼だが、[14]どのような人物だったのだろうか。ペトルスは一〇九二年頃オーヴェルニュの貴族の家に生まれた。母はクリュニー修道院第六代院長ユーグ一世（一〇四九―一一〇九）の姪であり、ペトルスは少年期に大叔父の要望で修道士として奉献され、一一〇九年に修道誓願を立てた。そして叔父である第八代院長ユーグ二世の後を継いで一一二二年三〇歳で院長に就任するという、まさにクリュニー修道院の本流に立つ人物だったのである。

彼の時代には、だがクリュニーの繁栄には翳りが見え始めていた。その原因は、結局、前任者たちの時代におけるあまりの規模拡大にあったといえるだろう。[15]最盛期とされるユーグ一世の時代に、六〇程度であった傘下修道院の数は、控えめに数えても八〇〇以上に増えたとされるが、この大成功がさまざまな問題が生み出していた。一つにはガバナンスの問題があった。急激に膨張し多くの修道院がさまざまなかたちで結びついていたため、全体を把握するのが困難だったのである。また傘下修道院との関係は複雑で、支配強化に反抗して離脱を望む修道院も多かった。傘下修道院の意向を問わず、院長とクリュニー本院の修道士が上から命令する運営方法は、「愛の憲章」で制度的に運営しようとしたシトー会などとは大きく異なっていたのである。また教皇座からさまざまな特権を授与され、司祭叙階の際に叙任をする司教を選ぶ権利や、クリュニー本院の特権はすべての傘下修道院に及ぶ権利を与えられ、クリュニー修道士は司教懲戒権から免属されていた。司教権が蔑ろにされ、利害が衝突することも多く、クリュニー本院の横暴に対して周辺の司教たちの不満は高まっていた。

さらに修道士のほとんどが貴族身分出身者になり、俗人の召使を用いるなど生活は贅沢になっていた。壮麗な典礼が修道生活の中心になり、神にふさわしい建物や装飾が求められ、美しい典礼の声を生み出すために豊かな食事が供せられるなど、その傾向は加速した。このような修道生活を象徴する巨大な第三クリュニー修道院は一〇八八年ユーグ一世の時代に着工されたが、一一三〇年ようやくペトルスの在任期に献堂式を迎えることができた。莫大な資金を必要としたが、所領からの収入では賄え切れず、貨幣による寄進、さらにユダヤ人からの借り入れに大きく依存し、建設費の半分はレオン・カスティーリャ王アルフォンソ六世（一〇四〇頃―一一〇九）によるもので、一〇七七年彼は金貨一万タラントを寄進している。クリュニー修道院もこの厚意に応え、異教徒を倒すべく王のために戦勝の祈願を続けた。彼らの祈りはもっとも功徳があり、神の心さえ動かすとされていたのである。アルフォンソ六世自身も、クリュニーに莫大な寄進を行うだけでなく、ユーグ一世の姪であるブルゴーニュ公女コンスタンサと結婚するなど、さらに関係を深めていた。

だが支出は、贅沢な生活による出費も加わって、増加し、院長たちは財源の確保のために奔走しなければならなかった。前述のアルフォンソ六世の寄進でさえ、支払いは督促された結果であり、一〇九〇年ユーグ一世はスペインに自ら赴いて、復活祭のミサを挙げて、彼からようやく金貨二千マンクスの貢納金を毎年支払うという約束を得たほどであった。寄進による貴金属の流入はインフレを招き、修道院財政をいっそう悪化させた。

そしてシトー会に代表される新しい修道生活の理想が唱えられ、原点に立ち返り厳格で清貧な生活を送るよう求めたのである。ベルナルドゥスは、クリュニーを高く評価しながらも、「私は聖堂の果てしない高さ、その際限ない奥行、無駄な広さ、贅沢な装飾、好奇心をそそる図像のことはとりあえず黙しておく。〔中略〕それはそれで良い。神を敬うためのものだから。〔中略〕黄金で覆われた聖遺物箱が目にとまったときにはもう財布の口が開いている。聖人や聖女のすばらしい像が飾られるとき、彩色が鮮やかなほど高い聖性を帯びると信じられている」[16]と、その贅沢を批判している。

これらの困難に直面してクリュニーは揺らいだ。ユーグ一世の跡を襲った第七代院長ポンティウスは修道院共同体の内部分裂を招き、ローマの牢獄で最期を迎えた。クリュニー修道院の拡大に苦汁を飲まされていた周辺の多くの司教も非難の合唱に加わり、一一一九年教皇カリクストゥス二世主宰のランス教会会議においてクリュニーの越権行為が批判された。

ペトルスがクリュニー修道院のあり方についてどのような理想を抱いていたかについてはさまざまな議論があるが、彼は自らの信じる理想を実現しようとし、規律の立て直しを企図し、贅沢を諫め、冗費を削った。激しい気性のベルナルドゥスといくつかの点で論争になったが、外交的に穏やかに対処し、彼とのあいだに友情を育んだ。求めに応じて、あるいは必要に促されて、彼はローマ教会や王や皇帝に招かれ、あるいは各地の教会会議や傘下修道院を訪れ、問題解決に努力した。帝国に一回、イングランドに二回、イタリアには一〇回訪れている。さらにペトルスはクリュニーの利害を守り、財源の確保のためにも努力しなければならなかった。彼は修道会の用務をこなすだけでなく、アルフォンソ六世ほど気前のよくないアルフォンソ七世（一一〇五―五七）と交渉するためにも、一一二四年、一一二七年、一一四二年の三度にわたりイベリア半島を訪れている。[17] イベリア半島はクリュニー修道院にとって財政的にもきわめて重要な地だったのである。

クルアーン翻訳

ペトルスが翻訳を依頼したのは、この三度目のイベリア半島訪問の際であった。ペトルスは自らがクリュニー本流に立つという自覚をもって、多くの書簡を有力者たちと交わし、同時に自らの見解を表明し、教会を脅かす者らに対して個性的で断固たる主張をすでに繰り広げていた。最初の「論争書」である『奇跡について』は一一二七年頃から書かれ始め、一見すると聖人伝あるいは奇跡譚のように見えるが、修道院の権益を侵す俗人領主を脅し、迷信に惑わされる農民に警告を発し、規律を守らぬ修道士に厳罰を示していた。[18] ペトルスは『奇跡について』の第一巻第一一章において、クリュニーの所領に害を与えたグロッシ家の一員ベルナール一世（一〇七〇頃没）を登場させ、彼は冥界で罪に苦しんでいるとし、「死の前に悔い改めたので、永遠の断罪は免れたが、完全に赦されるためにはなお多くの助けを必要としている。クリュニー院長が私を憐れんでくれるよう乞うために、私はここ〔現世〕に〔ひととき〕戻るのを許されたのだ」と述べさせている。[19] クリュニー的秩序に反する者は来世で罰せられ、クリュニーの取りなしによって赦されるというメッセージを発しているのである。

さらにローマ教皇並立をめぐって開かれた一一三五年のピサ教会会議に出席して、その途上で、十字架・聖体・幼児洗礼・死者代禱などの功徳を否定する異端者ローザンヌのヘンリクス（一一四八頃没）および彼の先行者であるブリュイのペトルス（生没年不明）を知ると、その教えを論駁すべく『ブリュイのペトルス派駁論 *Contra Petrobrusianos*』を著し始めていた。完成は三度目のスペイン訪問の後であるが、ブリュイのペトルス派に対して説教によって彼らを説得し、敬虔な信徒が行動を起こすよう求めた。「回心は殲滅よりも良いゆえに、キリストの慈愛が彼らにも与えられなければならない。彼らに〔正統信仰の〕権威と道理が示されられなければならない。もし彼らがキリスト教徒にとどまることを欲するならば、彼らは権威に服するよう強いられ、もし人たらんと欲するならば、道理に従うよう強いられるのである」と主張しながらも、一方で、もし必要ならば武力によって一掃するよう励ましている。[20] 共存はあり得ず、根絶が目的なのである。

のちに彼は一一四七年頃に『ユダヤ人たちの長き頑迷に対する論駁 *Liber adversus Iudaeorum inveteratam duritiem*』も書きあげているが、[21] ユダヤ人は理性のない動物的な存在にすぎず、神の敵と断じ、ユダヤ人はイスラーム教徒の同盟者であり、「獅子身中の虫」とみなし、やはり改宗を求め、共存を認めていない。イスラーム教徒と同じような敵であるユダヤ人に課税して、十字軍戦費を賄うようフランス王ルイ七世に提案さえしている。[22] 社会とキリスト教が一体化して全体を秩序づけ、異端者やユダヤ人という異分子を排除し「浄化」するというクリュニー的世界観が支配していたのである。[23]

そしてペトルスはイスラームに対する論争書を著し、教会の当時の三大脅威、すなわち異端者、ユダヤ人、イスラーム教徒をすべて論破することになる。だが対象であるイスラームの主張をペトルスは十分に理解しておらず、ペトルスが保護したアベラルドゥスと同じように、論理を重んじる彼の論争スタイルにとって敵を知ることは必要不可欠だった。

その頃、アラビア語からの翻訳は南イタリアやイベリア半島で少しずつ始められ、カルタゴに生まれサレルノ医学校で活躍した「アフリカ人」コンスタンティヌス（一一世紀末没）による医学書翻訳や、バースのアデラルドゥス（一〇八〇頃―一一五二頃）による数学書翻訳などがなされていたが、[24] 宗教や形而上学に関わる翻訳はまだなされていなかった。当時イベリア半島は次第にキリスト教色が強まっていたが、かつて後ウマイヤ朝（七五六―一〇三一）[25] の下でさまざまな宗教や民族が共存していた遺産がなお存在しており、イスラームに伝わる学問を学ぼうと西欧から幾人もの学者が訪れていた。イベリア半島訪問の折に、ペトルスは、おそらく後述の『サラセン人の書簡とキリスト教徒の返書（アル・キンディーの弁明）*Epistola Saraceni et Rescriptum christiani*』の存在を知り、同時に翻訳を託する人材を見出すことができたのである。

主にクルアーン翻訳に携わったのはイングランド出身のケトンのロベルトゥス（一一四一―五七頃活躍）とイストリア半島出身のケルンテンのヘルマヌス（一一三八―四三頃活躍）で、ロベルトゥスは、ヘルマヌスと協力して、古代ギリシアの数学者ユークリッドの『幾何学原本 *Stoikheia*』やビテュニアのテオドシオスの『球面幾何学 *Spherica*』の研究を志し、アラブ人の哲学者アル・キンディー（八七〇頃没）の『占星術の判断 *Judicia*』を翻訳していた。[26] ペトルスは彼らにクルアーンを含むイスラーム文献の翻訳を依頼し、さらに改宗ユダヤ人トレドのペトルス、アラビア人ムハンマドなどを助手として加え、自らの秘書であるポワティエのペトルスにその監督と文書彫琢を命じた。この事業から生まれたのが『トレード集成 *Corpus toletanum*』と呼ばれる一連の翻訳で、『サラセン人の書簡とキリスト教徒の返書（アル・キンディーの弁明）』、『サラセン人のつくり話 *Fabulae Saracenorum*』、『ムハンマドの系譜の書 *Liber generationis Mahumet*』、『ムハンマドの教義 *Doctrina Mahumet*』、そして『クルアーン（偽預言者ムハンマドの法）*Lex Mahomet pseudoprophete*』からなる。

このうち『サラセン人の書簡とキリスト教徒の返書（アル・キンディーの弁明）』は信仰を異にする友人たちの往復書簡の形態をとった論争書で、イスラーム教への改宗を勧められたキリスト教徒が論駁するというもので、ペトルスをはじめ多くの西欧人に読まれた。ここではムハンマドが預言者ではないとされ、彼の性生活が非難され、クルアーンが否定されている。また『サラセン人のつくり話』は世界と人間の創造などに関するユダヤやイスラームの伝説やムハンマドと最初の七代のカリフの簡単な伝記を集めたもので、『ムハンマドの系譜の書』はアダムからノアを経てムハンマドに伝えられた「預言の光」を論じている。『ムハンマドの教義』はそしてムハンマドに対して百の質問をした四人のユダヤ人について語っている。

そして中核をなす『クルアーン（偽預言者ムハンマドの法）』だが、この翻訳の原写本と思われるものが現存している。その冒頭で翻訳者ロベルトゥスはペトルスに宛てて「この忌まわしいムハンマドの歴史」を明らかにするよう求め、ペトルスがこの最大の異端を壊滅してくれるよう願っている。一方で、この写本には二面的な性格があり、多くの欄外註が書き込まれているが、これらのうちにはイスラームに無知で敵対な註釈者によると思われる「狂気」「不敬」「笑止」「欺瞞」などの書き込みもあれば、ある程度イスラームを知っており、内容を簡単に要約してキリスト教教義と一致している箇所を示し、「よろしい bene dictum」と記しているところもあるという。[27]

ペトルスは一一四三年頃『サラセン人の書簡とキリスト教徒の返書（アル・キンディーの弁明）』の翻訳をクレルヴォーのベルナルドゥスに送り、イスラーム論駁を執筆するよう要望するが、これは実現せず、彼自身が『サラセン人の異端大要 *Summa totius heresis Saracenorum*』[28]および『サラセン人の分派あるいは異端論駁 *Liber contra sectam sive heresim Saracenorum*』を執筆することになる。前者はおそらくイベリア半島から帰国してすぐに書かれ[29]、キリスト教徒読者のためにイスラームの教えを要約し、イスラームと戦うための基礎を提供し、イスラームの「異端」がどこに存するのかを明らかにすることを目的とした。

ここで重要なのは、題目が示しているように、ペトルスがイスラーム教をキリスト教の「分派あるいは異端 *sectam sive heresim*」と理解していることである。「彼らは、私たちと同じことを信じているところもあるが、多くの点で私たちとは一致しないことから、私はこの者たちを異端者 haeretici と呼んでいるけれども、むしろもっと強く、不信仰者 pagani、異教徒 ethnici と呼ぶほうが適切かもしれない」としながらも、イスラーム教は三位一体論や、イエスが神であることを否定するキリスト教異端とする。ムハンマドはキリスト教異端のニコライ派の教説を奉じ、ネストリウス派異端とユダヤ教によって感化され「ユダヤ人と異端者という何とも優れた教師たちの手助けによってクルアーンを起草し、ユダヤ人たちの作り話と異端者たちの欺瞞からなる〔クルアーンという〕邪悪な書物を、彼一流の野蛮な仕方で編んだ」とする。そしてムハンマドの悪口を連ね、「肉的な思いに囚われた人々をできるだけ自分に引き付けることができるようにと、食い道楽と性的欲望の手綱を緩めた。彼自身も同時に一八人の妻をもち、さらに神のお告げと称して、他の多くの人妻たちと姦淫を行い、預言者の模範と称しては数多くの破滅的なことに身を任せた」としている。そして、翻訳によって「彼らがどれほど汚れ、無価値かを知り、聖霊の炎に駆り立てられた神の僕《しもべ》が現れ、この異端に対して反駁を執筆するだろうと期待したから」とする。イスラーム教を別個の宗教と捉えていないのである。

一方、『サラセン人の分派あるいは異端論駁』はペトルスの死の直前の一一五六年頃著されたとされるが、これは「平和な十字軍」であって、「私たちの同胞がしばしばするように武器によってではなく、言葉で攻撃する」と説く。そしてムハンマドも認めたユダヤ教の聖典とキリスト教の聖書に基づいて、イスラーム教の基本的誤りを否定しようとする。そしてムハンマドは預言者ではなく、アリウスとアンチキリストの間の時代に悪魔によって生み出された偽預言者とし、イスラーム教を悪魔的として全否定する。[30] ペトルスも、彼のしかたで、熱烈に戦っているのである。[31]

むすび

確かに、ペトルスのアプローチは好戦的ではなく、理性的である。だが、それは宗教的寛容による共存を目指し、相手に対する尊敬をもって、真に説得しようとしたものではないだろう。ペトルスは自らの正しさを確信し、多くの偏見を免れてはいない。その意味で、説得の基礎であったはずの『トレード集成』の写本に書き込まれたムハンマドの戯画は象徴的である（図3）。奇妙な姿に描かれ、「偽預言者」と記されているのである。[32] 二〇〇八年六月二日パキスタン・イスラマバードのデンマーク大使館への自爆テロのきっかけとなった「ムハンマド風刺漫画掲載問題」、あるいは二〇一五年一月七日の銃撃事件の引き金となったフランスの『シャルリー・エブド』のムハンマド戯画と、ある点では変わらない。

ペトルスは、狂乱の第一回十字軍から半世紀が過ぎようとする時代に生きていた。ユーラシア大陸の端にあって長く閉塞していた西欧も、十字軍の刺激によって目覚めようとしていた。西欧の商人やモノも、地中海や内陸を自らの力で動き始めていた。多くのものに触れ、多くのものを知ったはずである。エリス・ピーターズがつくりあげた架空の修道士探偵カドフェルのように、十字軍に従軍しながらも、東方の女性と暮らし新しい世界を知った人もいたかもしれない。しかし、接触や知識は必ずしも先入主を改めてはくれなかったようだ。ペトルスのような時代の最高の知性にとってさえ、目を覆うウロコは厚く、なかなか落ちようとはしなかった。怪物的人間を描く「ヘレフォード図」は、さらに一世紀以上のちの一三〇〇年頃の作品なのである。

もちろん西欧中世にも十字軍に反対する多くの意見が存在した。[33] また偏見や不寛容は宗教やキリスト教に限られるわけではない。現代に生じた多くの悲劇を思い浮かべれば、民族や人種という新しい神話によって無辜の人々が蔑まれ、虐げられ、「浄化」されたことがわかる。個人的な事柄だが、高三の時に本を一冊取り上げて報告するという授業があり、筆者は我妻洋・米山俊直『偏見の構造――日本人の人種観』（ＮＨＫ出版、一九六七年）を取り上げ、「偏見は知識が増え、社会が豊かになれば、いずれ解消するだろう」と結論したところ、今は亡きＫ先生に「そんなに簡単なことではない」とコメントされた。最近の世界や日本の状況と考えると、このコメントが重く感じられる。

図３　ムハンマドの戯画が描き込まれた最古と思われるクルアーンの翻訳（http://expositions.bnf.fr/parole/grand/117.htm）

註

1 Sylvain Gouguenheim, *Aristote au Mont-Saint-Michel: Les racines grecques de l'Europe chrétienne*, Paris, 2008.

2 この「事件」については、川添信介「新刊紹介 Philippe Büttgen, Alain de Libera, Marwan Rashed, Irène Rosier-Catach eds., *Les Grecs, les Arabes et nous: Enquête sur l'islamophobie savant* (Paris, 2009)」（『西洋中世研究』第二号、二〇一〇年、一九一頁）を参照。また佐藤彰一氏の「歴史の語りと意味――『モン・サン・ミッシェルのアリストテレス』論争とその後」（第六九回日本学士院公開講演会／二〇一八年一〇月二七日）から大きな示唆を受けた。

3 グーゲナムは、その後も自説に若干の修正を加えながらも、*La gloire des Grecs: Sur certains apports culturels de Byzance à l'Europe Romane (Xe-début du XIIIe siècle)*, Paris, 2017 を公にし、ビザンツ文明の影響を強調している。

4 R・W・サザーン（鈴木利章訳）『ヨーロッパとイスラム世界』（岩波書店、一九八〇（原著一九六二）年）、五一―五五頁。

5 岡崎勝世『聖書 vs. 世界史』（講談社現代新書、一九九六年）、七八―九八頁参照。

6 Cf. John Block Friedman, *The Monstrous Races in Medieval Art and Thought*, Harvard University Press, 1981.

7 Robert Levine, *The Deeds of God through the Franks: A Translation of Guibert de Nogent's* Gesta Dei per Francos, Boydell Press, 1997, pp. 43–44.

8 Cf. Judith Mary Upton-Ward, *The Rule of the Templars: the French Text of the Rule of the Order of the Knights Templar*, Boydell Press, 1997.

9 グレゴリウス七世は武器をとって教会の敵と戦うように求め、殉教の死あるいは深手を負った者たちに天上の生を約束したが、さらにウルバヌス二世は、神の恩寵によって、キリスト教世界の新生が迫っており、戦士たちはそれに加わらなければならないとし、暴力は、信仰のために揮われるならば、功徳があると説いた。Cf. H. E. J. Cowdrey, "The New Dimensions of Reform: War as a Path to Salvation," in S. B. Edgington and L. García-Guijarro eds., *Jerusalem the Golden: The Origins and Impact of the First Crusade*, Tounhout, 2014, pp. 11–14.

10 Bernard de Clairvaux, *Eloge de la nouvelle chevalerie ; Vie de saint Malachie*, introductions,traductions, notes et index par Pierre-Yves Emery, Paris, 1990, pp. 50–51.

11 Ibid, pp. 58–59.

12 Cf. Thomas Asbridge, *The First Crusade: A New History*, Simon & Schuster, 2012, p. 210.

13 サザーン前掲書、五一―五五頁参照（なお一部の表記を統一のため変更している）。

14 Cf. Denyse Riche, *L'ordre de Cluny à la fin du Moyen Age*, Presse de l'Université Saint-Etienne, 2000, p. 38.

15 以下の部分は、特に明記なければ、関口武彦『クリュニー修道制の研究』（南窓社、二〇〇五年）および Denyse Riche, *L'ordre de Cluny à la fin du Moyen Age* による。

16 クレルヴォーのベルナルドゥス（杉崎泰一郎訳）「ギヨーム修道院長への弁明」第二八節、上智大学中世思想研究所編訳・監修『中世思想原典集成一〇』「修道院神学」（平凡社、一九九七年）、四五五―四八九頁。

17 Cf. Giles Constable, *Letters of Peter the Venerable*, vol.2, Harvard University Press, 1967, pp. 257–269.

18 杉崎泰一郎『12世紀の修道院と社会（改訂版）』（原書房、二〇〇五年）、特に二五一―二二五頁を参照。

19 Pierre le Vénérable, *Livre des merveilles de Dieu*, introduction, traduction et notes par Jean-Pierre Torrell et Denise Bouthillier, Cerf, 1992, pp. 114–117.

20 Cf. Peter the Venerable, *Against the Inveterate Obstinacy of the Jews*, translated by Irven M. Resnick. The Catholic University of America Press, 2013, pp. 4–6.

21 Ibid, p. 7.

22 Cf. Giles Constable, op.cit, I:327–330; Jeremy Cohen, *Living Letters of the Law: Ideas of the Jew in Medieval Christianity*, University of California Press, 1999, pp. 245–254.

23 Cf. Dominique Iogna-Prat, *Ordonner et exclure: Cluny et la société chrétienne face à l'hérésie, au judaïsme et à l'islam: 1000-1150*, 2e éd. corr., Paris, 2000.

24 C・H・ハスキンズ（別宮貞徳、朝倉文市訳）『十二世紀ルネサンス』（みすず書房、一九九七年）を参照。

25 マリア・ロサ・メノカル（足立孝訳）『寛容の文化――ムスリム、ユダヤ人、キリスト教徒の中世スペイン』（名古屋大学出版会、二〇〇五年）参照。

26 Cf. Charles Burnett, "Ketton, Robert of (fl. 1141–1157)," *Oxford Dictionary of National Biography* (https://doi.org/10.1093/ref:odnb/23723 二〇一八年一〇月九日閲覧).

27 Cf. John Tolan, "les récits de vie de Mahomet," in Mohammed Arkoun (ed.), *Histoire de l'islam et des musulmans en France du Moyen Âge à nos jours*, Paris, 2006, pp. 187–192.

28　矢内義顕「ペトルス・ウェネラビリス『サラセン人の異端大要』」（『文化論集（早稲田商学同攻会）』二三（二〇〇三年）二三—四六頁）の翻訳を参照した。

29　Peter the Venerable, *Writings against the Saracens*, translated by Irven M. Resnick, Catholic University of America Press, 2016, p. 13.

30　Dominique Iogna-Prat, John Tolan, "Une apologétique chrétienne contre I'islam aux XIIe –XIIIe siécles," in Mohammed Arkoun（ed.）, *Histoire de l'islam et des musulmans en France du Moyen Âge à nos jours*, Paris, 2006, pp. 230–233.

31　それどころか、ペトルスも、改宗ではなく、イスラーム教徒の一掃を目指していたという見解が最近は示されている。Cf. Benjamin Z. Kedar, *Crusade and Mission: European Approaches toward the Muslims*, Princeton University Press, 2014, pp. 99–103.

32　Cf. Debra Higgs Strickland, *Saracens, Demons, & Jews: Making Monsters in Medieval Art*, Princeton University Press, 2003.

33　Cf. Martin Aurell, *Des chrétiens contre les croisades XIIe-XIIIe siècles*, Paris, 2013.

第七章　イスラームにおけるイエス・キリスト
――クルアーンから、そして後代の二つの視点から

野元　晋

はじめに

中東の一神教的伝統から生まれたイスラームにとっては、自己と他者の信仰をどのように認識し、どのように関わるかは重要な問題であったと考えられる。そのような認識と関わりはまた他者への「寛容」の成立をさせる条件の一つでもあろう。

イスラームはその聖典クルアーン（コーラン）に見られるように先行一神教の、つまりヘブライ語聖書、ギリシア語聖書に登場する人々の一部を含める形で、自らの預言者の系譜を作り上げていった[1]。ではイスラームとその担い手であるムスリム（イスラーム教徒）は、先行一神教の預言者、例えばモーセやイエスなどをどのように捉えてイスラーム的預言者像を形成してきたか、さらにその預言者像から照らして、彼らの教えに従うと主張する諸宗教との関係をどのように捉えるか。これらの問題はイスラームとムスリムにおける自己と他者の認識に深く関わるであろう。

本論は上述の二つの問題、つまり①イスラーム共同体が持つイエスやモーセなどの預言者像、②イスラームが見た、その預言者の教えに従うと主張する宗教共同体の問題（つまりモーセの律法に従うユダヤ教徒、またイ

エスの教えに従うキリスト教徒など）、のうち、まず①の問題に関心を絞り、そこからイスラームにおいて捉えられたイエス・キリストの問題を考察するものである。次にはイスラームにおいて捉えられた、またムスリムが捉えた自己の他者——この場合はキリスト教徒——との関係やその信仰実践の認識を浮かび上がらせ、そうして、あくまで主題は①であるが、徐々に②の問題にも説き及ぶ。またイスラームと寛容の問題との関係を最後に少し触れて見たい。

上の主題を扱うために本論で取り上げるのはクルアーン、そして九世紀から一三世紀に大きな知的・政治的影響力を持ったイスマーイール・シーア派の思想、そして神秘思想——スーフィズムという運動の核となる——の発展の一つの頂点であるイブン・アラビー（一一六五—一二四〇）の思想である。もちろん後二者は今日、イスラームでは主流の思想ではないが、今日知られていないイスラーム思想潮流として、その可能性を発掘し紹介するものである。[2]

聖典クルアーンにおけるイエス・キリスト

神の預言者として知られるようになるムハンマドへの啓示はアラビア半島の経済の中心都市であったマッカ（メッカ）で六一〇年頃に始まったとされる。やがて預言者ムハンマドと信徒たちはマッカからヤスリブ（後のマディーナ（メディナ））へ移住し（六二二年　ヒジュラ）、共同体を建設していく。ムハンマドが伝えた教えは唯一神アッラーへの信仰と完全な服従（アラビア語でイスラーム）を説くものでイスラームと呼ばれる。その教えには先行一神教、つまりユダヤ教やキリスト教などがそこから逸脱した、人類の原初的な一神教の復興を行うという強い使命の自覚がある。ここにイスラームが一神教的諸伝統を綜合し、人類を救いに導くという、クルアーン的歴史観と救済史観が成立する。その中には先行一神教の預言者たちも組み込まれていく。

ところでイスラームとムスリムたちが入っていった世界では一神教が優勢となり、恐らく中でもキリスト教は最大の宗教であった。イスラーム登場以前の数世紀間、イエスはローマ帝国のキリスト教の主流において、だんだんと神的な存在と捉えられるようになり、信仰の対象ともなっていった。その公認（三一三年のミラノ勅令）以降、キリスト教はローマ帝国との関係を深めていくが、公式教義を制定すべく皇帝が招集する公会議のうち第四回のカルケドン公会議（四五一年）にイエス・キリストは真に神であり人であり、その神性と人性には混合や分離などはない存在とされるようになり、帝国の正統キリスト教の教義となる。またすぐ後に見るようにイスラームでもイエス・キリストは先行預言者の中でムハンマド出現前の大きな宗教的人格とみなされるようになったが、そこではこのようなイエス・キリストに神性を認める教義は厳しく批判されるようになる。[3]

　ではクルアーンはイエスをどのように捉えていたのか。そこではイエスの名は「イーサー ʿĪsā」である。そしてイエスを預言者たちのひとりとして捉え、ムハンマドまで続くその系譜の中に位置づけ、彼らは同様の啓示を受けていたとする（クルアーン第四章第一六三節）。[4]そして「福音」（インジール）という、啓示をまとめた聖典をもたらす（第五章第四六節、第五七章第二七節）。しかしクルアーン注釈の伝統ではキリスト教徒が伝える現行のギリシア語聖書中の福音書は「改竄」を受けているとされる。[5]

　さてイエスは上で見たように預言者であり人間であるとされ、キリスト教徒が信ずる彼が神の子であることや三位一体論も否定される。

> これ啓典の民よ、汝ら、宗教上のことで度を過してはならぬぞ。〔中略〕よくきけ、救い主イエス、マリアの息子はただのアッラーの使徒であるにすぎぬ。〔中略〕決して「三」などと言うてはならぬぞ。〔中略〕アッラーはただ独りの神にましますぞ。ああ勿体ない、神に息子があるとは何事ぞ。（クルアーン第四章第一七一節）

なおイエスは「アフマド」という名の新たな預言者の到来を予告したという（クルアーン第六一章第六節）。これはムハンマドのことを指すとされる。[6]

一方で、イエスの超人的性質、もしくは特別性も強調される。イエスは、マリアは処女のまま聖霊によって身ごもり（処女懐胎）、そのため誕生した（例えばクルアーン第一九章第一六節―第三四節、第三章第四二節―第四七節）。イエスは「マリアの息子イエス」（イーサー・イブン・マルヤム）と呼ばれる。また生まれて直ぐに揺り籠の中から話し、己れが神の預言者であり啓典を授けられていることを宣言する（第一九章第三〇節―第三一節）。イエスは「マスィーフ」であり、それはイエスのみが持つ称号である（例えば第三章第四五節、第四章第一七一節）。これはアラム語の「救済者」を意味する語から来ていると考えられるが、クルアーンにおいては救済者の意味は読みとりにくい。[7] また神の「御言葉」（第三章第三九節、第四五節、第四章第一七一節）とされるが意味は定めがたい。さらにイエスは、泥に息を吹き込み生きた鳥にする、視覚障がい者やハンセン氏病患者を癒す、さらに死者を蘇らせるなどの奇蹟を行う（第三章第四九節、第五章第一一〇節など）。またイエスとは「時の知識である」（第四一章題六三節）とされる。これは注釈者たちによって終末論的、また黙示思想的に解釈され、歴史の最後の段階に、まだ死んでいないイエスが再臨し、世の終わりに向かう出来事を告げ知らせることを意味するとされた。[8] イエスが歴史の最後まで死なずにいることは、次に論ずるキリスト教の十字架刑についての教義の問題に関わってくる。

十字架刑について、クルアーンによればユダヤ教徒たちはイエスを迫害し十字架上に殺害したと主張しているという。

〔彼らは〕「わしらはメシア、神の使徒、マリアの子イエスを殺したぞ」などと言う。どうして殺せるものか、どうして十字架に掛けられるものか。ただそのように見えただけのこと。もともと（啓典の民の中で）この点について論争している人々は彼について疑問をもっている。彼らはそれに関して何もしっかりした知識があるわけでなし、ただいい加減に憶測しているだけのこと。いや、彼らは断じて彼（イエス）を殺しはしなかった。／アッラーが御自分のお傍に引き上げ給うたのじゃ。アッラーは無限の能力と智恵を持ち給う。（第四章第一五七節―第一五八節）

以上の二節はムスリムの注釈においても西洋のイスラーム研究においても、クルアーンがイエスの十字架刑の事実性とそれによる死を否定したことを示すとされている。[9] このイエスの十字架刑の問題については、神学的にはイエスの「神の子」としての贖罪死、ひいては彼の神性に関わり、キリスト教とイスラームの間を分かつ神学的問題と考えられ、初期から否定する解釈が主流となっていく。かつ上の「ただそのように見えただけのこと」はイエスの身代わりになり十字架につけられた者がいたことを示すとする注釈も多数現れた。[10] イスラームの内側からこのクルアーンの十字架刑の節とそのキリスト教の聖典との不一致の問題に取り組んだ一つの例が次に取り上げるイスマーイール・シーア派の思想家たち、ことにアブー・ハーティム・ラーズィー（九三四／五頃没）である。

もう一つの視点――イスマーイール・シーア派思想から[11]

イスマーイール・シーア派とはイスラーム的中東世界の中でどのような宗派であったかを以下に考える。預言者ムハンマドはイスラームの信徒共同体においては宗教と政治において絶対的な権威を有していた。そのためその死去（六三二年）以降、誰が共同体の教導権と政治的指導権を担うかは大問題であった。シーア派とはこの問題にムハンマドの「預言者家の人々」（アフル・アル＝バイト）から出たイマーム（「導師」、「指導者」の意味）が代々担うべきであると答える人々である。[12] 誰がこのイマームの任に当たるかをめぐり、シーア諸派が様々に分かれ、イスマーイール派も含めて成立していく。その起源はムハンマドの娘婿アリーの息子の一人フサインから発する系統の派の第六代イマーム・ジャアファル・サーディク（六九九／七〇〇／二／三―七六五）の後継者問題に遡ると考えられる。彼らはジャアファルの子イスマーイールとその子孫にイマーム位の正統的継承権を認めて、そこから世の終末に不正を正すメシア的人物（マフディー「正しく導かれた者」、またはカーイム「立ち上がる者」）が出現するとして民衆に宣教していた。その中で九〇九年に今のチュニジアに建国したファーティマ朝（―一一七二）はやがてエジプトに進出し、イスマーイール派の最大政治勢力となっていった。一〇世紀前半より、そのメシア思想的歴史観と古代末期ギリシアの有力な哲学思潮である新プラトン主義の宇宙論を組み合わせた救済論を説くようになり、知識人をも惹きつけるようになった。

さて本節で取り上げるアブー・ハーティム・ラーズィーは一〇世紀前半にイスマーイール派の教義に新プラトン主義を導入するのに力があった一人である。彼は非ファーティマ朝系の反主流派のイスマーイール派の立場にあって現在の北西イラン地域の宣教の責任者であったと考えられる。ラーズィーの現存する著書のうち、ここでは反預言論に対して、イスラームの主要教義の一つである預言を擁護した『預言の表徴』を見てみたい。

この論争の論敵は中世ラテン世界ではラーゼスの名で知られた、ほぼ同郷の著名な医師・医学者・哲学者、アブー・バクル・ムハンマド・ラーズィー（八五四―九二五／三五頃）である。このラーズィーは人間理性を至上のものとして、預言の知識の源泉としての有効性を批判する。[13] つまりユダヤ教・キリスト教・イスラームなどの諸宗教の主張間の齟齬を衝き、預言の知識としての有効性を批判するが、その齟齬の一例として、イエスの十字架刑をめぐる、クルアーンの文言とキリスト教徒、ユダヤ教徒の主張を挙げる。[14] これに対してアブー・ハーティム・ラーズィーは、以下のようなクルアーン第四章第一五七節の終わりから一五八節にかけての部分に注目し、それについての「何人かの学者たち」の議論を紹介する。

神の――力強く荘厳なれ――御言葉、『いや、彼らは断じて彼（イエス）を殺しはしなかった。／アッラーが御自分のお傍に引き上げ給うたのじゃ』（クルアーン第四章第一五七節―第一五八節）が述べているのは以下のことに他ならない。もしも彼ら（ユダヤ教徒とキリスト教徒）は自分たちが彼を殺したと主張したとしても、彼は生きており、神が御許に引き挙げ給うたのである。彼は神の御許で幸福となり誉れを受け、喜びのうちにいる。というのも彼は殉教者だからであり、殉教者たちは神の御許で生きているものだから〔後略〕。[15]

アブー・ハーティムはこのクルアーンの部分が言う、イエスが神の許に引き上げられたことの意味は、イエスのような殉教者は決して不信仰者たちに殺された訳でなく、「神の御許で生きている」とするのである。そして同様のことを伝えるクルアーン第三章第一六九節—第一七〇節を引き、それも証拠としてイエスは「幸福となり〔中略〕喜びのうちに」生きているとする。[16]

アブー・ハーティムは次いで、キリスト教で正典とされた幾つかの福音書から何箇所かを挙げる。

以上のことの喩えは福音書ではヨハネによる福音に、「キリストは肉体において死んだが、霊において生きている」とある。〔中略〕またルカによる福音には次のようにある、「私はあなた方に言う、おお我が友たちよ、肉体を殺しても、それ以外のことが出来ない者どもを恐れるな。私はあなた方にあなた方が恐れる〔べき〕者について伝える。それは体を殺して、〔しかるのち〕それを地獄の業火へと投げ込む力を持つ者である。私はあなた方へ確かに言う、私は天の王国へと行くのだが、これはあなた方のために死へと渡される私の体である。[17]

そしてこのような福音書の記述は第四章第一五七節—第一五八節や第三章第一六九節—第一七〇節といったクルアーンの諸節の意とするところと一致すると述べる。[18] このようにしてアブー・ハーティムはキリスト教の側に歩み寄り、イエスは不信仰者たちによってその体は（恐らく十字架につけられて）殺されたが、その霊魂までは滅ぼされなかったということを基本的に認めるのである。

　このようなアブー・ハーティム・ラーズィーの聖典解釈とキリスト教の聖書との比較を支える思想として、各共同体の聖法（シャリーア）や聖典の字義的意味などの表現は互いに異なるが、そこに秘められた意味での一致、及び一神教的な諸宗教伝統の共通の教え（神の唯一性と宗教の根本的諸原則）での一致を唱えるものがある[19]。この、全ての一神教的宗教、全ての預言者の教えは内面的に一致するとの教義によって、イスマーイール派はさらに積極的に十字架のシンボルを用い、かつ福音書からの引用によって、自らの教義を説明しようとした。例えばラーズィーに続く世代のアブー・ヤアクーブ・スィジスターニー（九七一以降に没）はその著書『諸源泉の書』において、十字架上に己れの全てを露わにして磔刑となったイエスの姿は、あらゆる聖法の内面の意味を露わにするメシア的人物であるカーイムの先駆けであるとする[20]。

　以上のような、ラーズィーとスィジスターニーに見られるイスマーイール派のイエス・キリスト論は、イスラームの主流においてその初期から否定されていったイエスの十字架上の磔刑を取り上げ、福音書と共に、クルアーンの教えとの一致を論じ、かつ十字架のシンボルと、さらに福音書のテクストをも、同派の教義の中に組み込もうとする、綜合性の強いものであった。これをイスラーム思想史全体の流れという文脈に位置付けてみよう。一〇世紀以降、イスラーム思想の主流は、外部からの影響を消化しながら、その一部の要素を排除しつつ自己のアイデンティティーを形成する傾向があったと考えられる[21]。その中でイスマーイール派は外部からの要素（例えばイエスの十字架刑、福音書、または新プラトン主義哲学）などを保持し、これを己れの教義体系の中にいわば組み込む形で綜合しようとしたのである。

　イスラーム思想と社会の多数派の関わりに目を転ずれば、少し時代が下って一一世紀からはスーフィズムの側から、イスラーム法（シャリーア）が表現する正統的な立場との和解の試みがなされるようになった。次第に社会はスーフィズムを認めるようになり、一三世紀以降には社会と文化の各方面で大きな影響力を持つようになる。

このようにスーフィズムが次第に民衆と知識人の宗教生活と思索の中に大きな地位を占めるようになる中、これまでの神秘思想の発展の集大成を試みる中で、イエス・キリストの人格を様々な預言者たちと共に、その試みの中に綜合的に組み込んで行った思想家が出てきた。それが次節で取り上げるイブン・アラビーである。[22]

さらにもう一つの視点――イブン・アラビーの神秘思想から

イブン・アラビーの思想は、イスラームのスーフィズム――神秘思想を中核とした宗教運動――の流れを綜合し、宇宙全体と存在者全ては神の自己顕現であると説き、様々な論争や批判を呼び起こしながらも、哲学が神秘思想との融合へ向かう潮流を準備するなど中近世のイスラーム思想の展開に決定的な影響を与えた。彼はまた「最大の師」（アッ＝シャイフ・アル＝アクバル）とも呼ばれ、大きな尊敬を集めてきた。[23]

イブン・アラビーは一二世紀の後半のスペイン・ムルシアに生まれた。ムスリム統治下のイベリア半島、つまりアンダルスではムスリム・キリスト教徒・ユダヤ教徒の三大一神教の信徒たちが「寛容の精神」のもと、共存共栄していたことが強調される。しかしこの時期はキリスト教徒勢力によるレコンキスタが徐々に進行し、ムスリム側から対抗する意識も大きく、「寛容の精神」は次第に失われつつあったと言える。

イブン・アラビーはレコンキスタの進行とムスリム勢力の反撃が一進一退する中、アラブの名門に生まれ育ち、既に少年期から神秘体験を得たとされる。そしてイブン・アラビーは青年期にはアンダルスと北アフリカを行き来し神秘道の修行を積んだが、恐らく一二〇〇年頃東方に向けてアンダルスを発ち、ついに故郷には戻らなかった。その後、マッカ（メッカ）巡礼を果たし、エジプト、イラク、シリア、アナトリア（小アジア）と遍歴した。そして数百点に及ぶ多数の著作を遺し、優れた弟子たちを育て、シリアのダマスクスで死去した。イエスが大きな主題となる分野は、イブン・アラビーの神秘思想の中ではまず預言者論と聖者論であるが、それを主題にした著書『叡智の台座』の注釈が広い地域で多く著されたように、彼はこの分野でも大きな影響力を残している。

イブン・アラビーは預言者としてのイエスに、青少年期からその幻視によって親しんでおり、最初の「師」であったとも後に回想している。[24] 彼は過去の聖者や預言者が物質を超えた現象界、または魂の世界において現在の人間と交流したという。またモーセ、イエス、ムハンマドがともにヴィジョンに現れたともいう。こうして彼は霊的に過去の預言者たちとの個人的つながりを持つようになった。

ムハンマドはこれら預言者たちとの関連で見ると、イスラームの教えでは預言者として最後の、そして最も完成した存在、人類誕生から脈々と続いてきた預言者職の、預言者の系譜を終らせる「封印」である。それ以後、人間に聖典をもたらすような預言者は存在しない。その後、イスラーム共同体の教導は誰が行うか、さらに宗教生活の教導については誰が担うかという問題が出てくるが、スーフィズムではその「師」（シャイフ）、ことに霊的能力が高い「聖者」がある意味で預言者の霊性を継承し、人々を霊的に教導する者と考える（なおこの問題にシーア派は預言者の家から出たイマームを教導権の担い手とみなすが、これについては前節の冒頭を参照されたい）。

ここでスーフィズムとイブン・アラビーにおける「聖者」の思想を見ておきたい。[25] 神に「近しい者」、神の「友たる者」、神を「友」とする者は、全てアラビア語ではワリー（walī「近い人」「親しい人」、複数形アウリヤー awliyāʼ）といい、スーフィズムにおいてはあらゆる時代にいる「聖なる人」「聖者」の意味となる。「聖者」は神から啓示を受けることはなく、ましてや神の意を受け聖典や聖法をもたらすことはないが、深い霊性を持ち奇跡を起こすなど、預言者と共通の、人でありながら人を超えた能力を持つ。それゆえ「聖者」は大きなカテゴリーとなり、預言者と使徒を含むが、後者は特に特定の共同体または民族に遣わされるもので前者よりも一般に上位とされる。図的にイメージすれば大きな円（聖者職 walāya）が同心円（預言者職）を、さらにその中により小さな同心円（使徒職）を含むことになろうか。

預言職と使徒職は預言者ムハンマドで終わり、また預言者が伝える聖法がその役目を次の預言者の聖法によって終えるため、時代的に限定を受けているが、より広いカテゴリーである聖者職は時代を越えて存続する。スーフィズムの理論では預言者職、預言者にその完成体である「封印」としてのムハンマドがいる〔クルアーン第三三章第四〇節〕ように、聖者職、または聖者にも封印がいるとされる。この封印には特別な神についての知識が与えられている。つまり「使徒たちは、聖者で［も］あることから、私たちが述べたことを諸聖者の封印の壁龕によらねば見ることはないのである」[26]という。さらに次に見るイブン・アラビーのテクストは、預言者にして使徒であるイエスが聖者たちの封印になり、これは他の――ムハンマドは除くとしても――使徒たちよりも上に立つことを意味すると解釈できる。つまりイブン・アラビーはイエスが聖者職の封印であることと特殊な地位を持つことについて、詩をも用いながら、記しているのである。

誠に諸聖者の封印は使徒〔イエス〕である／彼に並ぶ者はどの世界にもいない／
彼は聖霊にして、聖霊の息子にして、〔その〕母はマリアである／
これがそこに通ずる道なき場所である／
彼は我らを仲裁する公正なる者として我らの元へと下ってきた／彼のものである裁きは下ってくる／
かのお方（神）は使徒たちから、その出自が人間から離れた者（イエス）を特別な者とされた。そこで彼の半身は人間で、彼のもう一つの半身は清浄な聖霊、つまり天使となる。〔中略〕神は彼をお手元へと挙げたが、やがて聖なる人、聖者たちの封印として時の終末に下し給うであろう。彼はこの共同体におけるムハンマド――アッラーが祝福し救いを授けんことを――の宗教法によって裁くであろう。[27]

ここではイエスはマリアの聖霊による懐胎から出産したという出自から、半人・半聖霊（＝半天使）の存在とされる。聖者職の封印であり、かつ終末においては「裁き手」としても登場し、上で見るようにムハンマドの法、とはつまりイスラームの宗教法によって人々を裁くのである。ここではイスラームにおいて見られたイエスの終末論的役割とスーフィズムの聖者論が結合していると言える。

またイエスは聖者として「無限定における（普遍的な）聖者職の封印」、かつ「無限定な（普遍的な）預言者職における聖者」と呼ばれ、さらに神が彼によって「一般的（普遍的）預言者職」に封印する人物であるとされる。イエスはまさに包括的で、一般的な聖者職の完成体であることが強調され、それは一般的な「聖なる人」の性質を包括することも踏まえて、「彼はこの共同体の時代（イスラームの時代）に非立法的な預言的機能を有する聖者」ともされる。対比されるように言及されているのが、「ムハンマド的聖者職の封印」の概念である。[28]

なお聖者は特定の預言者を自分の霊的な先駆者とし、「（預言者の名）的聖者」とも呼ばれることがある。イブン・アラビーの師の一人はイエスの美徳と徳行を有する「イエス的聖者」であったという。[29] イエス的聖者よりもさらに高い段階で美徳と徳行を包括的に持つ聖者のタイプが「ムハンマド的聖者」である。イブン・アラビーは己れ自身がムハンマド的聖者職の封印であることを暗示的ながら主張していると考えられる。このようにしてイブン・アラビーは自らを、イスラーム的観点から、預言者ムハンマドの到来と共に完成する人類の紀元以来の預言者の系譜と、ムハンマド以降も続く聖者の系譜につなげる。そしてイエスは、このイスラーム的な救済史観の中で高い地位を占めているが、あくまでもムハンマドとムスリム聖者の優越が保証されている。そこに、自らの信仰が救済史の中で、他の宗教より高い段階にあるという、ムスリムとしての自覚を見ることができよう。

さてここで、よく引かれるイブン・アラビーの有名な詩句を読んでみたい。それは、これまで見てきたイスラームとムスリムとしての自覚を背景とした預言者論・聖者論とイエス論とは異なり、全宗教の融和と帰一を説く調子となっている。

我が心はあらゆる形を受け入れた／それはガゼルの牧場、また〔キリスト教の〕修道士の修道院。
それは偶像の神殿、そして周回する巡礼者のカアバ／トーラーを置く卓台、クルアーンの書物。

私は愛の宗教に帰依する。愛のラクダが向かうところはどこでも／その宗教〔こそ〕が我が宗教にして、我が信仰。[30]

イブン・アラビーの全宇宙は神の自己顕現と展開と捉える説によれば万物は神に帰するために、全宗教の差異は消融するであろうし、また神への愛とその顕現である万物への愛の立場に立てば、宗教の差異は愛のうちに消融するといえよう。[31] まとめればイブン・アラビーは彼独自のあり方でイスラームの教えとその預言者に忠実であったが、一方、万教の差異が愛へ消融するという教えを説いた。ここに己れの信仰に誠実でありながら、どのように他の様々な宗教信仰と融和するかという、今日の多くの宗教の信徒が直面する問題を考えるためのヒントの一つがあるように思われる。

むすび――イエス・キリストとキリスト教、キリスト教徒、さらに諸宗教の信仰実践をめぐって

今までのイエス・キリスト像についての思想の考察について、キリスト教徒やその信仰実践の問題に少し触れつつ、これまで論じた題材の幾つかを再考してみたい。

まずはクルアーンであるが、キリスト教徒へのそのイエス・キリスト観の「誤り」のための批判については前に述べたが、彼らへの融和的姿勢を示すことはないのか。[32] 一つの節は、「司祭」や「修道士」の指導下、敬神の念が篤く、ムスリムたちと融和的なキリスト教徒たちに言及している。次いでその融和性は彼らがイスラームの啓示を認めて信ずるためとも示唆される（以上クルアーン第五章第八一節―第八二節）。その箇所が現実のキリスト教徒との融和を説いているかは判断が難しいものである。一方、神から聖典（啓典）を授かったキリスト教徒やユダヤ教徒（両者は「啓典の民」とも呼ばれる）は敬神の念があれば、ムスリムとともに最終的な救済に与ることを示唆する節（第五章第六九節「すべてこの人々は何の怖ろしい目に遭いはせぬ、悲しい目に遭いはせぬ」）もある。さらに次

の節は神自身が諸宗教の存在を一つの摂理として定め、その上で諸宗教の信徒がそれぞれのあり方で競って善行にいそしむことを奨めているようにも読める。

勿論、アッラーさえその気になり給えば、汝らをただ一つの統一体にすることもおできになったはず。だが、汝らに（別々の啓示を）授けてそれで試みて見ようとの御心なのじゃ。されば汝ら、互いに争って善行に励まねばならぬぞ。結局はみなアッラーのお傍に還り行く身。（第五章第四八節）

無論、このような節は、その真の意味を確定することは難しい。だがその文言からは、クルアーンがキリスト教など様々な宗教の信徒による真摯な信仰実践の価値を認めた可能性があることは考えられる。

キリスト教をめぐるムスリム思想家の思索について本論で見た例を考えてみたい。まずイスマーイール派のラーズィーは、クルアーンのイエスの十字架刑を論じた節と、キリスト教徒が伝え信ずる福音書のテクストとの意味の一致を探り、スィジスターニーはキリスト教が教えるイエスの十字架刑の姿に救済者カーイムの姿の先駆けを見ている。このような解釈はキリスト教の聖書テクストと象徴に何がしかの真実性を見て、イスラームに至る宗教の発展史上の位置を与えたものとも見られる。また同時に自己の教義の説明や正当化にそれらを利用したとも考えられるかもしれないが。またイブン・アラビーであるが、前節の最後に引用したその詩は「［キリスト教の］修道士の修道院」「偶像の神殿」「巡礼者のカアバ」と、各々の宗教の祈りの場所を、さらに「トーラーを置く卓台、クルアーンの書物」とそれぞれの聖典の置かれる場を同列に記している。これらをイブン・アラビーは神的な愛のうちに自らの「心」がとる姿として受け入れるのである。

さて、これまで論じてきたものを振り返ってみよう。クルアーンは既に他の宗教信徒の信仰実践が真摯に唯一の神への奉仕と善行につながるものであれば高く評価するとも解釈できる節を含んでいる。またムスリムは、イスラームは人類の宗教のうちで最も完成し完全なものという強い信念を持つが、一部の思想家たちはそれを保持しつつ、他の宗教の信仰のあり方や実践、象徴などを受け止め、そこに歴史的、あるいは精神的な価値を認めたり、それらを自らの心と見なす思想的営みも生みだした。

翻って我々が生きる現実を見れば、そこには分断線が政治、経済、文化、宗教など多くの分野において走り、人々の間の対立が起きている。そしてマスメディアはイスラームとムスリムを他の宗教とその信徒との対立とともに捉えることが多い。しかし、ムスリムたちが諸宗教の価値を認め、融和を目指す思想を生み出したことは忘れてはならない。そこには社会の中の分断を宗教において越えるべく宗教間の寛容を模索する際に、考察のよすがとなる豊かな思想的主題がある。

註

1　預言者ムハンマドに加え、クルアーンに登場する預言者としてはヘブライ語聖書（旧約聖書）の登場人物の一部、またイエス・キリストやマリア、洗礼者ヨハネなどギリシア語聖書（新約聖書）の登場人物の一部の他にアラブ独自の預言者や言及のみの預言者などがいる。小杉泰「預言者」（大塚和夫、小杉泰、小松久男他編『岩波イスラーム辞典』岩波書店、二〇〇二年）、一〇二七―一〇二八頁。

2　なお本論は対象についての現在の研究における共通の理解にもとづき執筆されたものである。

3　時代背景についてはＪ・バーキー（野元晋・太田絵里奈訳）『イスラームの形成――宗教的アイデンティティーと権威の変遷』（慶應義塾大学出版会、二〇一三年）より第一部「イスラーム以前の近東」（三―六六頁）を見よ。イスラームにおけるイエス・キリスト観については例えば一般的な入門書として O. Leirvik, *Images of Jesus Christ in Islam*, 2nd edition (London: Bloomsbury Publishing PLC, 2010) がある。また本論作成にあたっては以下のレファレンス書の関連諸項目を参照した。*The Encyclopaedia of Islam*, New edition, 12 vols, edited by C. E. Bosworth, P. J. Bearman, and H. A. R. Gibb, Leiden, Brill, 1960–2009; *The Encyclopaedia of Islam*, THREE, edited by K. Fleet, M. Gaborieau, and G. Krämer (Leiden: Brill, 2007–)（以上の二点は以後タイトルを *EI* と略記。本論ではウ

エブサイト版を用いたのでその書誌情報は挙げるつど明記する); J. D. McAuliffe (general editor), *Encyclopaedia of the Qur'ān*, 6 vols (Leiden, Brill, 2001–2006)(以後タイトルを *EQ* と略記)。また松山洋平「クルアーンにおけるイエス」(松山洋平編『クルアーン入門』作品社、二〇一八年)、四四七―四六八頁も参照。カルケドン公会議については以下を参照。小高毅「カルケドン公会議」、(大貫隆、名取四郎、宮本久雄他編『岩波キリスト教辞典』岩波書店、二〇〇二年)、二四四頁、J・ペリカン(鈴木浩訳)『キリスト教の伝統――教理発表の歴史』第一巻『公同的伝統の出現(一〇〇―六〇〇年)』(教文館、二〇〇六年)、三五二―三五三頁。

4　この節では「我ら(神)がお前(ムハンマド)に啓示したのは」として、ノア、アブラハム、イシュマエル、イサクなどと並んでイエスの名を挙げ、彼らに啓示したものと「全く同性質のもの」としている。なお以後、本論におけるクルアーンからの引用は全て井筒俊彦訳『コーラン』上・中・下(岩波書店[岩波文庫]、一九六四年[改版])による。但し文脈や術語の問題から一部の語句を改変した場合がある。

5　B. Carra de Vaux and G. C. Anawati, "Indjīl", in *EI*, Second Edition, P. Bearman, Th. Bianquis, C.E. Bosworth, E. van Donzel, and W.P. Heinrichs (Consulted online on December 15, 2018 <http://dx.doi.org.kras1.lib.keio.ac.jp/10.1163/1573-3912_islam_COM_0373>; First published online: 2012); H. Lazarus-Yafeh; "Tahrif", in *EI*, Second Edition (Consulted online on December 15, 2018 <http://dx.doi.org.kras1.lib.keio.ac.jp/10.1163/1573-3912_islam_SIM_7317>; First published online 2012); D. Thomas, "Gospel, Muslim Concept of," *EI*, THREE (Consulted online on December 16, 2018 <http://dx.doi.org.kras1.lib.keio.ac.jp/10.1163/1573-3912_ei3_COM_27508>; First published online: 2014).

6　N. Robinson, "Jesus" in *EQ*, vol. 3, p. 17; G. Anawati, "ʿĪsā," in *EI*, Second Edition, (Consulted online on December 02, 2018 http://dx.doi.org.kras1.lib.keio.ac.jp/10.1163/1573-3912_islam_COM_0378; First published online in 2012). またムスリムのキリスト教についての文献では、このアフマドは、ヨハネ第一四章第一六節、第二六節、第一五章第二六節、第一六章第七節でイエスが到来と派遣を約束した「弁護者」(パラクレートス 第一ヨハネ第二章第一節でも言及)にしばしば結びつけられる。D. Thomas, "Gospel, Muslim Concept of."

7　A.-J. Wensinck [-C. E. Bosworth], "al-Masīḥ," in *EI*, Second Edition, (Consulted online on December 02, 2018 <http://dx.doi.org.kras1.lib.keio.ac.jp/10.1163/1573-3912_islam_SIM_5012>; First published online: 2012) による。

8　さらに諸注釈やハディース（ムハンマドの言行の記録）は、イエスが天から降ってきた後の働きには、つまり人々を試みる邪悪な「偽キリスト」を倒し、十字架を破壊し、豚を殺し、キリスト教徒とユダヤ教徒をイスラームへの改宗へと導くなどを挙げる。G. S. Reynolds, “The Muslim Jesus: Dead or Alive?” *Bulletin of SOAS* 72 (2009): pp. 237–258, ことに pp. 247–251. N. Robinson, “Jesus,” p. 19も見よ。また松山「クルアーンにおけるイエス」、四六四―四六六頁も参照。なおクルアーン自体はイエスと終末論とのつながりはなかなか付け辛い。Reynolds, art. cit, p. 250を参照。

9　例えば松山「クルアーンにおけるイエス」、四六一―四六三頁。N. Robinson, “Crucifixion,” in *EQ*, vol. 1, pp. 487–489; idem, “Jesus,” p. 19.

10　ここからイスラームのイエスの十字架刑の否定へのキリスト教のグノーシス主義説の一つである仮現説――十字架刑による受難のキリストは幻像であるとする――の影響の可能性はかつて欧米の研究者たちによって示唆されてきた。クルアーン第四章第一五七節のムスリムによる注釈史と欧米の研究史については包括的な T. Lawson, *The Crucifixion and the Qur'ān: A Study in the History of Muslim Thought* (Oxford: Oneworld, 2009) がある。

11　この節は以下の拙稿にもとづく。野元晋「あるイスマーイール・シーア派思想家が見たキリスト教とキリスト教徒――ラーズィー（三二二／九三三―四歿）の『預言の表徴』から第四章第五節の解題と翻訳」（山本英史編著『アジアの文人が見た民衆とその文化』慶應義塾大学言語文化研究所、二〇一〇年）、二三五―二六五頁。なお本節でのイスマーイール派の歴史とアブー・ハーティム・ラーズィーの活動の叙述は以下にもとづく。F. Daftary, *The Ismāʿīlīs: Their History and Doctrines*, 2nd edition (Cambridge: Cambridge University Press, 2007).

12　これはムハンマドの娘ファーティマとその夫アリー・イブン・アビー・ターリブ――つまりムハンマドの娘婿となる――の子孫であるとされる。例えば以下のシーア派概説を参照。F. Daftary, *A History of Shi'i Islam* (London/New York: I. B. Tauris Publishers, 2013); H. Halm, *Shi'ism*, 2nd ed., translated by Janet Watson and Marian Hill (Edinburgh: Edinburgh University Press), 2004.

13　こちらのアブー・バクル・ラーズィーの医学書はラテン語訳され、中世ヨーロッパで広く読まれた。このラーズィーについては L. E. Goodman, “al-Rāzī,” in *EI*, Second Edition (Consulted online on December 18, 2018 <http://dx.doi.org.kras1.lib.keio.ac.jp/10.1163/1573-3912_islam_SIM_6267>; First published online: 2012) を見られたい。

14　Al-Rāzī, *A'lām al-Nubūwa*, edited by Ṣ. al-Ṣāwī and G. R. A'vānī (Tehran: Imperial Iranian Academy of Philosophy, 1397/1977), pp. 69, 168/

edited and translated into English by T. Khalidi as *The Proof of Prophecy* (Provo, Utah: Brigham Young University Press, 2011), pp. 50, 124.

15　Al-Rāzī, *A'lām*, ed. al-Ṣawī and A'vānī, p. 168/ed. and transl. Khalidi, p. 124.

16　Al-Rāzī, *A'lām*, ed. al-Ṣawī and A'vānī, pp. 168–9/ed. and transl. Khalidi, p. 124.　クルアーン第三章第一六九節の内容は「アッラーの御為に殺された人たちを消して死んだものと思ってはならないぞ。彼らは立派に神様のお傍で生きておる、なんでも充分に戴いて」となる。

17　Al-Rāzī, *A'lām*, ed. al-Ṣawī and A'vānī, p. 169/ed. and transl. Khalidi, p. 125. なおギリシア語聖書の四福音書中の対応箇所について、ハリーディー（Khalidi）版（翻訳本文中の割注 p. 125）は引用テクスト中の「ヨハネによる福音」にはヨハネ第六章第六三節と第一ペテロ第三章題一八節」が対応し、「ルカによる福音」にはルカ第一二章第三―四節が対応するとしている。

18　Al-Rāzī, *A'lām*, ed. al-Ṣawī and A'vānī, p. 169, pp. 169–70/ed. and transl. Khalidi, p. 125.　Lawson, *The Crucifixion*, pp. 6, 13, 82は、ラーズィーがクルアーン第四章第一五七―一五八節に第三章第一六九―一七〇節を関連させて、前者を解釈していると指摘している。本論もそれとほぼ一致する。野元晋前掲論文、二三八頁も同様。

19　例えばAl-Rāzī, *A'lām*, ed. al-Ṣawī and A'vānī, pp. 104–105, 107, 108–109, 155–156/ed. and transl. Khalidi, pp. 77, 79, 80, 114–115など。野元晋前掲論文、二三七頁、二四五頁注11も参照。

20　Al-Sijistānī, *Kitāb al-Yanābī'*, edited by H. Corbin in his Trilogie Ismaélienne (Tehran: Institut Franco-Iranien/Paris: A. Maisonneuve, 1961), pp. 73–74 (English translation by P. E. Walker by as "The Book of Wellsprings" in his *The Wellsprings of Wisdom* [Salt Lake City: The University of Utah Press, 1994], pp. 93–94, and pp. 177–178 (commentary); French translation by H. Corbin as "Le livre des sources" in his *Trilogie Ismaélienne*, pp. 97–100). 野元晋前掲論文、二三九―二四〇頁。

21　例えばバーキー『イスラームの形成』より第Ⅲ部「イスラームの基礎確立」の全体一四五―二二八頁など。

22　以下にイブン・アラビーについて日本語で読める主なものを挙げる。井筒俊彦『イスラーム思想史』（中央公論新社［中公文庫］、一九九一年）、三八七―四〇〇頁、四〇五―四〇六頁（『井筒俊彦全集』第四巻『イスラーム思想史』慶應義塾大学出版会、二〇一四年、五三三―五四五頁、五四九―五五〇頁）、『イスラーム哲学の原像』（岩波書店［岩波新書］、一九八〇年）（『井筒俊彦全集』第五巻『存在顕現の形而上学』慶應義塾大学出版会、二〇一四年、三八九―五七五頁）、東長靖『イスラームとスーフィズム――神秘主義・聖者信仰・道徳』（名古屋大学出版会、二〇一三年）。

23　イブン・アラビーの生涯・諸著作・思想・影響について本節の記述は概ね以下の研究に従う。C. Addas, *Ibn ʿArabī ou la quête du soufre rouge* (Paris: Gallimard, 1989)（English translation by P. Kingsley as *Quest for the Red Sulphur: The Life of Ibn ʿArabī* [Cambridge: the Islamic Text Society, 1993]）; M. Chodkiewicz, *Le sceau des saints: Prophérie et sainteté dans la doctrine d' Ibn ʿArabî* (Paris: Gallimard, 1986)（English translation by L. Sherrard as *Seal of the Saints: Prophethood and Sainthood in the Doctrien of Ibn ʿArabī* [Cambridge: the Islamic Text Society, 1993]）; G. Elmore, *Islamic Sainthood in the Fullness of Time: Ibn al- ʿArabī's Book of the Fabulous Gryphon* (Leiden: Brill, 1999); 東長『イスラームとスーフィズム』。なおムスリム統治下の歴史・文化状況については例えばM・ロサ・メノカル（足立孝訳）『寛容の文化――ムスリム、ユダヤ人、キリスト教徒の中世スペイン』（名古屋大学出版会、二〇〇五年）を参照。

24　C. Addas, Ibn ʿArabī ou la quête, pp. 58–59 (English transl., pp. 38–39).

25　聖者の概念については例えば以下を見よ。H. Landolt, "Walāyah," in L. Jones (editor in chief), *Encyclopedia of religion*, 2nd ed., vol. 14 (Detroit: Macmillan Reference USA, 2005): pp. 9656–9662; B. Radtke, "Walī, 1. General Survey", in *EI*, Second Edition (Consulted online on November 11, 2018 <http://dx.doi.org.kras1.lib.keio.ac.jp/10.1163/15 73-3912_islam_COM_1335>; First published online: 2012); 東長『イスラームとスーフィズム』, pp. 32-46, 162-187.　また以下に述べた聖者・預言者・使徒の相互の関係において、預言者と使徒との関係については A. J. Wensinck, "Rasūl," *EI*, Second Edition (Consulted online on December 18, 2018 <http://dx.doi.org.kras1.lib.keio.ac.jp/10.1163/1573-3912_islam_COM_0911>; First published online in 2012); A.H. Mathias Zahniser, "Messenger," in *EQ*, vol. 3, p. 381（後者は注釈学者バイダーウィー（一三一六／七没）は使徒は聖法をもたらすことが出来るが、預言者はそうは出来ないと述べたと指摘している）を見よ。また聖者職・預言者職・使徒職の間の関係を示す三つの同心円のイメージについては、G. Elmore, *Islamic Sainthood*, p. 153の図も参照。

26　Ibn ʿArabī, *Fuṣūṣ al-Ḥikam*, edited by A. ʿAfīfī, 2nd edition (Beyrut: Dār al-Kitāb al- ʿArabī, n.d.), p. 62 (English translation by B. Abrahamov as *Ibn al- ʿArabī's Fuṣūṣ al-Ḥikam: An Annotated Translation of "The Bezels of Wisdom"* [London and New York: Routledge, 2015], p. 31).

27　Ibn ʿArabī, *al-Futūhāt al-Makkīya*, anonymous edition, vol. 4 (Cairo, 1911; reprint, Beirut: Dār al-Fikr, n. d.), p. 195. この引用箇所でイブン・アラビーが論じるイエスと終末論の結びつき、そしてイエスの独自な出自の解釈に関してはG. Elmore, *Islamic Sainthood*, pp. 163–183, 601–604（終末論との結びつきについて）及びpp. 523 n. 85, 524 n. 90（独自の出自について）によるところが大きい。

28　以上、この段落における叙述はIbn ʿArabī, *al-Futūhāt*, vol. 2, pp. 9, 49による。

29　以下は Chodkiewicz, VIII “Les trois Sceaux” and IX “Ls Sceau sainteté muhammadienne,” in *Le Sceau des saints*, pp. 145–158, pp. 159–180（English transl. as chapter 8 “The Three Seals” and chapter 9 “The Seal of Muḥammadan Sainthood” in *Seal of Saints*, pp. 116–127, 128–146）によるところが大きい。

30　Ibn ‘Arabī, *Tarjumān al-Ashwāq*, edited and translated by R. Nicholson（London: Oriental Translation Fund, 1911; reprint, London: The Theosophical Publishing House, 1978）, pp. 19（Arabic）, 67（English translation）, 69（Commentary）.

31　同じ詩句を取り上げた鎌田繁『イスラームの深層――「遍在する神」とは何か』（ＮＨＫ出版、二〇一五年）、二四三―二四六頁の詳細な分析も参照。またイブン・アラビーの思想における「愛」の問題については、L. Lewisohn, “Sufism’s Religion of Love, from Rābi ‘a to Ibn ‘Arabī,” in *The Cambridge Companion to Sufism*, edited by L. Ridgeon（New York: Cambridge University Press, 2015）からpp. 171–180を見よ。

32　以下に論ずるクルアーンとムスリムのキリスト教観については、主にJ. D. McAuliffe, “Christians in the Qur’ ān,” in *Muslim Perceptions of Other religions: A Historical Survey*, edited by J. Waardenburg（New York/Oxford: Oxford University Press, 1999）, pp. 105–121; J. Waardenburg, “The Early Perod: 610–650,” *Muslim Perceptions of Other* religions, pp. 3–1 を見よ。クルアーンとムスリムのキリスト教徒の評価については J. D. McAuliffe, *Qur’anic Christians: An Analysis of Classical and Modern Exegesis*（Cambridge: Cambridge University Press, 1991; Digitally Printed Version, 2007）, ことに結論の pp. 285–292 も参照。

終　章　全体の総括と寛容の問題を理解するための視角

野々瀬　浩司

はじめに

本書の一四本の論文において、中近世の日本とヨーロッパにおける寛容の問題について、多角的な視点から、個別の時代・地域・状況に応じた議論が行われた。これまでキリスト教側から見た寛容だけではなく、対峙する相手にとっての寛容に関しても論じられ、考察を深めるための様々な題材が提供され、さらには、寛容と融和・適応・不寛容などとの関連について言及された。終章において、各論考の内容を簡単に概観した上で、寛容の問題を理解するための視角や論点を提示したい[1]。

第Ⅰ部の内容概観

第一章の山本博文論文「元和の大殉教と宣教師の寛容」は、一六二二年に長崎で起ったキリシタンへの迫害と、翌年の江戸における激しい宗教弾圧という二つの出来事の具体的な経緯をたどりながら、宣教師や信徒がどのように行動したのかについて分析した。第二代将軍秀忠の時代には、各大名の領国にまで厳しい取り締まりが行われたが、幕府の基本方針は、キリシタンの活動が表面に露見しない限り、積極的に摘発することまでは行わず、事実上黙認するというものであった。それに対して、次の将軍家光の時代になると、上からの探索を積極的に実施して、キリシタンを処刑する政策を推進した点において、前将軍とは根本的に異なった政治姿勢が認められた。迫害された宣教師や信徒は、総じて弾圧に屈せずに、最高の栄光として喜んで殉教を受け入れ、弾圧の主体である幕府に対して寛容であったことが示され、そのようなキリシタンの行動がキリスト教の本質の一つであることが提言されている。

第二章の神田論文「島原の乱と「立ち帰り」――一揆とキリシタン信仰」は、島原の乱の事例を通して、蜂起に参加した人々の心性に焦点を絞って、そこに見られる不寛容な思想の実態を明らかにした。島原の乱の背景として、藩の重税賦課や過酷な年貢の取り立てという社会経済的な要因だけではなく、「立ち帰り」に象徴されるような一揆参加者の独特な宗教的行動も重視されている。棄教を経て再びキリスト教に「立ち帰った」キリシタンは、終末論的な千年王国論の影響を受けて急進化し、寺社を焼き討ちし、僧侶や異教徒を殺害していったのである。一揆が拡大した地域では、天草四郎を「天の使い」として敬って、自らの不死身を信じて過激化し、村人にキリスト教への改宗を迫り、それに応じない者を殺害するような攻撃的な行動が多く見られた。「立ち帰り」の中には、キリスト教への信仰回復宣言と同時に、排他性と選民意識に依拠した異教徒との戦いという思想も含まれていた。島原の乱という出来事は、救済を求めた純粋さに起因する悲劇性を有していたのである。なお反乱参加者の意識には、非妥協的な反権力的姿勢だけではなく、訴訟を目的とした戦国期の武装蜂起の伝統に繋がる精神的態度も確認できる。

第三章の上野論文「「寛容」をめぐる政権と仏教勢力」では、西洋のプロテスタント的な寛容思想は、明確な自他意識と緊張関係を伴って成立したものであるが、それに対して日本的寛容や融和には、自己変容や自己否定に繋がる問題点があることが指摘されている。つまり、日本には明確な自他意識の欠いた雑居性を許容する寛容思想が存在するが、それは相容れない他者との共存を模索する寛容とは異なり、他者に同化を強要する攻撃性があるというのである。このような視点から、世俗権力が不寛容であり、仏教勢力は寛容であるというイメージには符合しない事例が複数示された。例えば織田政権は、一五七九年の安土宗論で事前に浄土宗と法華宗の和解を斡旋し、宗論回避の退路を提示した。江戸幕府による段階的なキリシタン禁制や一六三〇年の不受不施派の禁制も、教義内容の是非に関する宗教的判断よりも、政治的支配秩序維持の目的から実行に移された。近世日本において幕藩領主の公認諸宗に対する一定の宗教的中立性が実現され、武士の管掌する政治的範疇と僧侶が管掌する宗教的範疇の棲み分けがなされ、世俗と宗教の分化という形での世俗化が進展した。一七世紀の禅僧の排耶論では、キリスト教的な唯一神を創造主・絶対者と見なす思想が批判され、キリシタン排撃の論理が展開された。例えば『興福寺筆記』では、キリスト教の専修性、来世往生性、絶対真理の外在性、偽似仏法性、徒党性・侵略性が批判され、多神教的・アニミズム的な世界観に依拠した排外主義が垣間見られる。さらに諸宗平和共存論の中には、対立し合う不寛容な他者を排除し、全てを統合しようとする攻撃性が認められるというのである。

第四章の杉森論文「ルイス・フロイスの見た一六世紀の京都」は、三〇数年間日本に滞在した宣教師ルイス・フロイスが著した『日本史』や彼の同僚のイエズス会士が残した書簡などの史料を中心に、彼らが京都における布教で直面した様々な出来事を通して、日本とイエズス会双方にとっての寛容や不寛容とは何かという問題について考察した。特に織田信長の支配下にあった京都において、一五七六年に完成した聖母被昇天教会（南蛮寺）の建設をめぐる諸問題、つまり仏教勢力からの反発、布教の際の日本独特の風習という障害とそれに対する適応、諸大名から支持の下での布教活動などについて分析した。

第五章の川村論文「戦国大名大友宗麟の「寛容」」は、一五七八年に四八歳でキリスト教に帰依した大友宗麟が、どのようにして戦国の習いと対をなす「ゆるし」の精神を持つに至ったのかについて考察し、寛容とは「ゆるし」の心を起こし、受け入れること」であると結論づけた。宗麟は、一五五七年頃に豊後府内に日本初の西洋式医術の病院を開設し、イエズス会士の医師の協力の下に、重い皮膚病の患者、戦災孤児、貧困者に対する援助を行った。この病院の周囲には、一般の外科・内科病棟の他に、患者を療養させるための慈善院、孤児院、薬局、墓地などが併設されていた。その運営を中心的に担っていたのは、西洋の兄弟会に類したコンフラリアと呼ばれる俗人の信徒団であった。このような病人の世話は、当時の日本では触穢思想に抵触するような忌避されるべき行為であり、穢れた人々は時には差別の対象であった。また死者の葬儀や埋葬は、近世日本では社会的に最下層の人々が担うことが多かったが、豊後ではキリシタンや宗麟自身がその仕事を引き受けていた。宗麟の支配下にあった豊後の住民は、これまで忌避されていた人々に対する偏見を取り去り、差別を除去し、慈悲の業を普及させ、一六世紀の日本社会に「逆転の発想」をもたらしたのである。

第六章の安論文「カトリックにおける婚姻問題と寛容」は、イエズス会が日本と中国における伝道活動を行う際に大きな障害となった婚姻問題について調査した。社会全般の基礎を形成する際に重要な役割を担う結婚という出来事は、カトリックにおいて神聖な秘跡であり、信者の実生活の深層部に触れていたことから、布教上最も重要な問題の一つとなった。カトリックの教会法では、パウロの特権という例外措置はあるものの、一夫多妻制と離婚が基本的に禁止されていたため、日本での布教の際に宣教師は大きな問題に直面した。特に、再婚不許可の条件としての前婚障害や妾の厳禁などのカトリックの立場が、離婚を容易に認める日本の慣習と対立した。トリエント公会議の「タメットシ教令」は、自由な合意によって結ばれた無婚式を認め、婚姻挙式における主任司祭と証人の立ち会いに関する規定を定めた。ヴァリニャーノは、前妻の所在がわからない状態では再婚できないという前婚障害の規定が、布教の妨げとなっていることをローマに報告した。一五九五年にスペインの神学者バスケスは、婚姻規定を緩和して、日本の慣習にあわせる形での布教を容認した。さらに日本司教セルケイラは、主任司祭と証人が臨席しない形での婚姻挙式の挙行を認めた。中国では離婚が容易であったことや蓄妾制度が合法化されていたことが、布教の大きな障害となっていた。地域の慣習に対する適応主義が、海外布教における婚姻問題に対する寛容な対応として投影されたのである。

第七章の松方論文「オランダ共和国における宗教的寛容と日本」は、オランダ人の宗教的な態度がなぜ日本で制限付きで容認されたのかについて考察した。一六世紀の低地地方でカルヴァン派による聖画像破壊運動が発生し、絵画・彫刻が排撃されたが、オランダでは外観から見て明白に確認できなければ、カトリック教会の建設が認められるなどの比較的宗教的に寛容な社会が形成されていた。オランダ東インド会社は、ポルトガル人と争いながらもアジアに進出したが、海外布教にはほとんど興味を示さなかった。一六〇〇年にオランダ船は初めて日本に来航し、後にオランダ人は徳川家康から渡航許可朱印状を入手して、平戸に商館を開設した。徳川政権はキリスト教の禁令を敷いてスペイン人やポルトガル人を追放したが、布教にあまり関心のなかったオランダ人を強制的に国外に退去させることはしなかった。オランダの平戸商館が長崎に移転した後、幕府はオランダ人をポルトガル人とは別のキリスト教徒であると見なし、外見上明白に表立った姿を示さなければ、基本的にその信仰を容認した。江戸幕府にとっては、儀式や聖画像などの外見性を持ったカトリックよりも、内面性を重視したプロテスタント的な信仰の方が好都合であったので、オランダ人も幕府の禁令に適応させて、自分の信仰を内面にとどめる形で対応していったのである。

第Ⅱ部の内容概観

第一章の渡邉論文「レッシング『賢者ナータン』のアクチュアリティ」は、一八世紀ドイツの啓蒙主義者レッシングが残した著作に見られる宗教的寛容に関して論じた。レッシングは、『賢者ナータン』において、キリスト教、ユダヤ教、イスラーム教という三つの宗教の中で真実の宗教はどれかという問題に対して、ボッカッチョの『デカメロン』の中に収録されている「三つの指輪」の喩えを引用して返答し、どれが本物の信仰であるかについては証明できないと主張し、宗教の形を超えたところにある普遍的宗教的真理を追求した。レッシングは、宗教的真理と普遍的ヒューマニズムを一体的に表現し、両者を仲介する理性に基づく愛と寛容の精神を主張した。レッシングによれば、真実の宗教は、人類普遍のヒューマニズムの理念である愛の実践であり、それが宗教的真理であり、宗教的寛容の前提であるというのである。

第二章の久保田論文「モンテーニュと文化的寛容」は、モンテーニュにおける異文化理解の姿勢を通じて、その寛容思想について考察した。モンテーニュにとって野蛮とは、文明に対する反対概念ではなかったため、彼はヨーロッパ文化の優越を主張する見方を批判した。そしてモンテーニュは、アメリカ大陸の住民の生活は自然と調和した野生であり、それよりも、ユグノー戦争で他者を殺害していた当時のフランス人の行動の方が野蛮であると見なした。モンテーニュによれば、シャルル九世に謁見したブラジル人は、血筋のみでフランス王が選ばれ、屈強な兵士が少年の国王にご機嫌をとっていることや、フランス社会に深刻な貧富の差が存在していたことに対して疑問を感じたというのである。ドイツのリンダウやアウクスブルクを訪問したモンテーニュは、そこでカトリックとルター派が自由に共存していることを報告した。旅の中でモンテーニュは、偏見のない開かれた態度で、異なる慣習を喜んで受け入れ、異文化に対する柔軟さと他者との交流の大切さを記した。それに対して彼は、外国の慣習を軽蔑し、自分の殻の中に閉じこもるようなフランス人の態度を批判した。モンテーニュは、誰一人として確実なことは知らないという無知の自覚と懐疑主義に依拠して、理性・知性の限界を意識し、神の偉大さに対する人間の弱さや謙虚さを強調したのである。

第三章の山本信太郎論文「一六―一七世紀前半のイングランドにおける宗教改革と反カトリック」は、近世イングランドにおいて反カトリック的な意識が成立した経緯について考察した。一六八九年の寛容法では、イングランド国教会に属しないプロテスタントに対しても、宗教的実践が認められたが、カトリックはその対象から除外され、一八二九年のカトリック解放法の成立までカトリック教徒は公職に就くことはできなかった。イングランド宗教改革は、ヘンリ八世の離婚問題が原因となって、王権の主導によって君主の出来事として展開し、それをイングランド議会が承認した。ヘンリ八世以後、エドワード六世は宗教改革を一層推進したが、メアリ一世がイングランドをカトリックに復帰させた。それに対してエリザベス一世はイングランド国教会を再建し、急進的な改革を避け、中道政策を採用した。他方で民衆は、王権から発令された聖画像の撤去・再設置・再撤去という二転三転する命令を、従順に受け入れていた。国民的な反カトリック意識とプロテスタント・アイデンティティは、エリザベス一世の治世から徐々に形成された。具体的な契機としては、ローマ教皇によるエリザベス一世の破門、スペインの軍事的脅威、『殉教の書』の出版と流布、ジェイムズ一世に対する火薬陰謀事件（一六〇五年）などがあった。反カトリック意識という不寛容のメカニズムは、宗教改革の過程とは別の契機によって形成されていったのである。

第四章の永本論文「近世ヨーロッパを生き抜く宗教的マイノリティ再洗礼派――多宗派併存都市ノイヴィートのメノー派を中心に」は、宗教的マイノリティである再洗礼派の事例に基づいて、近世ヨーロッパにおける寛容の実態について考察した。一五二五年にチューリヒで誕生した再洗礼派は、カトリック、ルター派、改革派からの迫害を受けてきた。一五二〇―六五年までにヨーロッパで異端として処刑された人数は、約三千人と推定されているが、その三分の二が再洗礼派であった。迫害を逃れるために、スイス再洗礼派は都市部から農村部へと移動した。一六世紀のスイスにおいて再洗礼派は次第に半容認状態になっていったが、一七世紀に取り締まりが強化され、スイスからアルザスやプファルツへと移動した。ノイヴィートの事例のように、再洗礼派には、一時人口増などの経済的理由で特権が認められることもあったが、彼らに対する近世の宗教的寛容は限定的なものにとどまった。つまりそれは、多数派が優位の中での差別を伴う不安定な寛容であった。近代国家の成立によって信教の自由理念が拡大し、それが法的に確定した後に、ようやく再洗礼派の地位は安定したのである。

第五章の関論文「中近世スペインにおける宗教的マイノリティ」は、スペインのマイノリティの事例を通して、寛容の問題について考察した。中世スペインでは、レコンキスタによるキリスト教徒とイスラーム教徒との戦いが行われたが、ユダヤ人、コンベルソ（ユダヤ教から改宗した者）、マラーノ（改宗を偽装したユダヤ人）、ムデハル（キリスト教徒支配下のムスリム）、モリスコ（イスラーム教から改宗した者）、モサラベ（イスラーム統治下のキリスト教徒）などのマイノリティが、差別と偏見を受けながらも共存していた。中世後期からユダヤ人に対する生活の規制が強まり、キリスト教徒のユダヤ人観も、「潜在的キリスト教徒」から「キリスト教社会の転覆を謀る者」「サタンの手先」「神殺しの民」へと変化し、反ユダヤ運動、公権力による強制改宗、ユダヤ人虐殺が発生していた。その背後には、スペインの内乱、ペストの流行、新しい異端審問制度の導入などがあった。そして一四九二年にユダヤ人は、スペインから追放され、オランダ、トルコ、北イタリア、南米などに亡命していった。亡命ユダヤ人は、国際的な商業ネットワークを形成し、経済的・文化的な交流に貢献した。一四九二年にレコンキスタは完了し、キリスト教的な統治権力の支配下でモリスコは、社会的同化と適応に迫られた。スペインで次第に強圧的な改宗政策が強まり、ムデハルは一五〇二年にカスティーリャから追放され、そして一五二六年にアラゴンからも追放された。不当な課税に対する不満から、一五六八―七一年にモリスコがグラナダなどで反乱を起こしたが、結局鎮圧された。一六〇九年にフェリーペ三世の統治下でついにモリスコは追放され、このことは、スペインの社会と経済に深刻な影響をもたらした。スペインにおいて「血の純潔規約」は、ようやく一八六五年に最終的に廃止された。

第六章の神崎論文「偏見と寛容――クリュニー修道院長ペトルス・ヴェネラビリスとイスラーム」は、十字軍への参加を称賛し、殉教の勧めを説いたクレルヴォーのベルナルドゥスの好戦的な思想と比較して、「剣よりも、言葉を」と説いて、平和的で理性的な姿勢を示したペトルスの寛容思想の内実について考察した。ペトルス・ヴェネラビリスは、スペインを訪問した際に、ムスリム改宗のために、イスラーム研究を計画し、複数の学者にクルアーンを含むイスラーム文献の翻訳を依頼し、イスラームに対して武力や憎悪ではなく、言葉や理性や愛で対応する必要性を説いた。しかしペトルスは、主著『サラセン人の異端大要』や『サラセン人の分派あるいは異端論駁』の中で、イスラーム教がイエスの神性や三位一体を否定し、ムハンマドが食い道楽と性的欲望を抑えることができずに多くの妻を持った点などを指摘して、イスラーム教批判を展開した。ペトルスには、イスラーム教をキリスト教の異端として捉える傾向がある。さらにペトルス・ヴェネラビリスは、ユダヤ人に対する批判も行い、彼らをイスラームの同盟者と見なし、その経済的脅威を認め、共存よりも改宗を求めた。確かにイスラーム教に対するペトルスの姿勢は、ベルナルドゥスよりは平和的で理性的ではあるが、それは共存を目指し、真に説得しようとしたものではないことから、寛容ではないと判断できる。

第七章の野元論文「イスラームにおけるイエス・キリスト――クルアーンから、そして後代の二つの視点から」は、クルアーンにあらわれたキリスト論に言及した上で、イスマーイール・シーア派アブー・ハーティム・ラーズィーと神秘思想家イブン・アラビーの思想を具体例として、イスラームにおける寛容思想に関する議論を展開した。ユダヤ教やキリスト教の聖典を尊重したクルアーンのキリスト論によれば、イエスは旧約聖書に登場する預言者と同等な存在であり、イエスの神性は否定され、十字架上での贖罪死は史実ではなく、三位一体論は間違いであるとされた。アブー・ハーティム・ラーズィーは、アブー・バクル・ラーズィーとの論争の中で、預言者を介する必要性を説き、イエスを含めた全ての預言者の教えは、外面的に多様であっても、基本的に神の唯一性という内面において同一であり、クルアーンと福音書は基本倫理においては統一されていると主張した。スーフィズムの理論を集大成したスペイン出身のイブン・アラビーは、神の絶対性を突きつめ、神との神秘的合一を求め、宇宙を神の自己顕現と見なした。そのような世界観から、イブン・アラビーは、全宗教の融和と帰一の教えを説いたのである。

寛容の問題を理解するための視角

これまで議論してきた内容からは、寛容の概念は、地域・時代・状況によって多様な意味を持っていたことが明らかになった。元来「寛容」(tolerance, tolérance, Toleranz) とは、忍耐や我慢(ラテン語の tolerantia) に由来し、[2] 他者との関係を前提とした言葉であったが、当初寛容は無関心や相対主義とは異なるものであった。つまり、本来寛容は、逸脱した思考や悪に対して忍耐強く我慢する徳目の意味から発展したのである。英語の tolerance という言葉自体は、既に一四〇〇年代には存在していたが[3]、その概念がより強く意識され始めたのは、宗教改革が勃発した一六世紀以降であり、時代と共にその言葉の意味や受け取り方が変化してきた。なおフランス語の tolérance は一四世紀後半には存在し、ドイツ語の Toleranz はようやく一六世紀に生まれた[4]。元々寛容という言葉には、その存在を否定して、排除すべき不快な対象に対して、あえてそれを承認し、やむを得ない共存を受け入れるという否定的な意味（消極的な意味）が含まれていた。すなわち、それは信仰の弱さや安易な妥協を示す言葉と見られていた[5]。次第に寛容は、必要悪としての便宜性に基づく一時的な措置という消極的な意味を超えて、近世ヨーロッパにおいて、特に一七世紀末から一八世紀初頭にかけて、精神的態度に関する広範囲な哲学的原理を含んだ、より肯定的な意味（積極的な意味）を持ち始めた。それと同時に、不寛容な態度が悪徳として見られるようになっていった[6]。

さらに寛容という言葉は、時代が進展するにつれて、様々な概念と結びついてより複雑で豊かな意味を持つようになったと思われる。例えば、当初から内在していた忍耐・我慢という意味に加えて寛容は、和合、一致、融和、適応、節制、ゆるし、隣人愛、共存、個人の良心の自由、個人主義、コスモポリタニズム、懐疑主義、宗教的無関心、相対主義、多元主義、政治的秩序の確保、平和の尊重、ヒューマニズム的な人間愛、政教分離などと関連づけられていった。これからも寛容の概念は、時代の状況に応じて新たな意味を持って、変化し、発展していくことと思われる。

今回のように東西の歴史や文化を比較する際には、当然のことながら、英語の tolerance と日本語の「寛容」という言葉の違いに留意して、議論を展開する必要性がある。少なくとも研究者の価値基準で寛容の実態について独善的に考察することは、可能な限り避けなければならないであろう。同様に、tolerance という言語がまだ誕生していない時代、つまり一四世紀以前のヨーロッパにおける寛容を分析する際にも、類似の問題が想定される。

寛容の問題を考える上で重要な観点の一つとして、主体と客体の関係、つまり寛容な振る舞いを行う当事者とその対象との関係性が挙げられる。その場合の関係性とは、例えば個人と個人、国家と党派、多数派と少数派、権力者・富裕な者と社会的弱者などが考えられる。現代社会とは異なり、中近世の日本やヨーロッパにおいて、対等な関係における寛容は、特別な状況においてのみ成り立つものでしかない。ほとんどの場合に、力関係のバランスが崩れている状態での寛容が問題となっている。厳密な意味での対等な関係における寛容に関する議論は、法の下での平等や基本的人権の尊重が認められた社会でのみ成立可能なのかもしれない。従って中近世社会では、多くの場合に力関係における上位者（少なくとも優位に立つ者）にとっての下位者に対する寛容・不寛容が問題となっている。このケースでは、完全に平等な条件下での寛容は合意しにくい。しばしば上位者の心性の中には、軽蔑・見下し・差別・潜在的拒否の意識を伴った、上からの恩情的な姿勢が窺える。さらに今回得た事例からは、ユダヤ人、イスラーム教徒、再洗礼派、キリシタンなどのマイノリティにとっての抵抗運動や殉教に見られるように、下位者にとっての上位者に対する寛容や不寛容についても議論された。つまり、抑圧ないしは迫害される側の寛容のあり方が確認されたのである。特にキリシタンが江戸幕府に対して示した寛容な態度は、絶望的な状況下における愛敵の思想を具現化したものであり、彼らが殉教をも厭わなかった行動の中には、世俗的利害関係を超越した崇高な精神が含まれている。ピエール・ベールやスピノザなどのように、しばしば少数派から特筆すべき寛容思想が誕生する事例が散見される。このように社会史的な視点で考えると、モンテーニュ、エラスムス、ヴォルテールといった、世俗的な権力関係から比較的自由な立場にいた人物から、普遍性を有した寛容思想が生まれたことは至極当然のように思われる。寛容の問題は、個人の置かれた社会的状況を反映しているのである。

中近世社会において、寛容には限定条件が付与されていた場合が多かった。第一に期間の問題が挙げられる。短い間に限って異なる存在を甘受する政策が出されることは各地で見られるが、恒久的な人類普遍の原理として他者の立場を受け入れるような主張は、ごく希にしか確認できなかった。中近世社会を統治していた世俗権力は、状況に応じて、変更可能な政策として、少数派をある一定期間限定的に容認ないしは黙認したのである。第二に、地域的な限定を伴う寛容政策が散見される。ナント王令はユグノーの礼拝が認められる安全地域を定め、徳川幕府はオランダ人に長崎の出島内部でのみ内面的な信仰の自由を許容した。地域を超えた普遍原理としての寛容思想は、近世社会ではまだ萌芽的な段階にとどまっていたのである。第三に、宗教・宗派などの対象の限定が挙げられる。例えば、一六八九年にイングランドで制定された寛容法の適用対象から、カトリック教徒は除外されていた。中近世は、全ての宗教・宗派に属する人々が正式な礼拝を自由に行うことができる時代ではなかったのである。第四に、信仰選択権を持つ主体の限定の問題が挙げられる。アウクスブルク宗教平和では、諸侯だけに信仰を選ぶための十分な権利が認められ、領民は領外への移住によってのみ自己の信仰を保持することが容認されたにすぎなかった。

多様な寛容思想を、どのように区分できるのかという問題も重要である。第一に、メンシングのように、形式的寛容と内容的寛容を分ける議論が認められる。形式的寛容とは、単に他の信仰に手をつけずに放置すること、つまり種々の信仰の形式あるいは宗教に手を触れずに、それらを相並んで共に存立させることを意味し、それには無関心からの寛容である無差別主義も含まれる。それに対して、内容的寛容とは、他の宗教を、聖なるものとの出会いの、真正で正当な宗教的可能性として積極的に承認することを指し示し、他の宗教に対して最高度に関心を持ち、対決と認識を前提としながらも、自己の宗教的信念を放棄しないことであると定義づけられている。[7]第二に、宗教的寛容と政治的寛容を区別する視点がある。宇羽野明子氏によれば、宗教的寛容とは、良心の自由に基づき異なる宗教を受容することを意味する。これは、積極的な寛容とも言い換えられる。それに対して政治的寛容は、公共の秩序と平和の維持という政治的理由により、暫定的に国内で複数の宗派を受容しようとすることを指し、[8]事実上消極的な寛容とほぼ同義である。第三に、対象による区分も寛容の問題を考察する上で欠かせられない。中近世社会において寛容の対象は、主に宗教や宗派が中心であったが、今後その対象は、異なる文化や慣習、エスニシティー、政治的立場、ジェンダー問題などに拡大され、それと共に宗教的寛容に加えて、文化的寛容や社会的寛容などの新しい概念が登場し、益々複雑な問題が絡んでくるであろう。第四に法的関係を考慮して、法の公布に依拠した寛容と、法の制定を伴わない事実上の黙認とを区別する必要があると思われる。

思想の形成と社会的状況は、ある程度相互的な関連性を持っている。中近世の日本やヨーロッパにおいて、どのような社会情勢が不寛容な思想を拡大させたのかという問題を考えると、内乱や戦乱の激化、ペストなどの疫病の流行、宗教勢力と国家の強い相互依存関係、宗教的統一を手段とした国家権力の強化、外国からの軍事的脅威や圧力、排外的な思想の形成、文化交流の減少などが挙げられる。それに対して、どのような状況が寛容思想の発展の契機となったのかという問題に返答することは容易ではない。あえて簡潔にまとめれば、経済的文化的交流の拡大、ルネサンスの人文主義的な精神、悲惨な戦争の現実、多数派と少数派の勢力差の接近、領内の人口増加政策、啓蒙思想の発展、宗教勢力の衰退と世俗化の進展、合理主義的な精神、個人の尊重、宗教問題に対する国家の中立性の進展、自発的結社としての教会理解の成立、異文化を理解しようとする知的好奇心の増加、外国からの新しい思想の流入などが指摘できる。

最後に、果たして無制限・無条件の寛容は可能なのかという大きな問題が残っている。この問題は、無制限の寛容は混乱や無秩序をもたらしかねない、あるいは世俗の秩序や平和を維持するためには寛容の制限はやむをえないという議論と関わってくる。確かに、常軌を逸した宗教思想までも寛容に扱うことには、大きな困難が伴われる。例えばジョン・ロックは、政治社会の維持を妨害するような教えや無神論には寛容を認めなかった[9]。その制限の内実や範囲は、時代や社会状況によって変化するものである。寛容を制限する際に、どのような原則と具体的な条件を定めるのかについて考察することは重要な課題であろう。

むすび

これまで議論してきたことを踏まえて、寛容の問題について考えるための視点やアプローチに関する簡単な総括を行いたい。中近世ヨーロッパにおいて、宗教上の統一性が崩れつつある状況の中で、寛容思想は、どのようにすれば社会的秩序と平和を確保することができるのかという問題との格闘の歴史と深く関わっていた。中近世日本においては、ヨーロッパから入ってきた、キリスト教という一神教の出現によって生じた様々な対立や軋轢と向き合う形で、寛容の問題が重要になっていった。寛容の概念は、時代やその社会的状況によって多様な意味を持つものであって、現代の基準で過去の思想や出来事を判断するのではなく、個々の時代性・地域性においてその問題を考察していく必要性がある。寛容と不寛容の境界は不明瞭であり、しばしば寛容は、他者への敵意を抑える気持ちと結びついていたので、常に不寛容に転換しうるような複雑で危うい側面を有している。現代社会において、相異なる宗教・歴史・文化・価値観を持つ人々の間での平和的な共存の問題が真剣に議論されている。従って、過去に遡って寛容の問題を考える行為は、現代社会をより正確に理解するための重要な営みであることは間違いない。この問題には、研究者だけではなく、全ての人々が真剣に考えなければならない内容が多く含まれているのである。

　寛容の問題は、思想史的に分析する以外にも、学際的な研究テーマとして発展する可能性を秘めている。例えば、時代的限界のない永遠不変の真理として成立しうるような、普遍的な寛容とは何かという問題に対する哲学的考察も十分に可能と思われる。さらには、寛容な政治体制とは何か、寛容な社会が生まれる背景とは何かという問題を考察するためには、政治学や社会学からのアプローチも必要であろう。その他に、宗教学や文学などからの研究も重要な役割を果すものと思われる。ウォルツァーによれば、寛容は生そのものを支える概念であり、寛容は差異を可能にし、差異は寛容を必要不可欠なものにするというのであるが[10]、その指摘は寛容の本質を理解するためには重要な論点を含んでいる。

註

1　宗教的寛容の問題を理解するための邦語文献・史料として、以下のものなどがある。H・カメン（成瀬治訳）『寛容思想の系譜』（平凡社、一九七〇年）。L・ハーゲマン（八巻和彦・矢内義顕訳）『キリスト教とイスラーム』（知泉書館、二〇〇三年）。ハンス・R・グッギスベルク（出村彰訳）『セバスティアン・カステリョ――宗教寛容のためのたたかい』（新教出版社、二〇〇六年）。山田園子『ジョン・ロック『寛容論』の研究』（渓水社、二〇〇六年）。佐々木毅『主権・抵抗権・寛容――ジャン・ボダンの国家哲学』（岩波書店、二〇一四年）。近藤仁之『スペイン・ユダヤ民族史――寛容から不寛容へいたる道』（刀水書房、二〇〇四年）。マリア・ロサ・メノカル（足立孝訳）『寛容の文化――ムスリム、ユダヤ人、キリスト教徒の中世スペイン』（名古屋大学出版会、二〇〇五年）。青柳かおり『イングランド国教会――包括と寛容の時代』（彩流社、二〇〇八年）。Y・C・ザルカ（福島清紀訳）「寛容、あるいは共存の仕方――新旧の問題点」（『国際教養学部紀要（富山国際大学）』第四巻、二〇〇八年）。エラスムス（箕輪三郎訳）『平和の訴え』（岩波書店、一九六一年）。スピノザ（吉田量彦訳）『神学・政治論　上下』（光文社、二〇一四年）。ヴォルテール（中川信訳）『寛容論』（中公文庫、二〇一一年）。

2　『新カトリック大事典』Ⅱ（研究社、一九九八年）、一〇六一―一〇八頁。なおラテン語のtolerantiaという言葉自体は、既に古代から存在していた。Cf. *A Latin-English Dictionary* Vol. II., Longmans, Green, and Co. London 1872, p. 1961; *Dictionary of Medieval Latin from British Source Fascicule XV*, Oxford University Press, 2012, p. 3448.

3　*Middle English Dictionary T*, The University of Michigan Press 1993, p. 856; *Webster's Ninth New Collegiate Dictionary*, Merriam-Webster INC., Springfield 1983, p. 1241; 原野昇・水田英実・山代宏道・中尾佳行・地村彰之・四反田想『中世ヨーロッパにおける排除と寛容』（渓水社、二〇〇五年）、一三〇―一三二頁。

4　*Grand Larousse de la langue française*, en sept volumes, Librairie Larousse Paris 1978, p. 6098; *Le grand Robert de la langue française. Dictionnaire alphabétique et analogique de la langue française*, tome IX, Le Robert Paris 1985, pp. 336–337; *Deutsches Wörterbuch von Jacob Grimm und Wilhelm Grimm*, 11. Band, Verlag von S.Hirzel Leipzig 1935, S. 631. Cf. *Lexikon des Mittelalters VIII*, Stuttgart/ Weimar 1999, S. 849; 宇羽野明子『大阪市立大学法学叢書六二　政治的寛容』（有斐閣、二〇一四年）、一四頁。

5　深沢克己「緒論」（同・高山博編『信仰と他者――寛容と不寛容のヨーロッパ宗教社会史』（東京大学出版会、二〇〇六年）、i頁。

6　和田光司「現代フランス・プロテスタントと『寛容』言説——ナント王令四〇〇周年を中心に」（深沢・高山編、前掲『信仰と他者』三〇三頁）。
7　グスタフ・メンシング（田中元訳）『宗教における寛容と真理』（理想社、一九六五年）、一七—一九頁。
8　宇羽野、前掲『政治的寛容』一頁。Cf. 福島清紀『寛容とは何か——思想史的考察』（工作舎、二〇一八年）、一六七—一六八頁。
9　ジョン・ロック（加藤節・李静和訳）『寛容についての手紙』（岩波書店、二〇一八年）、九二—一〇四頁。
10　マイケル・ウォルツァー（大川正彦訳）『寛容について』（みすず書房、二〇〇三年）、一〇—一三頁。

あとがき

本書は、慶應義塾大学の三田キャンパスにおいて開催された山本敏夫記念文学部基金講座「宗教と社会」の二〇一七年度および一八年度の講演を書籍化したものである。山本敏夫記念文学部基金とは、かつて慶應義塾大学文学部教授として教育学を教えていた山本敏夫氏を記念して一九九一年に創設されたものである。

二〇一七年度は「キリスト教と寛容――一六・一七世紀の日本」と題して春学期の毎週金曜日の二限に、翌一八年度は「キリスト教と寛容――中近世のヨーロッパ」と題して春学期の毎週金曜日の三限に開催した。講演の題目は以下の通りである。

二〇一七年度「キリスト教と寛容――一六・一七世紀の日本」（コーディネイター：浅見雅一）

第一回　四月七日（金）　浅見雅一「宗教的「寛容」とは」

第二回　四月一四日（金）　上野大輔「「寛容」をめぐる政権と仏教勢力　①」

第三回　四月二一日（金）　松方冬子「オランダ共和国における宗教的寛容と日本　①」

第四回　四月二八日（金）　松方冬子「オランダ共和国における宗教的寛容と日本　②」

第五回　五月一二日（金）　川村信三「一六世紀キリシタン（ヨーロッパ・キリスト教文明）受容からみた日本人とその社会」

第六回　五月一九日（金）　杉森哲也「ルイス・フロイスの見た一六世紀の日本　①」

第七回　五月二六日（金）　杉森哲也「ルイス・フロイスの見た一六世紀の日本　②」

第八回　六月九日（金）　川村信三「一七世紀キリシタン（ヨーロッパ・キリスト教文明）拒絶からみた日本人とその社会」
第九回　六月一六日（金）　山本博文「キリシタン禁令と殉教　①」
第一〇回　六月二三日（金）　山本博文「キリシタン禁令と殉教　②」
第一一回　六月三〇日（金）　神田千里「島原の乱における「立ち帰り」（信仰回復）」
第一二回　七月七日（金）　神田千里「在来信仰とキリシタン――「立ち帰り」の背景」
第一三回　七月一四日（金）　上野大輔「「寛容」をめぐる政権と仏教勢力　②」
第一四回　七月二一日（金）　浅見雅一「本講座の総括」

二〇一八年度「キリスト教と寛容――中近世のヨーロッパ」（コーディネイター：野々瀬浩司）
第一回　四月一三日（金）　野々瀬浩司「ヨーロッパにおける宗教的「寛容」の歴史概観」
第二回　四月二〇日（金）　神崎忠昭「クリュニー修道院長ペトルス・ヴェネラビリス（一〇九二―一一五六）とイスラーム」
第三回　四月二七日（金）　野元晋「イスラームにおけるイエス・キリスト――神の唯一性論とメシア思想　Ⅰ」
第四回　五月二日（水）　野元晋「イスラームにおけるイエス・キリスト――神の唯一性論とメシア思想　Ⅱ」
第五回　五月一一日（金）　関哲行「中近世スペインの宗教的マイノリティ　Ⅰ」
第六回　五月一八日（金）　永本哲也「近世ヨーロッパの宗教的マイノリティ再洗礼派」
第七回　五月二五日（金）　関哲行「中近世スペインの宗教的マイノリティ　Ⅱ」
第八回　六月八日（金）　安廷苑「近世カトリックにおける婚姻問題と寛容」
第九回　六月一五日（金）　山本信太郎「イングランド宗教改革と寛容」

上野　大輔（Ueno, Daisuke）
慶應義塾大学文学部准教授。1983年生まれ。京都大学大学院文学研究科博士後期課程修了。博士（文学）。専門は日本近世史。論文「江戸時代の絵入り仏書について」（浅見雅一編『近世印刷史とイエズス会系「絵入り本」』慶應義塾大学文学部、2014年）、「近世仏教教団の領域的編成と対幕藩交渉」（『日本史研究』第642号、2016年）、「近世前期における通俗道徳と禅心学」（『日本史研究』第663号、2017年）など。

杉森　哲也（Sugimori, Tetsuya）
放送大学教養学部教授。1957年生まれ。東京大学大学院人文科学研究科博士課程単位取得退学。博士（文学）。放送大学教養学部助教授、准教授を経て現職。専門は日本近世史・日本都市史。著書『近世京都の都市と社会』（東京大学出版会、2008年）、『描かれた近世都市』（山川出版社、2003年）、編著『大学の日本史――教養から考える歴史へ　3　近世』（山川出版社、2016年）など。

川村　信三（Kawamura, Shinzo）
上智大学文学部教授。イエズス会司祭。1958年生まれ。ジョージタウン大学大学院博士課程修了。博士（歴史学）。専門はキリシタン史。著書『キリシタン信徒組織の誕生と変容――「コンフラリヤ」から「こんふらりや」へ』（教文館、2003年）、『戦国宗教社会＝思想史――キリシタン事例からの考察』（知泉書館、2011年）。編著『超領域交流史の試み――ザビエルに続くパイオニアたち』（上智大学出版、2009年）など。

安　廷苑（Ahn, Jung Won）
青山学院大学経営学部准教授。韓国ソウル生まれ。東京大学大学院総合文化研究科博士課程単位取得退学。博士（学術）。専門は東アジア・キリスト教史。著者『キリシタン時代の婚姻問題』（教文館、2012年）、『細川ガラシャ――キリシタン史料から見た生涯』（中公新書、2014年）、共著『韓国とキリスト教――いかにして“国家的宗教”になりえたか』（中公新書、2012年）など。

執筆者紹介

編　者

浅見　雅一（Asami, Masakazu）

慶應義塾大学文学部教授。1962年生まれ。慶應義塾大学大学院文学研究科修士課程修了。東京大学史料編纂所助手、同助教授などを経て現職。専門はキリシタン史。著書『キリシタン時代の偶像崇拝』（東京大学出版会、2009年）、『フランシスコ・ザビエル――東方布教に身をささげた宣教師』（山川出版社、2011年）、『概説キリシタン史』（慶應義塾大学出版会、2016年）、共著『韓国とキリスト教――いかにして“国家的宗教”になりえたか』（中公新書、2012年）など。

野々瀬　浩司（Nonose, Koji）

慶應義塾大学文学部教授。1964年生まれ。慶應義塾大学大学院文学研究科博士課程単位取得退学。博士（史学）。専門はスイス宗教改革史。著書『ドイツ農民戦争と宗教改革――近世スイス史の一断面』（慶應義塾大学出版会、2000年）、『宗教改革と農奴制――スイスと西南ドイツの人格的支配』（慶應義塾大学出版会、2013年）、論文「宗教改革と都市共同体――ベルント・メラー説をめぐって」（『思想』第1122号、2017年）など。

執筆者

山本　博文（Yamamoto, Hirofumi）

東京大学史料編纂所教授。1957年生まれ。東京大学大学院人文科学研究科修士課程修了。文学博士。専門は日本近世史。東京大学史料編纂所助手、同助教授を経て現職。著書『寛永時代』（吉川弘文館、1989年）、『幕藩制の成立と近世の国制』（校倉書房、1990年）、『鎖国と海禁の時代』（校倉書房、1995年）、『江戸時代の国家・法・社会』（校倉書房、2004年）、『殉教――日本人は何を信仰したか』（光文社新書、2009年）など多数。

神田　千里（Kanda, Chisato）

東洋大学文学部教授。1949年生まれ。東京大学大学院人文科学研究科博士課程単位取得退学。博士（文学）。専門は中世後期の宗教社会史。高知大学助教授、同教授を経て現職。著書『一向一揆と戦国社会』（吉川弘文館、1998年）、『島原の乱――キリシタン信仰と武装蜂起』（中公新書、2005年、講談社学術文庫、2018年）、『宗教で読む戦国時代』（講談社選書メチエ、2010年）、『戦国時代の自力と秩序』（吉川弘文館、2013年）など。

キリスト教と寛容
――中近世の日本とヨーロッパ

2019年2月28日　初版第1刷発行

編　者――――浅見雅一・野々瀬浩司
発行者――――依田俊之
発行所――――慶應義塾大学出版会株式会社
〒108-8346　東京都港区三田2-19-30
TEL　〔編集部〕03-3451-0931
〔営業部〕03-3451-3584〈ご注文〉
〔　〃　〕03-3451-6926
FAX　〔営業部〕03-3451-3122
振替　00190-8-155497
http://www.keio-up.co.jp/
装　丁――――中垣信夫＋三好　誠［中垣デザイン事務所］
印刷・製本――株式会社加藤文明社
カバー印刷――株式会社太平印刷社

Printed in Japan　ISBN 978-4-7664-2587-1

慶應義塾大学出版会

概説 キリシタン史

浅見雅一著　16世紀半ばに日本にキリスト教が伝えられてから、江戸幕府による鎖国に至るまでのキリスト教の歴史を「キリシタン史」という。当時の史料に立脚したキリシタン史研究を、通史的に学べる入門書。　◎2,600円

宗教改革と農奴制
――スイスと西南ドイツの人格的支配

野々瀬浩司著　宗教改革は農奴を解放したのか。神学と農奴解放思想とのかかわりを思想史的に検討し、国制史、社会史研究の観点から農奴制の実態を実証的に明らかにすることで、近代ヨーロッパ成立の根幹に位置するこの問題に答える。　◎7,000円

表示価格は刊行時の本体価格（税別）です。